地域祭祀の日韓比較民俗論

崔杉昌 著

佛教大学研究叢書

人文書院

目　次

序　章　地域研究の展開と問題点　5

　　第1節　民俗学と地域研究　5
　　第2節　研究目的と方法　8
　　第3節　本書の構成　10

第1部　岡山県の当屋祭祀の展開

第1章　新見の歴史・民俗的概観　17

　　第1節　歴史的背景　17
　　第2節　民俗的背景　19

第2章　氷室神社の当屋祭祀の変遷と展開　22

　　はじめに　22

　　第1節　高瀬の生活環境　23
　　第2節　祭祀組織の現状と変化　24
　　第3節　当屋と当屋祭祀　31
　　第4節　当屋祭祀の構造とその特質　38

　　むすび　41

第3章　亀尾神社の当屋祭祀と変遷　45

　　はじめに　45

　　第1節　調査地の概要　46
　　第2節　祭祀組織の現状と変化　48
　　第3節　当屋と寄子の結合　52

第**4**節　亀尾神社の祭祀儀礼　55

　　第**5**節　亀尾神社の祭祀構造と特質　63

　　むすび　64

第4章　三躰妙見宮の当屋祭祀と名田座　71

　　はじめに　71

　　第**1**節　吉川集落の生活環境　71

　　第**2**節　名田座の構成と変化　73

　　第**3**節　当屋と名田座の夜祭り　76

　　第**4**節　当屋祭祀の構造と特質　84

　　むすび　87

第5章　倉嶋神社のミヤカブの変遷と崩壊　91

　　はじめに　91

　　第**1**節　倉嶋神社の祭祀構造　92

　　第**2**節　ツイタチ祭りと祭祀の準備　102

　　第**3**節　ミヤカブと秋祭り　105

　　第**4**節　当屋祭祀の構造と特質　112

　　むすび　116

第2部　韓国東海岸の洞祭の展開

第1章　東海岸地域の地理的・民俗的背景　121

　　第**1**節　地理的背景　121

　　第**2**節　民俗的背景　122

第2章　盈徳邑徳谷里の洞祭と都家　125

　はじめに　125

　　第1節　徳谷里の概要　127
　　第2節　祭祀組織の構造　128
　　第3節　十五夜の祭祀　133
　　第4節　徳谷里洞祭の民俗的特質　137

　むすび　141

第3章　盈徳郡江口面の洞祭の展開と変貌　146

　はじめに　146

　　第1節　江口面の概況　147
　　第2節　下渚里の祭祀組織と洞祭　148
　　第3節　金津1里の洞祭と特徴　156
　　第4節　江口面の地域祭祀の特質と変化　162

　むすび　166

第4章　蔚珍郡平海邑の洞祭と「老班会」　169

　はじめに　169

　　第1節　直古洞の老班会とその構成　170
　　第2節　老班会と洞祭　174
　　第3節　巨逸里の洞組織と老班　179
　　第4節　老班会の特質と地域社会　182

　むすび　185

結　語　188

　あとがき　199

参考文献　201
図表一覧　207

序　章　地域研究の展開と問題点

第 1 節　民俗学と地域研究

1　地域研究の視点

　今日，多くの国々では地域研究[1]の一環として「日本研究（Japanese studies）」が盛んに行われている。また，日本の中にも自民族や自文化を対象とした「日本人論」や「日本文化論」といった研究領域が存在している。こうした日本における日本研究は，近代以降，日本人自らが文化的内省としてアイデンティティを模索しようとしてきた過程の中で生まれてきたものであり，学問的にその端緒を与えたのが民俗学であるといえよう[2]。日本民俗学は「柳田民俗学」ともいわれるほど，その創始者である柳田一人の力によって築かれたものであり，柳田国男の思想や観念のうえに成り立って，いわゆる「一国民俗学」を目指していた。

　そもそも，柳田民俗学の出発点は歴史学批判であって，これは柳田国男における「比較研究」という方法論の出発点でもある。柳田は従来の歴史学による文献重視主義を強く批判し，歴史の文献にかわる資料として「民間伝承」をとりあげた。いわゆる重出立証法という方法に基づいて，それらの資料を日本全域から採集して重ね合わせ，「比較」することによって，変遷の過程を知ることができると説いた。それらの変遷過程がまさに「歴史」であり，その「歴史」を明らかにするための学問として，民俗学を位置づけようとした。このような歴史学についての認識は，柳田の多くの著書[3]からもうかがうことができる。

　ところが，全国規模の比較を前提とした柳田の「比較研究法」は，調査対象となる地域の特質や地域性がほとんど生かされていないという問題を内在させていた。これは民俗学における村落研究の歴史と深く関わっている問題でもある。すなわち，それまでの民俗調査が村落を調査研究の場としながら，村落そのものを民俗の場として認識しうる研究視点をもっていなかったことに起因する。それは郷土研究における柳田の認識と一致するものである。柳田は「郷土を研究しようとしたので無く，郷土で或ものを研究しよう

として居た」とし,「個々の郷土の生活を知ることは手段であった[4]」という考えを示したことからもわかるように,民俗を形成して,伝承してきた村落への眼差しが欠如していたわけである。その後民俗学は,現在の村落を全体として捉える研究視点が欠如していたことを桜田勝徳によって指摘され[5],研究者の視点の転換が迫られることになる。

それにまた,柳田国男の「比較研究法」は,日本のすべての地域が同質の文化基盤にあるという民俗文化の「同質論」を前提にして成り立っていることから,多くの議論を呼んだ。こうした同質論を真っ向から否定したのが,坪井洋文の「餅なし正月」という伝承[6]に示された日本民俗文化の異質論・多元論である。坪井の一連の研究の影響によって,現在の日本文化論では,多元論が大勢を占めるにいたっているといえよう[7]。

2　地域研究の方法

柳田の「比較研究法」にかわる新たな方法論として「地域研究」が登場したのは,1970年代に入ってからである。すなわち,「地域研究」とは「個々の民俗事象を地域から切り離すことなく,あくまでも地域そのものを研究対象とする発想[8]」であり,宮田登による「地域民俗学[9]」はその現れの一つである。この点に関して特に注目されるのが,福田アジオが提唱した「個別分析法[10]」である。福田は従来の主たる方法論として扱われてきた重出立証法や周圏論に疑問を提起し,今後の民俗調査は「一つの社会組織がいかなる民俗を保持し伝承しているかを明確にすることによって民俗事象を複合として把握し,その相互関連の分析のなかから個別民俗事象のその時点に存在する条件・理由あるいは意味を歴史的に提示すべきである[11]」とし,「個別の事例を基礎にし,それを調査分析し,その事例に含まれた内容から意味を析出しようとする研究」が民俗調査の基本であると考えていた[12]。すなわち,「今まで分離していた調査と研究を統一し,それぞれの調査の過程で分析を加え,研究として提出することである[13]」と述べ,「個別分析法」という民俗学の新たな可能性を提示したのである。これによって民俗の「伝承母体」としての地域性を重視する研究視座が日本民俗学の主流を占めるようになった。

しかし,このような福田の一連の研究は,民俗事象を捉える際の歴史性や地域性を考慮した資料分析の方法を提示した点においては充分意味のあるものであるが,個別分析法で得られた結果をもって今後どうするのか,これに

よって民俗に対する新たなパラダイムを見いだすことが可能であるかという問題も孕んでいる。こうした問題について，八木透も「個別研究を蓄積するのはよいが，それらをいかにして日本全体の中で位置づけてゆくのかという点に求められる。(中略)はたして一般理論化ができるのか[14]」とその問題点を指摘した。八木はまず，民俗学を一種の「解釈学」であると前提したうえで，このような問題を克服する具体的な方法として，

① 特定地域における対象の民俗事象を設定し，まず可能なかぎり広い視野に立った地域の実態調査を行い，それを詳細に記述すること。
② 民俗的つながりが直接に見られる範囲の地域の中で，関連する他の民俗事象との相互連関に充分留意しながら分析を行い，対象とした民俗事象を中心に，そのような民俗事象が存在する地域的特質や社会的背景，あるいはその存在の意味について，ひとまずの解釈を試みる。
③ 地域に根ざした事例研究を積み重ねることによって，いずれは「日本」あるいはそれを越えるような視点から，民俗文化に関するより高次元の普遍的な解釈をめざすこと。

をあげている[15]。

八木の提示したこの3つの方法論は一つひとつが独自性を持ちながら，段階的かつ有機的に関連していく点において筆者の研究視点と共通しており，また本書で提示した事例分析もこの路線に従っている。

以上のように民俗学と地域研究における方法論の展開についてみてきたわけであるが，こうした研究方法はもっぱら日本だけに限って適用される問題ではないと考えられる。当然，日本と韓国との地域社会がもつ歴史性や社会構造の違いはあるにせよ，福田や八木が言及してきた地域研究のアプローチ法は韓国にも大いに有効であると考えられる。本書は，これまでの研究視点に基づき，当該調査地域における民俗事象を地域社会の中で整理し，解釈することをめざす。それを踏まえ，日韓の比較研究をも試みる。その結果，柳田の主張した「一国民俗学」の呪縛から脱し，多文化主義民俗学の可能性を見いだすことも可能となろう[16]。

第2節　研究目的と方法

1．研究目的

　本書は，日韓の地域祭祀に関する民俗学的研究である。本書で扱う「地域祭祀」とは，日本の本分家結合による同族祭祀や韓国の両班階層による門中祭祀ではなく，生活共同体である地域社会に根ざした「神」をまつる祭祀形態で，従来の村落祭祀あるいは村祭祀を含め，より地縁に密着した概念として設定される。具体的には，1980年代半ばより筆者が行ってきた日本の地域祭祀についての一連の研究の中で，岡山県旧神郷町と旧新見市の「名主座」祭祀にみられる「当屋(トウヤ)」[17]と，韓国東海岸一帯の「洞神祭(동신제)」にみられる「都家(도가)(トガ)」[18]を研究対象として，信仰実態と社会的変容を民俗学的に考察したモノグラフである。

　日韓を問わず，地域祭祀の母体となるのは村であり，村を通してさまざまな民俗事象が展開されてきたことは，疑う余地のない事実である。その中で，地域祭祀は村のあり様や村人のアイデンティティを探る重要な手がかりになると同時に，社会構造を総合的に観察できる場でもある。しかしながら，いつの間にかこうした村のあり方，とりわけ村人の精神世界を支えてきた信仰的側面は，かなり脆くなりつつある。すでに危機とも取り沙汰される村を取り巻く社会環境には，一概に言えないにしても，日韓両国の間で共通にみられるものがあると私は考える。

　本書は，地域社会を取り巻く厳しい状況のなかで，同時代的に見られる日本と韓国の地域祭祀を取り上げ，その現況と変化，そして儀礼の分析を通して，地域祭祀をもつその社会の中での位置づけを試みる。そのような作業を積み重ねることによって，両国の文化の特質を明らかにすることができると思われる。また，従来の地域祭祀研究において，それぞれの国レベルでの研究は旺盛であっても，地域レベルでの個別的比較研究は意外と行われていない。それゆえに，本書は今後の異文化研究に大いに注目し，日韓比較民俗の研究に新たな可能性を提示することもねらいの一つとしている。

2．研究方法

　日本と韓国において，それぞれの国を対象とした地域祭祀の先行研究は，

実に多く存在している。しかし，その中身を通観すると，厳密にはそれは村の研究と言うよりは，村社会で行われるある特定の民俗事象に関する研究にとどまっている場合がほとんどである。たとえば，地域祭祀における研究においては，多くの研究者が祭祀組織の構造的分析に重点をおき，村落社会の解明につとめているが，果たしてそこから村の全体像を浮かび上がらせることができるのか疑わしい。要するに，今までの形態論や類型論にもう一つの事例を付け加えるだけに過ぎないと言わざるを得ない。また，日韓比較研究においても，特に民間信仰の分野において，従来，民俗学，人類学的な研究が個別に行われてきたものの，相互の連関について積極的視点から論じられることがなく，不問に付されてきた傾向がある。少数ながら存在してはいても，地域研究の成果を語るのではなく，文化伝達と起源を探る伝播論や文化論が唱えられてきた。

　こうした従来の視点では，地域社会を映し出すことには限界があると考えられる。本書はそれぞれの地域の生活に即して地域祭祀を位置づけることにより，総合的に共通性を見出し，その意味を問い直すことに意義を求める。そのような作業を通じて，日韓の地域文化の普遍性と相違性をより鮮明に浮かびあがらせることが可能であると思われる。

　本書では，個別的・具体的ケーススタディを民俗誌として包括的に記述するということが目的であるが，従来の地域研究の問題点を踏まえた上で，次のような試みを行った。

　まず，現在の視点で地域祭祀を把握する。なぜなら我々は行事，儀礼，慣行などという民俗事象を人々の行為として，現在という時点で認識しているからである。

　次に，相互関連性を把握する。民俗事象は個別的存在ではなく有機的な関係にある。地域の人々によって培われ，人々の生活の中で相互関連性を持って全体として意味づけられている。したがって，個別の民俗を独立事項として把握するのではなく，互いに影響し合う関連性の中で把握する。

　次に，地域民の観念の世界を把握する。例えば，儀礼は単なる行動の類型ではなく，社会構造の反映である。表に出された行為だけではなく地域の人々が与えている意味づけ，解釈をも把握する。姿や形だけではなく，人々の観念，意識，感性などの精神世界に関わる民俗も理解すべきである。

　上記のアプローチを具体的に把握するために，日本と韓国での現地調査を通じて集めた資料をもとに分析すると同時に，関連文献資料をも検討する。

第3節　本書の構成

　本書は 2 部構成となっている。1 部では主に日本の民俗事例として岡山県旧神郷町と旧新見市一帯（新見庄）で散見する地域祭祀を取り上げている。考察の対象とするのは，「名主座」と称される祭祀集団によって行われる当屋祭祀である。従来の祭祀研究，特に「宮座」研究は近畿地方を中心に盛んにおこなわれていたため，そこから得られた研究成果を基に類型化され，一般化が試みられてきた。年齢階梯制[19]や祭祀長老制[20]はその代表的なものである。それに対して，中国山地に見られる名主座は，中世荘園制を背景に成立し，「名」を構成単位とする祭祀組織が，現在まで受け継がれてきたとされている。そうした面から，近畿地方とは全く異なる祭祀システムであり，地域性や歴史性を重視する研究動向からみて非常に興味深い事例である。従来の宮座概念の呪縛から離れ，地域の多様性を考慮し，ひとまず，調査対象の地域の祭祀の特徴を「祭祀特権を持つ名主座による当屋祭祀」であると定義しておきたい。

　第 1 章では，次章から展開する各事例において，民俗の伝承母体として，どのような社会的または民俗的背景をもっているのか，またそれを支えている生活組織や社会慣行はどんなものであったのかを把握する。

　第 2 章では，旧神郷町高瀬の仲村部落に位置する氷室神社の地域祭祀の現況を把握し，分析を行う。同神社は 6 「名」によって構成されているが，「名」と「名頭」の地縁的関わりや，名頭と寄子の結合に重点をおいて考察を行う。そのなかで，特に最近の祭祀をめぐって急変する地域社会の揺れを追いながら，名主座の意義を位置づけることにする。また，儀礼的側面からも当屋と寄子の慣行がいかなる形であらわれているかを検討していきたい。

　第 3 章では，10「名」によって構成する上梅田の亀尾神社の祭祀構造を分析する。分析方法は第 2 章に準ずるが，祭りの式次第に関しては寛政 4 年（1792）の文書が残っており，そこに見える祭祀と現在の例を対比させていくと，民俗の歴史性に関わる変貌の様相が検証できるのではないかと期待できる。また，隣接の氷室神社の儀礼との比較も可能であると考えられる。

　第 4 章では，新見・下吉川の三躰妙見宮の事例をとりあげる。同神社には12番座による祭祀組織が設けられている。地形の関係で名田は上吉川に位置

するが，名田座所有者のほとんどが下吉川の人によって占められている。近年12名のうち，2名の脱退があり，現在は10名で当屋祭祀が運営されている。「名田座」による当屋祭祀の特徴は，近隣の神社祭祀とは違い，夜に，それも神社ではなく，当屋の家で儀礼が行われることである。また，氷室や亀尾にみられるような名頭―寄子という結合関係は，まったく存在しないことである。名田座の実態と共に変化を追いながら，当屋祭祀の特質を解明してゆくことが本章の目的である。

　第5章では，新見・代城の倉嶋神社の「ミヤカブ」を分析対象とした。名の構成は5名からなっているが，一つの「名」に3軒の家が株をもつ形をとっている。5「名」のうち，最後の1「名」は近代に入って作られたものである。しかし，幾度の改変を経て，1998年にミヤカブが廃止になる。本章では廃止の前までの「ミヤカブ」実態調査と廃止に至るまでの社会的背景を探り，名主座祭祀と地域との関係を改めて考えてみたい。

　2部では，韓国東海岸一帯に拡がる洞神祭(トンシンジェ)を研究対象としている。

　韓半島の東海岸地域，とくに慶尚北道および江原道の一部地域に見られる多くの村祭祀では「コルメギ（골매기）」と呼ばれる洞神を祀っている。「コルメギ」とは村の開拓神，守護神，あるいは特定住民の祖先神といった広義の意味をもつ霊格である。村では「コルメギハルベ（할배：爺さん）」とか「コルメギハルメ（할매：婆さん）」と親しまれている。祭日は年2回の祭祀の場合は旧暦1月15日（正月ボルム(チョンウォル)：정월보름）と旧暦9月9日（重九(チュング)：중구）に行うところが多い。筆者が調査を行った盈徳郡江口面(ヨンドクグンカングミョン)の22ヵ里のうち，20ヵ里が洞神祭を行っているが，年2回が10ヵ所，年1回が9ヵ所，年3回が1ヵ所であった。

　洞神祭が近づくと村では会合が開かれ，祭祀を管掌する「祭官(チェクァン)（제관）」を選ぶ作業をする。祭官のなかで，とくに「都家(トガ)（도가）」の選定基準は厳しい。「都家」とは祭祀に必要な祭物(チェムル)（祭需(チェス)）を揃え，調理をするなど準備に当たる家またはその人であり，祭官の中で一番重要な役割を担っている。そのため，「都家」は「清らかな人」で，「生気福徳」な人でなければならない。祭官は，毎年新しく選ぶのが原則で，年2回の洞神祭を行うときも，そのつど祭官を選ぶのが一般的である。都家は日本の祭祀における当屋と類似するものであると考えられる。日本の地域祭祀は，当屋制をもって運営されているケースが多くある。特に，その祭祀構成員が特定の年齢に基づいて組織されていることが，近江を中心とする近畿地方で見られる。

一方，韓国においては，祭祀組織を構成する要素に年齢的基準は希薄である。ある特定の基準よりも祭官になる者がそれにふさわしいかどうかという観念の問題が優先であった。もし基準があるとすれば，それは不浄でない祭官を選び出すことに尽きるのである。

　第1章では，調査対象となる東海岸は韓国のなかでも比較的民間信仰が活発な地域として知られ，とくに洞神祭以外，シャーマンの儀礼も多数行われる。そういう意味でこの地域の民俗的背景を考察する意義は大きい。

　第2章では，まず，韓国における洞祭の研究動向について触れる。その上で徳谷里(トクコクリ)の洞祭の事例を分析する。徳谷里は盈徳郡の内陸農村であるが，交通の要所であるため，多くの店が立ち並ぶ比較的発展した町でもある。この地域の洞祭は旧正月15日である。4人の祭官が選ばれ，祭祀を遂行する。祭祀の構造や祭官選びの過程，当屋の役割，祭礼などを調査に基づき，詳細を記述し，分析を試みる。

　第3章では，江口面一帯で行われている洞祭祀の検討から行う。江口面は22の里のなかで，90％の20里が洞祭を行う。全体的実態を把握するのは不可能であるが，そのなかで下渚里(ハジョリ)の事例から洞祭における都家の役割と，地域社会との関わりを明らかにしていく。

　第4章では，村の最高議決機関であると同時に祭祀集団でもある「老班会」(ノバンフェ)という組織を取り上げ，その構成と役割を検討する。従来，韓国の祭祀組織には，構成員の年齢的要素が希薄であるとされてきたが，「老班会」(ノバンフェ)には一種の年齢集団とも見なす要素がみられる。現時点ではごく一部の地域に限ってみられる祭祀形態ではあるが，注目に値する事例であると考えられるので，日本の年齢階梯制等も念頭におきながら比較検討を試みたい。

　以上をもって本書の構成とするが，本書の大きな特徴は地域研究の視角という一貫性をもちながら日本と韓国の実証調査にあたり，それに基づいて特徴を分析し，課題とした当屋祭祀と洞祭の構造と機能を地域社会の中から位置付けしようとしたところにある。方法としては前出の地域研究の方法，すなわち個別分析法に基づいての検討を用いる。また，当然のことながら他の民俗事象や生活環境をも充分視野に入れて分析を試みる。そのためには伝承母体である地域全体を民俗誌的眼目で把握しようと考えている。ひいては日本の地域祭祀の研究に一石を投じたい。

注

1) 元来「国際関係論」の中に出てくる言葉で，第二次世界大戦中から戦後にかけてアメリカで形成されたようである。その目的は自国以外の特定の地域についての総合的な知識を習得することにあった（鈴木一郎『地域研究入門』東京大学出版会，1990，38頁）。
2) 例えば　岩竹美加子は，「民俗学が成立してゆく過程の中で「日本文化」やその「基層」，「国民性」といった近代国家が近代国家たりうるために必要な概念や国家意識の形成を助けてきた」と指摘し，民俗学に内在するナショナリズムの克服を重要課題とした（『民俗学の政治性　アメリカ民俗学100年の省察から』未来社，1996を参照）。
3) 『民間伝承論』，『郷土生活の研究法』（いずれも『柳田国男全集』8巻所収）筑摩書房，1998。
4) 柳田国男「郷土研究と郷土教育」1933（『定本柳田国男集』12巻所収，筑摩書房，1963）67〜68頁。
5) 桜田勝徳「村とは何か」『日本民俗学大系』3巻所収，平凡社，1958。
6) 坪井洋文「餅なし正月の背景」『イモと日本人』未来社，1979。
7) 厳密にいえば，坪井は日本民俗文化の多元性を主張しながらも，一方では「日本民族の文化」を本質主義的に把握しようとしていた点では，多元論の限界を露呈している（坪井洋文『民俗再考　多元的世界への視点』日本エディタースクール出版部，1986を参照されたい）。
8) 八木透「民俗学の歴史と研究方法」『フィールドから学ぶ民俗学』（八木透編）昭和堂，2000，24頁。
9) 宮田登「地域民俗学への道」，和歌森太郎編『文化史学への提言』所収，弘文堂，1975。
10) 福田アジオ「民俗学における比較の役割」『日本民俗学』91号，1974。
11) 福田アジオ『日本村落の民俗的構造』弘文堂，1982，6頁。
12) 福田アジオ『近世村落と現代民俗』吉川弘文館，2002，15頁。
13) 福田アジオ『日本民俗学方法序説』弘文堂，1984，101頁。
14) 前掲注8，25頁。
15) 同書，25〜26頁。
16) 島村の定義によると，「多文化主義民俗学とは，人類文化としての伝承（主として非文字知）を，性，階層，地域，「民俗」などあらゆる集団・個人の差異，多様性に着目し，そこにおける差異の政治力学・文化の政治性に十分注意をはらって考察しようとする，新たなパラダイムによる民俗学」である。この場合，「かかるパラダイムにおいては，文化・各種境界の実定化，固定化，本質化を排し，また（このパラダイムが孕みうるものも含めた）あらゆるイデオロギー性の絶えざる脱構築を行うことが前提となる」とした。（島村恭則「多文化主義民俗学とは何か」『京都民俗』第17号，1999）。
17) トウヤの漢字として「当屋」，「頭屋」などの表記が用いられるが，本書の調

査対象地域では,「当屋」という文字が使われており,民俗学における現代の事象を表す際には「当屋」または「当屋制」という表記を使用することとする。
18) もとは同業の商人たちが集まって商売などについて議論する家。特に,朝鮮時代には開城地方の商人たちが相互の商業保護のために組織した組合の共同倉庫や廛を「都家」と呼んだ。現在はある種の品物を作り,卸売りする問屋の意味をもつ。民俗学においては祭祀を行うための供え物を準備し,調理にあたる家又はその当人を指すフォークタームである。
19) 村人を年齢もしくは世代によって区分し,同年輩の者を集団化すると共に,それぞれの年齢集団の間に上下の関係を設定することによって村落社会を秩序づけるような制度。
20) 宮座における各家の代表者が最年長を頂点とする序列体系のもとに儀礼的地位を占め,役割機能を分担する制度。

第 1 部
岡山県の当屋祭祀の展開

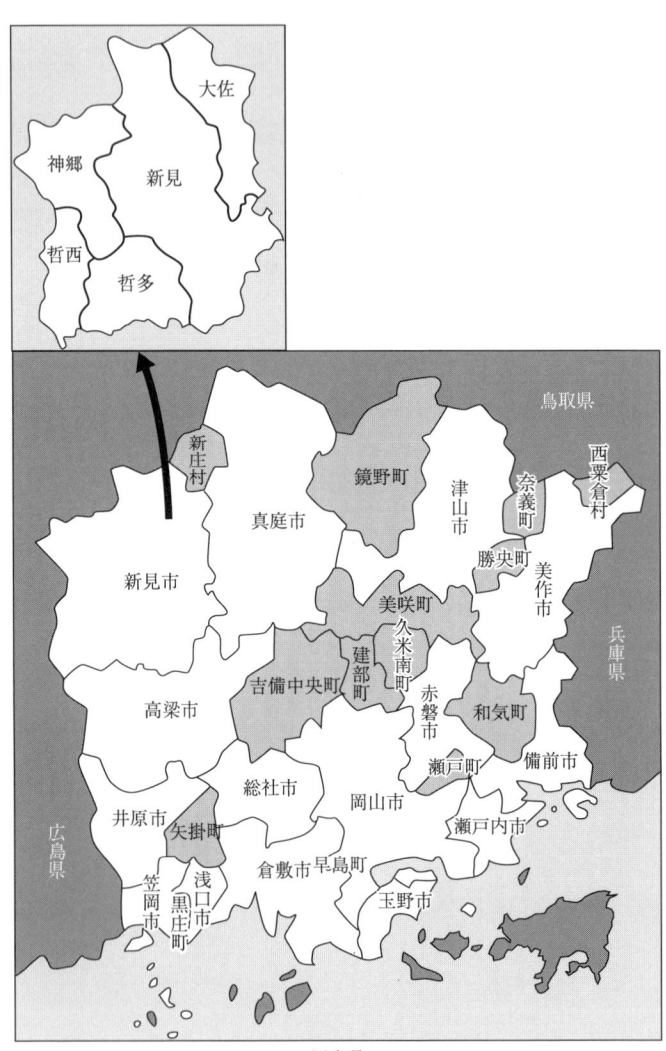

はたらいた。これに耐えかねた百姓たちは，寛正2年（1461），安富の代官を追い出し，名主41名の連印による東寺の直務を要求し，同年9月認められる。そこで，東寺は早速直務支配に乗り出し，翌年には正式の直務代官として祐清を派遣し荘務を行わせた。しかし，寛正4年（1463），年貢取立ての厳しい祐清に不満を持った一部の百姓によって祐清は殺害され，犯人の農民たちを匿った嫌疑で，地頭政所が焼打ちにあうという事件が起きた。

応仁の乱（1467～1477）に際しては，安富氏その他の武士が入部を企てたので，百姓たちは応仁元年（1467）から文明元年（1469）に至る間，たびたび寄合を開き，東寺以外を領主には仰がないことを決議して武士の支配に抵抗した。これを備中の土一揆と言う。応仁の乱後，新見荘も多くの所領とともに一時東寺に安堵されるが，守護につながる在地武士勢力の多治部・妹尾・新見・三村氏らが年貢を請け負い，天正2年（1574）まで続いた。この年以後，新見荘に対する東寺の支配は有名無実になってしまった。

ところで，平安時代から中世にかけての荘園を構成する単位となったのが「名（みょう）」である。すなわち，開田が進むと，自分の開拓した田に，それぞれの所有者の名をつけることになる。これを「名田（みょうでん）」といい，名の責任者を「名主（みょうしゅ）」と呼んだ。名田に冠された名は，その人の死後にも変わることなく，今日まで続いているところも少なくない。名田の成立は，律令制の理念たる公地公民制が崩れて土地に対する私有権が発生したことを意味するとされる。

名主は荘園領主の支配下にあって，自分の配下の小作人を指揮して耕作に当たらせ，自分の支配する区域名を，自分の名で呼ばせた。名は後に部落名になったところ，地域名になったところ，屋号になったところがある。

名主は神社の祭典に際して，拝殿にのぼってそれぞれの席を賜って座り，直接祭典に関与するものである。また，御輿の御幸に際してはそれぞれ役がある。ところが，名主でないものは，たとえ自耕農であろうとも，寄子と称えて，祭典準備のための使役には出席せねばならない。このとき，寄子たちは祭殿に参列はしても拝殿にのぼることは許されず，外に控えて祭典を拝し，御幸のときはお供をしなければならない。しかし，必ずしも名主の家がいつまでも栄えるとは限らない。いつか没落するときが来たら，百姓の中からもふだん財力を蓄えていたものが，そのカブを買って，名主になることも可能とされていた。

以上のような時代的背景は，調査地における祭祀にも反映され，旧神郷町

第1章　新見の歴史・民俗的概観

第1節　歴史的背景

　第1部における研究対象となる調査地域は，岡山県西北端，旧新見市の一部と旧阿哲郡神郷町の一部である。これらの地域は，かつて備中国新見荘として知られている。この地域で見られる祭祀には，中世に由来すると思われる「名（みょう）」の名が使われ，古式豊かな祭りが行われている。本章では，当地域の祭祀を把握する上で，この地域の歴史的背景を理解することが不可欠な作業であると考えられるので，調査地の概要として，新見荘の概略について触れておきたい。

　新見荘[1]は平安時代末ころ，大中臣孝正（おおなかとみのたかまさ）が開発したところと言われ，孝正はこれを官務家の小槻隆職（おづきのたかもと）に寄進した。小槻隆職はさらに上級の権門の庇護を得るため，建春門院平慈子とその子高倉天皇を本願とする最勝光院に寄進，かくして新見荘は最勝光院を本家，小槻氏を領家とする荘園となった。鎌倉中―末期には地頭との間に下地中分が行われ，東方を地頭方，西方を領家方とした。またこのころには本家最勝光院も衰退し，ほとんど皇室の御願寺としての機能を果たさなくなり，正中2年（1325）正月後醍醐天皇によって東寺に寄進され，同荘は東寺を本家とする荘園となった。元徳2年（1330）領家職が，元弘3年（1333）地頭職が東寺に寄進され，新見荘全域が東寺領となる。その後，領家職をめぐって東寺と小槻氏の間に激しい争いがくりひろげられたが，元中7年／明徳元年（1390）11月，東寺は毎年の年貢の7分の1を小槻氏に納めるという条件で両者の間に和解が成立し，完全な東寺領荘園となった。

　しかし，新見荘は京都から遠隔の地にあったため，東寺は新見荘を代官請の地とし，当初は三職と称された荘内の有力名主が任命された。明徳2年（1391）の明徳の乱後，守護勢力の進出が激しくなり，応永15年（1408）には備中国守護細川氏の被官安富宝城・安富智安（やすとみほうじょう・やすとみちあん）が荘務を請け負うようになった。安富智安は，嘉吉元年（1441）から寛正元年（1460）にいたる間に2200余貫の年貢を納めなかったばかりか，百姓に対しても数々の非法

高瀬の氷室神社と亀尾神社，旧新見市足立の三躰妙見宮と千屋の倉嶋神社の祭祀儀礼にも新見荘時代の名残として「名」の存在が確認され，その形態からみて概ね「名主座」祭祀として位置付けることができよう。

第2節　民俗的背景

　岡山県旧新見市と旧神郷町は，平成17年（2005）3月31日付けで合併した[2]。上記のように，両市町は歴史的には密接な関係にあったが，近現代を通じて行政や社会生活をそれぞれ別々に行っていたので，ここでは，両市町を分けて叙述することとする。

　まず，旧新見市は，県の北西部に位置し，北東は阿哲郡大佐町，南東は高梁市，南西は阿哲郡哲多町，西は阿哲郡神郷町，北西は鳥取県日野郡日南町に接する。合併前の人口は23,642人，8,339世帯（2005年1月現在）である。形状は南北に細長く，総面積は351.99平方キロで，市域の86％が山地である。中央部に高梁川が南流し，川沿いには狭い平坦地が連なる。市街地は南西部の盆地に開けている。南部の高梁川左岸には草間，豊永地区を中心に石灰岩台地がある。当市域は山陰と山陽を結ぶ交通の要地で，高梁川に沿って国道180線が縦断し，同道から分岐した同182号が西南を走る。その他10路線の県道が整備されている。またJR伯備線が南西部を縦断し，新見駅を分岐点に同姫新線が西部中央を走り，西端の備中神代駅で同芸備線が分岐する。中央部を中国縦貫自動車道が横断し，西部に新見ICが設けられている。

　千屋地区で飼育される和牛は，千屋牛として名高い。南部の草間，豊永地区は水が乏しい地域であったため，畑作が中心で，古くから葉煙草の生産が行われた。近年は，草間を中心に桃・メロンなどの栽培が盛んである。同市域には石灰岩が広く分布することから，セメント・石灰などの生産が行われてきた。北部は備作山地県立自然公園に属し，南部の石灰岩地帯には日本3大鍾乳洞の一つである井倉洞や満奇洞がある。

　三躰妙見宮は市の北西部の足立地区の吉川に鎮守されている。また，倉嶋神社のある千屋代城は市の北部に位置し，吉川からは北東へ約9キロ離れている。

　一方，新見市の西にある旧神郷町は，県の最北端に位置し，北は鳥取県の日南町，南東は哲多町，南西は哲西町，西は広島県東城町に接する。合併前

の人口は2,633人，827世帯であった。総面積は136.3平方キロである。町域の90％以上が山林で，標高700〜1,000m級の山々に囲まれている。

町内にはJR伯備線の足立駅と新郷駅があり，氷室神社と亀尾神社のある高瀬は新郷駅より西に位置している。高瀬には木谷・大原・仲村・長久・上梅田・下梅田・柳原・野・新田・野原・野原鶯尾の11の集落があり，その大部分は高瀬川流域及びその周辺に散在している。町営（合併後は市営）バスが新郷と木谷の間を運行している。

夏は比較的涼しいが，冬の寒さは厳しく雨量は多い。特に積雪は例年50cmほどあり，また多い年は80cmを越えることもある。主な生業は農業であるが，ほとんどが兼業農家で，多くの人が新見市とその周辺の商店・建築会社・鉱業会社・官公庁などで働いている。

各集落は小学校の「学区」を単位として2つに分かれていた。すなわち，高瀬小学区には木谷・大原・仲村・長久・野・上梅田・下梅田・柳原が，新郷小学区には新田・野原・野原鶯尾が属していた。学区は地域の社会単位として機能していた。しかし児童数の減少などにより，高瀬小学校は130年の歴史（1874年開校）を閉じて，2005年3月31日で閉校となり，新郷小学校と合併となった[3]。

ほとんどの家には屋号がついており，つきあいや社会関係には屋号が常用されている。高瀬全体で地理的中心となるのは仲村部落であり，同部落の氷室神社は戦時中には村社として高瀬全体で祀られていた。また，仲村には高林寺という曹洞宗の寺院があり，高瀬の家々のほとんどが高林寺の檀家である。

高瀬には，氷室神社と亀尾神社以外にも信仰の対象が多く，小宮・祠が散在している。

たとえば，木谷の木谷神社は疫神社ともいわれる。伝承によれば，木谷の西村氏が疫病流行を鎮めるため，出雲から勧請したと伝えられている。

大原の八番神社は，古い由緒をもつ神社で，少なくとも鎌倉時代に創建されたものといわれている。

その他，部落の神として祀られているのは，長久の部落内には本山荒神と秋葉神社である。前者は「上の宮」，後者は「下の宮」ともいう。祭りは氷室神社の祭典が終わった翌日，つまり新暦の10月20日に行われる。祭りは必ず「上の宮」から「下の宮」へと行い，当屋は上組（上の宮）と下組（下の宮）の各家が順を決めてつとめる。特に秋葉神社は勝負の神と言われてお

り，選挙あるいは入試のときは，遠くからも参る人が多いと言われる。また，長久部落には「地神様」の祭り（春と秋の彼岸）と山の神祭り（新暦の6月20日）が行われている。

　その他に，他の部落と共同で行う祭りがある。たとえば，火の神として知られているアタゴ様は仲村と大原部落が共同で祀っている。また，狼の神として知られている宣乗大権現は梅田，柳原，長久が祀っている。

　また，五輪様[4]と塞の神（耳の神）は長久部落にあるが，部落総出で祀ることはなく，個人の信仰で参る。

　以上，当該調査地における歴史的背景と社会的背景を簡略に見てきた。繰り返すようであるが，本書で考察の対象になるこの地域の祭祀は新見荘を背景に持つ「名主座」による当屋祭祀であり，なおも今日に伝承されている。また，祭祀以外にも村によっては様々な民俗慣行も見られる。特に高瀬地区にはそのような慣行が顕著である。こうした地域の背景を理解することによって村信仰を支えている地域の構造がより明白になるだろうと期待している。

注
1) 新見荘については，『日本史大事典　第5巻』（平凡社，1993），『日本荘園史大辞典』（瀬野精一郎編，吉川弘文館，2003），『新見市史　通史編上巻』（新見市，1993），『神郷町史』（神郷町，1971）を参照。
2) 2005年3月31日に新見市・大佐町・神郷町・哲多町・哲西町が合併し，新「新見市」が発足。合併後，2005年10月1日に実施された国勢調査によれば，市の人口は36,073人，12,480世帯である。
3) 高瀬小学校記念誌編集委員編『神郷町立高瀬小学校記念誌』岡山県阿哲郡神郷町立高瀬小学校，2005。
4) 古くから五輪様に参り，願いを掛けるときは，箸を持っていく慣習がみられる。

第2章　氷室神社の当屋祭祀の変遷と展開

はじめに

　中国地方には，歴史的に荘園に由来すると考えられる「名」と，それを構成単位とする祭祀組織が多く展開されている。この地方の神社祭祀については，これまでもしばしば調査が行われてきた。例えば昭和34年と36年には，肥後和男氏らが美作地方の宮座を調査し[1]，その基本的な特質として「名主座」に言及し，年齢階梯的要素を重視する近畿地方の祭祀組織とはかなり趣を異にすることを強調した。

　名主座は，名を基本単位とする祭祀組織である。肥後氏は，名主座を「名主が名を代表して，神拝の座に列する」ものと規定した[2]。つまり，名の代表者である名主（名頭）とその名に何らかの関わりを持つ作人（寄子）たちの結合による祭りであると言えよう。名頭たちは当屋を組み，主体的に神事に参加して儀礼を行う。寄子たちは神事のため，準備に励むなど精を出して当屋への協力を惜しまない。本章で考察の対象に取り上げようとする事例も，かつて新見庄として知られていた岡山県阿哲郡神郷町高瀬の名主座の典型的な一例である。

　「名主座」という祭祀形態は，村落や荘園制と深く結びついているため，当然歴史的なアプローチも必要になってくるが[3]，ここでは民俗資料として名主座を取り上げ，戦後の地域社会と祭祀組織とのかかわりを社会的な変化の過程から掘り下げていきたい。また高瀬の民俗世界を描いていく中で，宮座をめぐるさまざまな社会関係が，村落内部においての葛藤や利害関係によって著しい変化の様子を呈していることが浮き彫りになってきた。これらの問題を究明しながら，今日の民俗社会の中での地域祭祀の位置づけを試みることにする。

第1節　高瀬の生活環境

　神郷町[4]は岡山県西北に位置し，西は広島県，北は鳥取県に隣接している。岡山市からは81.5km，新見市から町までは9kmの距離にある。町の東部をJR伯備線が南北に，南部をJR芸備線が南北に走り，それと平行して国道182号線と中国自動車道が通っている。
　神郷町には4つの大字がある。即ち，高瀬，釜村，湯野，下神代がそれである。戦後以来人口の減少が続いており，しかも高齢化の現象は深刻である。現在（平成16年），町の人口は2575名である。これは10年前と比べると400名ほど減少している。その中，大字高瀬の人口は505名，169世帯である。65歳以上の高齢者の割合は平均85％にも達している。
　かつては町の90％以上を占めている山林に関わる仕事や肉牛飼育，稲作を中心とした農業に依存する生業形態を帯びていたが，現在は専業農家がほとんどなくなり，車で40分ほどの距離にある新見を中心とする都市部での給与生活，または年金生活をする者が大半を占めている。
　標高400mから1000mの山間地帯である神郷町はわずかの平坦地に水田をもつ農村である。
　町の最北端にあたる高瀬は，伯備線新郷駅の西の方に位置し，木谷，大原，仲村，長久，上梅田，下梅田，柳原，野，新田，野原，野原鷲尾の11の字からなっている。これらの字は従来，地域社会で「〇〇部落」と呼ばれていたが，平成14年から町の施策で「〇〇地区[5]」と呼び合うことにしている。
　各部落は高瀬川流域およびその周辺地域に散在し，14～22戸の集落を形成している。行政的には大字高瀬として機能をしているが，高瀬地区の中の各部落が生活・生産の単位となり，一定の自律性を整えたムラとして運営されている。
　仲村部落には曹洞宗の高林寺があり，油野の金蔵寺を本山として，文禄2年（1593）に開山された，高瀬唯一の檀家寺として信仰されている。また，旧高瀬小学校の道を渡った所にある石造薬師三尊像（県指定重要文化財）も，高林寺の主催で6月第3日曜日に大祭が催されている。

第2節　祭祀組織の現状と変化

　高瀬の神社祭祀の中で名主座による当屋祭祀が見られるのは仲村部落の氷室神社，上梅田部落の亀尾神社であり，毎年秋には歴史性豊かな祭りが行われている。この地域では祭祀と関連した「名」「名頭」「宮座」ということばが，フォークタームとして広く使われている。地元で「宮座」という言葉がいつから一般化されて使われていたかは定かではないが，祭祀の儀礼の中で「宮座」という言葉が頻繁に言及されている。また，亀尾神社に伝わる寛政4年 (1792) の「氏神十二社権現様御祭儀式定帳」の中からも，「神前宮座」という言葉を見いだすことができる。

　ここでは，昭和30年 (1955) に阿哲郡神郷町に合併するまで，旧高瀬村の村社として機能していた氷室神社の事例を中心に述べよう。

　氷室神社の祭神は久久紀若室葛根命(くくきわかむろつなねみこと)で，相殿に仁徳天皇を祭っている。氷室神社には文献資料は残っていないが[6]，氷室の守護神として約20km離れた同町の三室から勧請したと伝えられている。氷室の神社名は文字通りに「氷」と関係が深いらしく，『神郷町史』によると，「高瀬に二カ所の氷室が設けられ，蓄えていた氷は，6月朔日の氷の節会が近づくと，高瀬や三室の人が総社の国府まで，半里おきぐらいに人員を配し，その日の朝方国府に着くようにリレーで，氷を持って夜に日をついで走らせたのである。(中略)このような年中行事は，奈良時代から平安時代の中期頃までのことのようで，したがって氷室神社の勧請されたのは平安初期ごろと見るのが妥当である」[7]と推察されている。

　氷室神社の氏子たちによると，亀尾神社より「格」が高いと言われるが，かつて村社であった事実以外には明白な根拠はみられない。では，氷室神社の祭祀組織について，今日の現状を踏まえながら変化の過程を見てみたい。

　まず，氷室神社の祭祀組織は「本座」と「三人宮座」と分けて考える必要がある。

1) 本座の構成

　氷室神社の本座を構成するのは6つの名であり，それぞれの名を代表する者を「名頭」と呼んでいる。

写真1　氷室神社，1980年代後半の祭祀の様子。全員烏帽子と羽織袴で出席している。(『神郷の文化財』2000 より)

本座は拝殿から見て左側に ⌐ の形で左座と右座に分かれている。

| 左座…長久名　・　中原名　・　源入名 |
| 右座…栗尾名　・　秋末名　・　宗重名 |

　この6つの名のなかで，長久・秋末・宗重の3名は文永8年（1271）の「備中国新見庄領家御方正検畠取帳」にその名を見いだすことができ，また寛正2年（1461）の「領家方百姓連判起請分」には「けん入，ながひさ，あきすえ，むねしげ，さたすへ，中はら」の6名が見えており，現在の名座のうち，5名まで一致している。栗尾名だけが見いだせないが，それは「さたすえ」の後と推定されている。したがって，現在の氷室神社の祭祀組織は，寛正年中を大してくだらない頃に成立したのではないかと推定されている[8]。

　左座の長久名を「左横座」，右座の栗尾名を「右横座」といい，とくに6名の中で長久名の名頭を「座頭」と呼んでいる。長久名の名頭（大原家）[9]については古くから「七度半(ななどはん)」という仕来りが今も伝わっている。「七度半」とは，祭典の準備を終えたころ，寄子の使いが座頭の家まで7回迎えに来て，最後の1回は家が見える所まで来て，「お祭りの準備ができましたか

表1　昭和30年代前半の名の分布

名	名頭	部落
長久	大原　幸太郎 井田　正治	長　久
栗尾	福嶋　多	下　梅　田
中原	浅田　松雄 石田　善昌	野・新田
秋末	長谷　喜代蔵 石垣　全一	仲　　村
源入	長谷川　利一 柴原　銀一	上　梅　田
宗重	西谷　新一 長谷川　喜太郎 上原　清重	木谷・大原

表2　昭和37年の名の分布

名	名頭	部落
長久	大原 井田	長　久
栗尾	部落	仲　村
中原	石垣	仲　村
秋末	長谷 （石垣）	仲　村
源入	長谷川	長　久
宗重	部落	長　久

らお参り下さい」と大声で叫ぶ。これが「半」に当たるといわれる。しかし，一時は一度に7人が来て1人ずつ家の外を出たり入ったりしたこともあるという。今はだいぶ簡素化され，1回で済ませるのが常である。いずれにしても，これは座頭の権威がいかなるものであったかを象徴的に表すものであるといえよう。実際に祭りにおいては神事の音頭は長久名によって取られるので，長久名の出席なしには神事を始めることができない。長久名の大原氏によると，家のホウノウキザコという地所があって，そこの木で氷室神社の御神体を拵えたという[10]。大原家がいつごろから名頭をつとめるようになったかは明確ではないが，5〜600年前にこの地に定住していたらしく，代々名頭をつとめてきたとされている。家の歴史や現在の祭祀における地位を考えるとかなり古くから氷室神社と関わりをもっていたことが推測される。

　本座を構成する名頭の資格は，名を持つ特定の家によって限定され，なおかつ世襲化されている。すなわち，座の権利は個人に優先し，家に与えられている。要するに，名頭の地位を維持してくれる名株は名頭の屋敷及び田畠といった土地に付随していて，それによって座の権利が保証されるのである。ことばをかえると，名株を獲得すれば自動的に入座の資格も得られるわけである。名株が主に土地（屋敷及び田畠）をさすものであれば，土地はそれを持っている家の事情によって転売されることは充分考えられることであり，転売とともに脱座と入座も行われる。

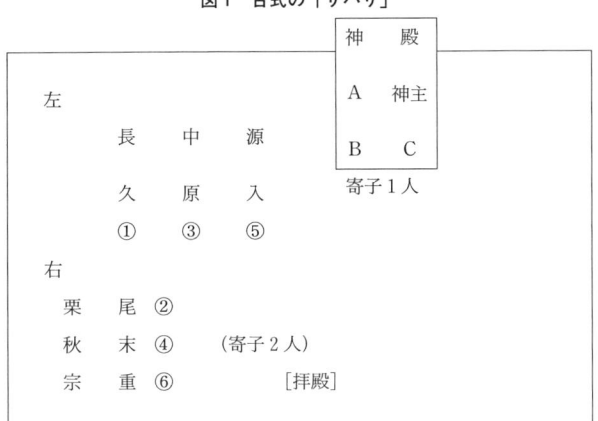

図1　古式の「ザハリ」

＊A．B．Cは「三人宮座」

　ところで，名株の分配の仕方によっては「丸名」と「半名」というメカニズムが発生する。名を一軒の家が独自に所有している場合，これを「丸名」といい，複数の家が一つの名を共有していると「半名」という。**表1**に見られるように，昭和30年前半にはこのような様子が克明に見られ，名頭のなかで丸名は栗尾名だけであって，あとは全部半名である。これは何を意味するかというと，土地の一部だけが転売されたことを表している。こうした丸名と半名の違いは神事においてもそのまま表出され，丸名の名頭は決められた座席に一人で座り，神事の御膳を使っていたが，半名は2〜3人で一座し，ひとつの御膳を使っていたという。いかにもあじけない様相ではなかったかと想像する。

　しかし，その後，こうした座の構成員に変化が現れる。すなわち，名頭が相次いで名の権利を手放すという事態が発生したのである。その結果を表したのが，**表2**の変化である。昭和37年に仲村部落と長久部落の話し合いが設けられ，栗尾名・中原名は仲村部落に，源入名・宗重名は長久部落に統合されることになる。このうち，栗尾名と宗重名は名を引き継ぐ人がいなかったので部落受けの名になり，祭りのとき宗重名は長久部落の部落長が，栗尾名は仲村部落の宮総代が「名頭」の代役をつとめるようになった。

　結局，昭和37年当時，長久名と秋末名だけが半名として残ってしまったが，秋末名もその後，当事者の話し合いで長谷家が受け持つことにし，石垣家は従来の中原名だけを維持する方向に整理されていった。こうしてみる

表3　当屋と寄子の順番

名	部落	寄子	当屋	H16名頭
長久	長久	上組　10戸	大原・井田	大原・井田
秋末	仲村	仲村　18戸	長谷	部落
源入	長久	下組　12戸	長谷川	部落
中原	仲村	仲村　18戸	石垣	石垣※
宗重	長久	長久　22戸	部落（長）	部落（長）
栗尾	仲村	中村　18戸	部落（宮総代）	部落（宮総代）

※名頭の資格のみを持ち，当屋は部落に一任する。

と，半名として残っているのは長久名のみである。つまり座頭として権威を振るっていた長久名だけは，形としては半名のままで残った。半名は共同で御膳を受けるのであると先に述べたが，長久名に限っては実際の場合，そういうケースは見られなかった。それは次に登場する「三人宮座」のシステムがあってこそ可能であった。

2）三人宮座

　氷室神社の祭祀構造の中で，ひとつ注目しなければならないのが，本座とは別途に神殿の前の一段高いところに神主とともに座を占めている3人の存在である。すなわち，井上家，井田家，松田家の三人衆（図1）であるが，ここでは便宜上「三人宮座」と呼ぶことにする。この「三人宮座」は神事において，「御供物行事」の際に，本座の6人の名頭が1人ずつ御供物の名をあげて「宮座にあがりましたか」と唱える場面がある。すると，「三人宮座」より「はい」と返答があり，名頭一同は御神酒をいただくことになる。一見，「三人宮座」が神殿前の一段高い場所に座り，本座の問いに返答し，その返答によって本座の式が進行するという構造からすると，「三人宮座」の役割は極めて重要であり，本座の名頭より格が高いようにみえる。この3軒の家は，歴史的に神社といかなるかかわりを有している家なのかは明白ではない。ただ，「三人宮座」の中で井田家だけは名頭の地位も有していることがわかる。長久名はこの井田家と大原家が名株を半分ずつ持っていることは前述の通りである。しかしながら井田家は本座に座ることはない。そのため，大原家は「半名」でありながら常に「丸名」と同様の地位を占めていた。それだけではなく座頭として儀礼を取仕切ってきたのである。井田家が名頭の地位を持っているにもかかわらず，本座に座らないのは，もともと

「三人宮座」でありながら，ある時点で名の権利も得られたことと関係がある。井田家と大原家は同じ長久部落で，家同士も田圃を挟んで向い合うような形で隔たっている。恐らく今の井田氏の先祖がすでに「三人宮座」の地位にあった時に長久名の権利の一部を獲得して名頭の資格も得たのではないかと考えられる。その後，両名頭の合意の下で座の位置だけを従来通りに維持してきたと考える。儀礼上，井田家の役割は「三人宮座」に限られているが，名頭という地位には変わりはない。**表3** で見られるように名頭のみに課せられている当屋の義務も担っている。当屋は大原家と交互につとめるため，6年ごとの丸名に比べ12年ごとに迎える。「三人宮座」の中で，井田家を除く他の2軒は名株を持っていないが，「三人宮座」としての資格は名頭の資格と同様に家屋敷についているといわれている。つまり，その家の者に限って座に上がる資格が与えられているのである。本座が幾度も再編に見舞われる中でも，「三人宮座」の構成員の変化はほとんど見られない。しかも井田家を代表して，終戦後30年間余り座を守ってきたのは女性であり，この女性は亡くなる直前まで座に参加していた。女性の座への参加に関する規定は特にないのだが，息子が遠方に居住するため，祭りの参加が困難であったことが主な理由であった。この井田家の例以外には過去に女性が座に参加した例はなく，これはあくまでも戦後の事例であると認められる。「三人宮座」の主な機能は，ただ本座の補佐的な役割ではなく，より神殿に近いところに座し，御供物を介して本座の名頭と神との中継ぎ役として象徴されるところにある。この「御供物行事」が終了すると，「三人宮座」の中にはひと足早く帰路につく人もいる。第3章で述べる亀尾神社の祭祀組織にも「三人宮座」に似たような構造が見られる。それは「神前宮座」というものであるが，そこには神主と給仕人1人のみが席を占めている[11]。そのほか，新見庄内の宮座を持つ地域では「三人宮座」に該当するものは見当たらない。

3）当屋と寄子

　当屋は神社の祭りに際して寄子を率いて神事の準備を司る人，またはその家を指すものである。寄子は当屋に対して労働力を提供する。供え物の準備のほか，餅つき，注連縄作り，宮掃除，給仕役，輿守役，祭りの後始末などを担当する。
　祭りは当屋と寄子の結合関係を示すものである。名頭と寄子とは経済関係を有することはむろん，かつては名頭の法事に寄子が参加するのが慣行とさ

れていたという。しかし現在の社会慣行の中では名頭と寄子の結合関係は見られず，祭り以外においても名頭であるゆえに特別の待遇は認められない。ただし，部落の役としての宮総代は除外されるという。

　氷室神社の当屋は**表3**のように6つの名が順番を決めており，前述のように丸名は6年ごとに，半名は12年ごとに当屋の順が回ってくる。

　当屋は順番が決まっているものの，神事のとき行われる当屋渡しによって正式に当屋を請けることになる。当屋になると，いくつかの禁忌を守らなければならない。まず，他人の家の葬式に参加してはいけないし，もし自分の家に死者が出た場合は翌年の当屋と交替することになっている。寄子の場合も忌みがあった場合は宮に参ることはできない。

　ところで，平成16年（2004）に入って当屋と名頭を退く人が現れ，宮座の再編が余儀なくされた。

　表3のように秋末名と源入名の名頭が辞退してしまい，部落請けになった。また中原名の石垣氏の場合，今年から名頭は通常通りに務めるが当屋は一切請けないと宣言し，宮座に出席した。しかし，名頭の資格を持ちながら当屋を受け持たないことに対して認め難い声が存在するのも事実であり，今後議論を巻き起こす可能性も残している。

　氷室神社の氏子は現在仲村部落18戸，長久部落22戸である。

　当屋の寄子として祭りに参加するのは，仲村部落は18戸全員であるが，長久部落では上組と下組に分けて寄子の役を勤める。

　寄子は1戸1人と決まっているが，男性が出られないときは女性でも出席可能である。

　特に餅つきの役の寄子は両親が健在の夫婦が選ばれている。

4）宮総代

　宮総代は長久部落と仲村部落で2人ずつ選び，4人から構成されている。長久は選挙あるいは推薦で決めるが，仲村は部落中のまわり番でつとめることになっている。任期は4年であり，都合によって留任する場合もある。宮総代4人のうち，1人は総代長となり，神社に関しての総会等を主催する。宮総代の主な役割は，氷室神社の夏と秋の祭典・行事のための準備を総括する。祭りに際しては，前もって総代会（寄合）を開き，準備の日取りや初穂の調整，神主の送迎の段取り等を決める。特に，「秋祭り」になると，当屋（名頭）と協議し，寄子の指揮にあたる。夏祭りは秋祭りとは違い，氏子一

般を対象とした祭りということもあって，宮総代によって1年1回の「氷室神社会計決算報告」が行われる。また，神社庁で行う催しにも参加し，講習を受けることもある。その他，名頭の家に不祥事があって祭典に参加できない場合はその代行をつとめる。

このように，宮総代は名頭とは異なり，神社の管理や経営を総括する役割を果たしている。

5）神田

氷室神社には，古くは神社の経営を支え，祭りに際しては御供物を出す田としての「神田」があった。神田から取れた米は祭りに当てられていた。しかし，終戦後，農地改革のとき，不在地主の土地は整理されることになり，氷室神社の神田も名頭たちと宮総代が協議の上，個人に譲渡するに至った。そのため，現在かつての神田は個人所有となっている。しかも，その後の圃場整備により，神田のもとの形はわかりにくくなった。神田は「秋祭り」に際しては御輿が巡幸する「神事場」であったため，現在は鳥居の前の道路を神事場として使っている。

神社は山の麓に小高い丘陵の形で，長い年月を経て育てられた杉の木で覆われている。以前，雷が落ち，数本の木が倒れたので，その木を売却した代金の利子と氏子から集めた初穂を夏と秋の祭りに当てている。昔は初穂を米にしたことがあるが，今は一定の現金を集める。前記のように，初穂の金額の決定や利子の管理は宮総代が行い，夏祭りにその会計を報告している。

以上のように，氷室神社の祭祀組織の構成は「名頭」を中心とした座のメンバーだけではなく，地域の様々な社会関係によって，支えられているのが明らかである。

第3節　当屋と当屋祭祀

中世農民の暮らしが，儀礼の中で厳かに伝承されている氷室神社の祭祀儀礼は昭和52年（1977）に神郷町無形民俗文化財に指定された。同神社の「秋祭り」は，氏子の仲村部落と長久部落の人たちにとって，「氏神祭り」とも呼ばれている。

本節では，第2節で明らかにした氷室神社の祭祀組織が，地域祭祀におい

ては実際どのような機能を果たしているのかを,「秋祭り」を通して詳細を報告しながら考察していきたい。

現在,氷室神社の秋祭りは新暦の10月19日に行われている。終戦前は旧暦の10月19日に行われていたが,戦後に入って月遅れの新暦の11月19日に変更した。ところが,中国山地の奥に位置する地理的環境は,11月の祭りの時期になると真冬並の寒さで,雪に見舞われることも珍しくなかったという。それで昭和49年(1974),両部落の氏子たちの話し合いで現在のように,祭日を1カ月早めて新暦の10月19日に決めた[12]。

1．当屋と祭りの準備

祭りの1週間前か10日前に宮総代の寄合が開かれる。以前は総代長の家に集まったが,最近は公民館で開かれることが多い。寄合では初穂料の金額や当屋への補助金の決定,神主を迎えにいく時間の確認,供え物と持ち寄るものの確認などが行われる。

10月18日,昼過ぎから寄子たちが当屋に集まる[13]。寄子は1戸1人ずつで,主に男性が中心であるが,家の都合によっては女性の出席も認められる。

1時頃になると,当屋の挨拶のあと,当屋の指図によって仕事が分担される。まず,餅搗きから,餅や芋の子を入れる「サンダワラ」と「ワラスボ」作り,注連縄作りが当屋で行われる。

このとき宮総代が初穂料(1軒3千円)を集める。出席の寄子以外の氏子たちの家にも集金に行く。

餅搗きは当屋の家で行うが,当屋が部落になった場合は公民館で行う。餅を搗く役は両親が健在の人に限られている。餅は小餅で,白餅と小豆餅を合わせ,その数は1年の日数である365個を用意する。この餅は「サンダワラ」と「ワラスボ」と呼ばれる俵に入れておき,祭りの当日,当屋が他の供物と一緒に神社へ運ぶ。当屋は祭りの当日まで,鯛2尾,白米,玄米,ミカン,リンゴ,イモ,大豆,味噌,塩,いり干し,半紙等を用意しなければならない。

注連縄は5本作るが,氷室神社の鳥居と本殿の裏にある天王社の鳥居に飾る太くて大きめのシメを2本と,それぞれの拝殿と稲荷社に飾るシメ3本を作る。特に鳥居に飾るシメには藁の「フサ」がつけられるが,数は奇数が喜ばれ,3つずつ注連縄に吊される。また,「神事場」に立てる「ヤシメ」

に飾る8本の注連縄（長さ10m）も必要である。
　3時ごろ，宮総代の一人が神主を自宅まで迎えに行く。この際，寄子たちは当屋から神社へと移動し，作業に当る。神社での仕事は，境内の掃除，草刈り，拝殿の掃除，注連を飾ることである。注連は神主が神社に着き，注連の子を切ってもらってから飾る。最後は，神社に保管してあった幟を立てる。また同時に神事場では竹に8本のシメをつけた「ヤシメ」も立てる[14]。「ヤシメ」は鳥居の左横の道路沿いに立てるが，かつて神田があったときは神田に立てられたともいわれる。
　以上，神社での準備が終了すると，寄子たちは再び当屋に戻る。当屋の名頭が寄子の労をねぎらい，「慰労会」を催す。このとき，神主も同席する。当屋の家は「ヤド」とも呼ばれるが，これは祭りの準備のための作業場であり，祭りの前日に神主を迎え，宿泊を提供するところでもある。そのため，神主は「慰労会」のあとも当屋に泊まることになる[15]。

2．秋祭り
1）「湯立」と「新式」
　名主座による儀式が始まるのは午後からである。午前中は宮総代及び寄子たちが神社に集まり，当日の式典の支度をする。
　当屋の供え物は拝殿に設けられた台の上に，右から左へ果物（リンゴ，ミカン），大根（2本），鯛（2尾），餅（鏡餅2対），玄米，白米の順に並べておく。
　10時頃になると，本殿の後ろにある天王社の前で「湯立」が始まる。「湯立」には主に神主と寄子が参加し行われる。まず，炊事場にあった鉄釜を天王社の前に運び，焚き火で湯を沸かす。このとき，塩と御神酒も用意する。湯が沸いてくると，神主は祝詞を唱えながら笹を湯に浸し，天王社を回りながら清める。それから祝詞を唱えながら寄子たちを清める。湯立に使った笹は付近の枯れ木に納めておく。その後，神主は天王社の拝殿に上がり，両手で太鼓を叩きながら祝詞を唱える。それが終わると，神酒が配られ，「湯立」の行事は終了する。「湯立」の行事に使った湯は炊事場に運ばれ，再び焚き火で沸かし，豆腐の粕といり干しと塩を入れ，粕汁を作る。
　午後に入って，各名頭と三人宮座が羽織袴に烏帽子という姿で現れる。一方，寄子の1人が座頭の長久名の大原家に迎えに行く。前述のように「七度半」の仕来りがあったが，現在は1度だけで済まされている。座頭はお使い

表4　餅の目録

一，本殿の餅	参拾六膳
一，座の餅並びに茶の子餅	七膳
一，両氏子雪かき道うち	七膳
一，獅子こしもり露払い	三膳
一，なりさお	壱膳
一，角力の餅	弐膳
一，当年度当屋	壱膳
一，来年度当屋	弐膳
一，御崎の餅	四ツ

の寄子の挨拶を受けると，酒1升を渡して答礼する。座頭の出席をもって式典が始まるのは昔も現在も変わらない。

　1時40分頃，名頭と三人宮座の全員が揃うと，まず「新式」の式典が行われる。「新式」は名頭，寄子の区別なしに全員が拝殿に座って行う。まず，供物を神殿に供えることから始まる。式順に従い，宮総代と両部落長は拝殿に並べておいた供物と神酒をリレーで神殿に運んで供える。供物の陳列が終わると，神主が神殿に上がり，祝詞を唱える。

　その他の「新式」の大体の式順は次の通りである。
・氏子総代代表者祈願書代読
・宮司，玉節をたてまつり拝礼
・氏子総代，玉節をたてまつり拝礼
・名頭代表，玉節をたてまつり拝礼
・宮座代表，玉節をたてまつり拝礼
・老人クラブ，玉節をたてまつり拝礼
・本年度当番組，玉節をたてまつり拝礼
・来年度当番組，玉節をたてまつり拝礼
・寄子衆代表，玉節をたてまつり拝礼
・一般参列者代表，玉節をたてまつり拝礼

以上で「新式」が終わると，直ちに名主座による「古式」の祭典が行われる。

　2）古式
「ザハリ」
　名主座の儀式は「古式」として行う。まず，「ザハリ」から始まる。名頭

と「三人宮座」がそれぞれ定められた座に着席する。座席は名ごとに固定されている。神殿からみて真正面に座るのが神主と「三人宮座」である。その左側に位置するのが「本座」であって，直角に向き合う形で左座と右座に分かれて座る。すなわち，左座には長久名・中原名・源入名，右座には栗尾名・秋末名・宗重名が座る。2人の寄子が給仕役を務め，各名頭と「三人宮座」の前にお碗と盃を載せた御膳を1つずつ差し出す。これを「ザハリ」という。

「ザハリ」が終わると，当屋が用意した餅の配分が行われる。この餅は「御供餅」と呼ばれ，これを座頭の長久名が持参した目録に基づき，餅の配分を行う。

餅の目録は表の通りである（**表4**）。「本殿の餅」とは，神主と「三人宮座」の分け前であり，「座の餅並びに茶の子餅」とは名頭と給仕人の寄子の分け前である。「両氏子雪かき道うち」とは，旧暦で祭りを行ったとき，雪が積もることが多く，仲村部落と長久部落の氏子たちが雪かきをしていたので，その分け前である。「獅子こしもり」とは，かつて寄子が御輿を出すとき，獅子の面を被り，道案内をしたときの餅である。今は行っていないが，寄子たちの分け前として配る。「なりさお」とはむかし，神社に灯をともす役の寄子に配ったというが，これも現在は寄子の分け前として配る。「角力の餅」は，奉納角力をとった寄子の分け前である。「御崎の餅」とは，高瀬では火に焼けて死んだ人を「御崎」といい，それを祀るための餅である。

餅の配分が終わると，直ちに座頭が「これより古式祭典行事をはじめます」と音頭をとり，宮座の儀礼に入る。

「御供物行事」[16]
　a　「露払いの御礼を申し上げます。宮座にあがりましたか」
　　と座頭の長久名が杯を持ち，神殿に向かって尋ねると，神主と「三人宮座」が「はい」と返事をする。すると，給仕人の寄子が本座と「三人宮座」に神酒を注ぎ，これを飲む。このようにして，あとは**図1**の②から⑥の順に繰り返し，同様の口上を述べ，御神酒をいただく。これで一献目の盃が済むことになる。
　b　「二献目の御礼を申し上げます。宮座にあがりましたか」
　　と前回と同様に6人の名頭が1人ずつ繰り返し，その度「三人宮座」が「はい」と答え，一同が神酒を飲む。

c 「シタ膳の御礼を申し上げます。宮座にあがりましたか」
　と前回と同様に繰り返して，神酒を飲む。大原氏の説明によると「シタ膳」とは空の膳のことであり，かつてはその御膳の上にササの葉を皿の代わりに載せて，竹の箸をこしらえて次の御礼の準備をしたということがある。
d 「イモの子の御礼を申し上げます。宮座にあがりましたか」
　前回と同様。「ワラスボ」に入れて神殿に供えておいたイモの子（里芋）を共食しながら，神酒を飲む。
e 「サヤ豆の御礼を申しあげます。宮座にあがりましたか」
　イモの子と同様に「ワラスボ」に入れてあったサヤ豆を使う。神酒と一緒に枝についたままの茹でたサヤ豆をたべる。
f 「ご飯の御礼を申し上げます。宮座にあがりましたか」
　御飯の上に豆腐のかす汁をかけて食べる。御飯は当日の朝，当屋が炊いて持ってきたものである。豆腐のかす汁は湯立ての時に使ったお湯をもって，寄子たちが古式の前にかす汁を作っておく。

「御神輿遊行」
　神輿は神殿の裏にある天王社の倉に収められている。数人の輿守によって本殿に運ばれると，神輿と輿守は神主に清められる。神主が神殿から御神体を取り出し神輿に移すと，「神事場」まで遊行する。この際，名頭たちは御幣を付けた1mぐらいの棒を手にし，他の寄子はお供えを持って神輿の後ろを随う。神輿が「神事場」を一周すると宮司が祝詞を唱え，皆で拝む。その後，全員に御神酒が振る舞われる。それから再び本殿に担ぎ込まれた神輿は両側を2本の幟に覆われ，神主がご神体を密かに神殿に戻すと，この行事は一段落する。

「ノボリ杯行事」
　名頭が着席すると，神主が左手に御幣を，右手に杯を持ち，太鼓の上に腰をかける。神主の左右に杯を3つずつ載せたお膳を持った「膳持ち」の寄子が座る。まず，左座の長久名が立ち上がり，神主に酒を注ぐと，神主はそれを少し口にしたあと，その残りを右の「膳持ち」の杯に移す。今度は右座の栗尾名が注いだ酒を左の「膳持ち」の杯に移す。以下4人の名頭も同じ動作を繰り返す。

「当屋御クジ」

　本年度の当屋と来年度の当屋が神主に「クジ」を引いてもらう行事である。左右の横座がその代役をつとめる。ただし，その長久名と栗尾名が当屋に当たった場合は他の名頭がつとめる。これは当屋であるものが当屋をつとめるのにふさわしいかどうかを占うものである。

　まず，本年度の「当屋御クジ」から始まる。太鼓に腰をかけた神主の前に，寄子が「ご洗米」を入れた三方を差し出す。神主が「ご洗米」をとり，祝詞を唱えながら空中に投げ上げ，すかさずに片手で受け取り，裏返したお膳の上に置く。当屋の代わりである長久名が米粒の数を数え，偶数が出ると「吉」，奇数が出ると「凶」と判断される。「凶」が出ると，「吉」が出るまで何度も繰り返す。

　次は，来年度の当屋の「みくじ」を行う。来年度の当屋の代わりをつとめるのは栗尾名であり，栗尾名が「ご洗米」を数える。「吉」として選ばれたご洗米は，来年度の当屋に渡され，本座の名頭が少しずつ口にする。「ご洗米」は後に一般の氏子にも札と一緒に配られる。偶数が早く出れば出るほど来年度は縁起がいいと言われる。

「角力の行事」

　寄子の中から2人の力士が選ばれ，行司と共に本座の前に出て，神酒をもらう。角力は互いに一度ずつ転んで1勝1敗にし，3度目は決着をつけず，行司が「この角力は名力士同士の角力で勝負がつかず，来年の今月今日までお預けとします」と述べ，引き分けにする。寄子は神酒をもらい，座頭から餅を渡される。

「当屋渡し」

　神主と名頭が本来の席に着座する。神主と名頭の立ち会いのもとに，本年度の当屋が来年度の当屋に「当屋渡しいたします」というと，来年の当屋が「お受けいたします」と返事する。すると，両当屋には神主が，他の当屋には給仕人が御神酒を注ぐ。最後は神主が御幣で一同を清め，宮座の儀礼はすべて終了する。

　儀礼が終わったところで，来年の当屋に御供餅が渡される。来年の当屋はその組内の氏子へ「来年当屋を受けましたので，よろしくお願いします」と挨拶をし，御供餅を配る。また一般の氏子たちには半紙に包まれた

「御洗米」と神社の札が配られる。なおこの日を機に祭りの後片付けは来年の当屋組が行うことになっている。

第4節　当屋祭祀の構造とその特質

　ここでは、氷室神社「名主座」による当屋祭祀が地域社会とどのような関わりの中で営まれてきたかを「名頭」と「寄子」との関係の中から考えていきたい。
　まず、氷室神社の祭祀組織の基本的な特徴を取り上げてみると次のようなことがいえる。同神社の祭祀組織は、歴史的に荘園と深く結びついているため、「名」を基本単位として構成された「名主座」による祭祀である。即ち、祭祀組織を構成するメンバーが広い範囲で散在していた「名田」の代表者である名頭によって構成されているため、元々血縁的要素は希薄である反面、地縁的結合関係によって支えられてきた地域祭祀であるといえよう。そのため、氷室神社の祭りは、かつては「名頭」と名田の耕作人であったといわれる「寄子」と強い結合関係に基づいて行われていた祭りであった。したがって、今日の祭りにもこのような「名頭」と「寄子」という仕組みが継承されている。いいかえると、「名」は一定の地域範囲を表すのであり、それらの地域の中にある名頭が集まって行っていた祭祀が、今の氷室従神社の名主座による当屋祭祀である。同神社は村社として機能していたため、終戦直後まで、高瀬の11部落から祭りに参加するほど氏子の範囲が広域であったが、次第に祭りに参加する部落の数が減り、今日のように仲村部落と長久部落だけが氏子として残るようになった。しかしながら、地域結合という祭祀形態は守られている。事実、現在の祭りにおいても、氏子全体が参加する祭りというより、部落が交互に行う部落当屋制の要素が色濃く見られる。すなわち、名頭集団の中から順番で当屋を担い、当屋である名頭とそれに属している寄子が集まって行う祭りであって、氏子である両部落全員が参加するわけではない。現在、両部落は名を3つずつ分かち合い、またそれが部落交代で行われる祭りとなっているため、氏子たちは自分の部落の持つ名が当屋になった場合のみ寄子として参加するのである。つまり、当屋に当たっていない部落（名）の氏子は、寄子の義務を負う必要がない。「氏神」を共にする同じ氏子といっても、その中の一部が寄子になって祭りに加わることにな

る。このような側面からみると，氷室神社の祭祀構造は依然と名主座という属性を反映しており，今日の地域社会がどのような社会環境のもとで形成されてきたかを窺うことができよう。

氷室神社の祭礼は，常に名頭が中心となっており，直接神事に携わるのも名主座を構成する「名頭」に限るのであるが，こうした名主座の特権性はどこから来るものであろうか。名主座の構成するメンバー，すなわち，名頭は「名」を保有することによって，その地位も獲得でき，座席が固定されるので，名が一種の株のように権利として扱われている。したがって，名の権利を持つ者の集まりが名主座であり，その名主たちにより，当屋の順番が決められ，神事を独占する組織として機能しているといえる。

「名頭」の権利（資格ともいえよう）は特定の家によって保持されるため，個人よりその家屋敷に基づいて継承されている。また，その権利は，原則として一代に限らず，世襲的，永久的に継承されている。それゆえ，個人に優先し，家屋敷によってアイデンティティが保たれるため，座の権利が世代を超えて存続するのである。このような名主座の特質は，「年齢階梯制」を成立条件とする[17]近畿・近江地方の一部の宮座とは異質な性格を持つ。少なくとも，氷室神社の名主座は年齢序列に応じて座席が固定されたり，資格が得られたりするのではなく，「名」を保有することですべての座の権利が得られるのである。実際，祭りにおいて座を代表する人は，「名頭」の家の者であるが，基本的には家長や長男が出席する。長久名の大原家の場合，現在の名頭（61歳）が祭祀に出席したのは近年であり，父親から家長としての権限を譲りうけ，世帯交代をなしてからである。このように，座の引き継ぎの基準は親子間の対外的な世帯交代が基準になっている。しかし，世帯交代が行われたとしても，仕事で他所に居住していて帰れないことや，他に男性がいない場合は，名を持つ家の女性の参加もありうるのである。また，都合によっては，「名頭」でない氏子が代役をつとめることも可能である。「宮座」を特権性祭祀組織とみなすことについて，関敬吾は「年齢序列を原則とする限り，その座席は絶えず更新され，宮座の成員はすべてそれを経過する」と述べたうえ，「宮座への加入が家を単位とし，宮座の権利が世襲的・永続的となれば座席そのものが権利の対象となる」と指摘しているが[18]，年齢階梯を特権として理解する妥当性は乏しくなる。むしろ，座への権利が一般氏子には閉ざされている氷室神社の「名主座」こそが，何よりも特権的祭祀組織であるといえるだろう。たとえば，名の権利が「半名」から「丸名」へと

移っていく過程にもあらわれたとおり，すべての取り決めが「名主座」内部の話し合いで決められ，寄子として関わる一般の氏子の介入は許されない。つまり，名主座は地域社会に基盤を置いていながら，内部において「名」という固い壁に囲まれ，閉鎖的かつ名頭たちの結束を示すように運営されていたのである。

　ところが，このような「名主座」の閉鎖性も，制限はあるものの，時代と共に「座」の外部にある氏子一般に開放されていく。現在，名をもつ名頭が本来の名主の家系をひくものとは考えられず，近世以降，幾度の変化を辿ってきたことは十分想定できる。岡山県のオイツキ祭りに見られるトウヤカブに注目した坪井洋文は，「中世から一貫して同じ家系により継承されたものではない。現在見られる名の名は中世の名を受け継いできたものであっても，途中で異なった家系の者によって継承されたものである。また，トウヤの組織はトウヤカブの存在による特権的な習慣であるために，トウヤ祭りに参加できない村人は，トウヤカブを持った家の廃絶や衰退などがあった場合に，カブの権利を譲り受けるという方法があった」とし，トウヤカブの移動によって名の所有者が変わってきたことを主張した。氷室神社の「名主座」においても，同様の変化があったことは充分推測できるといえる。実際に，高瀬の亀尾神社の名頭の中にはそのような経緯で名の権利を獲得したケースもあり，名をもつ家を通じて継承されていることが確認できた。今日，「名」という可視的な存在は見られないが，「名頭」の屋敷にその権利が付与されているので，それを買い取ることによって座の権利が獲得できるシステムになっている。しかし，このような方法は，実際の名頭の転出による移動がない限りには成立しがたいものであり，近年にはそのような事例を見受けることはない。

　しかし，祭祀組織の改編にしたがい，仲村部落と長久部落だけが氏子になってから，「名主座」の構成メンバーにも変化があらわれるようになった。すなわち，従来の6名のうち，2つの「名」の名頭が空席になり，部落持ちの名になってしまったのである。この2つの名の代表者は，仲村の場合は宮総代が，長久は部落長がその「名頭」の代役をつとめる。もし当屋が回ってきたとしてもそれは個人ではなく，部落が受けることとなる。これまで名を持たない一般の氏子が「名主座」に座ることはありえなかったが，部落長や宮総代になれば，その年の祭りには直接神事に参加できる。これは，あくまでも名主座の改変がもたらした結果による変則的な運営であるといわ

ざるを得ない。それに，座の外部に対して部落持ちの名を通じて，従来ささやかれてきた座の閉鎖的要素をある程度除去し，また座の内部においては「名主座」の伝統が維持され，座の権威を守ることが可能になるといえる。

では，こうした「名主座」の特権性は，地域社会の日常生活の場や社会慣行のなかで果たしてみられるものであろうか。

まず，「名主座」が共同体の場で顕在するのは，氷室神社の秋祭りである。それ以外の地域の年中行事には全くその存在を見ることができない[19]。すなわち，ふだんの日常生活の場では，一般の氏子とは変わらない地域社会の一員としての部落の運営，ツキアイ等に参加している。その上に「名頭」でありながら，自分が当屋でない限りには一般の氏子同様に「寄子」役もつとめなければならないのである。

かつては村の自治組織としても機能し，村落社会の運営に大きな影響力を持っていたとされる「名頭」であったが[20]，時代の変化と度重なる組織の再編によって，もっぱら神事を行うための権利と義務に，その役割が限定されているのが現状である。

むすび

村落社会は生活共同体であり，信仰共同体でもある。地域社会が変貌すると信仰の有り様も変わっていく。新見庄という歴史的背景をもって行われてきた地域祭祀とはいえ，その共同体が歴史性を意識しえなくなると変質してしまうのが当然かもしれない。今まで見てきたように氷室神社の名主座による祭祀組織は終戦後，特に昭和30年代を境に大きく改変された。その一連の変化の過程はすでに述べた通りであるが，そのような変化をもたらしたもっとも大きい原因は，やはり信仰に対する共同体社会の価値観の変化である。氷室神社は戦前村社として機能し，高瀬の全域から信仰を集めてきた。しかし，それはある意味で当時はまだ名頭の影響力が残っていたからである。土地を持たない小作人にとっては名主との関係は生存の問題でもあったはずである。ところが，こうした状況は戦後になると一変する。つまり農地改革によって小作人も土地を持てるようになると，だんだん名頭と寄子の結合関係が薄れていく。次第に名頭の影響力も弱まっていくことになる。こうなると今度は祭りに際して，名頭のほうから氏子らに寄子の役を頼まなければなら

ない。もちろん，名頭以外は寄子の役をつとめるという暗黙の了解はあるが，それにしても寄子の協力が得られなければ当屋もつとめられないのが現実となった。また神事に直接携わる名頭とはいえ，当屋としての経済的負担は増えるばかりである。加えて，戦後村社としての機能を失ったため，地元でも神社を持っている部落としては氷室神社の祭りは「よその祭り」である認識が広まり，結局仲村部落と長久部落を除いて次々と氏子から離れてしまう。これが昭和30年半ばまでの高瀬の実態である。この両部落を氏子にし，再編したのが今の祭祀組織である。

　ところが，平成17年（2005）に，当人や家族の高齢化，または後継者の不足を理由に名を手放す名頭が現れたため，現状のままでは祭祀を維持していくのができないという困難な状況に直面した。翌年には名主座の存廃が取り沙汰されはじめた。その経過を見てみよう。

　まず，平成18年1月，長久部落の初寄合の時，出席者による秋祭りの当屋について若干の話が交わされた。今まで6名を長久3名，仲村3名ずつ（そのうち1名ずつは部落持ち）に分けて持っていたが，去年の秋祭りのころから仲村部落の名頭2人が辞める意思を表明し，長久部落も1人がすでに辞めてしまったので，実際に残っている名頭は長久名（半名＝大原家・井田家）だけになってしまう事態となった。しかも，今年は長久名が当屋（井田家）であるが，井田氏は山口に在住しており，祭りには郷里に戻っては来るが，現在病気を患っているため，どうやら今年は当屋をつとめることができなくなったという。それで長久名のもう一人の名頭である大原氏より「もし，井田さんが当屋を出来んようになったら，うちも半名を持っているし，代わりにやってもかまわん」という提案が出された。また，半名は丸名に比べ当屋の順番が廻ってくるのが倍以上（12年）もかかるので今回代わりに当屋をつとめてもそれほど負担にならないという趣旨の発言もあった。事実，座頭である大原家は比較的に経済的にも恵まれ，現在も三代が1つの屋根の下に暮らすほど後継者の問題もない裕福な家柄である。だから宮座に対する愛着も人より強く，先祖代々維持してきた座頭としての矜持も高いため，当屋を買って出たのである。しかし，このときは話し合いだけであって，結論は出なかった。同年6月16日の夏祭りに両部落が集まった際，再び宮座の改革の話が出たが，結論は得られなかった。

　それから同年10月，宮総代の寄合が開かれ，古式（宮座）の存廃を問う氏子総会を15日に開くことを決定した。

第 2 章　氷室神社の当屋祭祀の変遷と展開　43

　10月15日，午後7時，高瀬公民館（仲村部落に所在）に氏子一同が集まった[21]。両部落合わせて39軒（平成18年現在）のうち，21軒の代表（うち女性1人）が参加した（委任状を出した家は別途）。宮総代長から古式を続けるかどうかの提議があり，しばらく衆口に意見が出された。その後，挙手評決があり，賛成11，反対5で存続が決まった。ただし，従来の名頭を廃止し，その代わりに両部落の3役が名に座り，部落長が当屋を受けることにした。また，「三人宮座」に対しては本人らが希望するかぎり役をつとめてもらうことに決めた。

　以上で，一時廃止になりかかっていた当屋祭祀が，その内部においては変形したものの，外見的には名主座の面影を留める形をとった。しかし，先祖代々名頭をつとめてきた長久名としては，先述のように経済的問題，後継者問題から自由であっただけに，自分の家だけでも座を守り，当屋をつとめたいという願いを持っていたが今回の改革に反映されることはなかった。また固定的に代々「三人宮座」の役割を担う家々に対しても十分な意見の聴取が行われないまま，その存在を曖昧にした。今回の祭祀組織の変革は，高齢化と後継者不足といううねりを受けての窮余の策とはいえ，「名頭」を廃止し，宮座の儀礼に関して素人に等しい三役がその代行をつとめるということは，今後の進行によっては新たな変革の可能性も孕んでいるといわざるを得ない。

　氷室神社の祭祀組織の再編と変貌の例は，民俗の伝承母体である地域社会が，それらの民俗といかに向き合っているのかを示す一例であり，今後も注目していかねばならない。

注
1) 肥後和男「美作の宮座」『美作の民族』（和歌森太郎編），吉川弘文館，1963。
2) 同書，193頁。
3) 歴史的なアプローチとしては，藤井昭『宮座と名の研究』（雄山閣出版，1987），薗部寿樹『村落内身分と村落神話』（校倉書房，2005）など参照されたい。
4) 神郷町は2005年3月31日を期に，大佐町，哲多町，哲西町とともに新見市に合併した。本章で取り上げる数字のデータは合併以前の町時代のものである。
5) 「部落」という言葉が差別用語として受け取られかねない理由から平成14年から「地区」と変更した。しかし，地元ではまだ「部落」の方が多く使われている。

6) 仲村部落の石垣家の先祖が氷室神社の神主であったとき、その家に火事が起こり、宮関係の文書を消失してしまったと言われる。石垣家の屋号ヨコヤは神主の家を意味すると言われる。また、亀尾神社の寛政4年の文書には「神主石垣和泉」と出ており、石垣家の祖先と推測される。
7) 『神郷町史』神郷町、1971、422〜423頁。
8) 加原耕作「神社祭祀」『新郷・甘美の民俗』（岡山県教育委員会編）、1973、61頁。その他の同神社に関する歴史的研究としては、我妻建治「新見庄の「村落」の構成的展開（上）・（下）」（『日本歴史』第120号・121号、1958）を参照されたい。
9) 1980年代半ばから1990年代初めまでの、調査当時の名頭は大原真一氏（大正12年生まれ）である。彼は1952年から名頭をつとめている。現在は息子の公仁氏が継承している。
10) 崔杉昌「宮座と村落共同体の一考察　岡山県神郷町高瀬の事例を中心に」『待兼山論叢』第22号日本学編（大阪大学）、1988、4頁。氷室の氏子はホウノウキで下駄を拵え、入ってはいけないと言い伝えられている。
11) 崔杉昌「備中高瀬における民俗宗教の変容について　宮座の事例を中心に」『日本学報』第11号、大阪大学文学部日本学研究室、1992、29-30頁
12) 長久部落長持ち廻しの帳簿の記録によるものである。
13) かつては、当屋になると正月には家の周りに注連を張ったり、竹を立てたりした（大原真一氏、大正12年生まれ）。戦前は他部落からも40人ぐらいの寄子が当屋に集まって、注連を飾ったことがある（長谷喜代蔵氏、明治36年生まれ）といわれる。
14) 「ヤシメ」は上梅田部落の亀尾神社にも見られるが、祭りの標と考えられており、神輿が巡行する聖なる場所として認識されている。
15) 神主が当屋に泊まるのは伝統的慣行というより、交通の便が悪かった時代、他所から来られる神主に対する礼遇の次元で行われたと思われる。
16) 長久名の大原氏によると、本来は左座と右座が交互に供え物を神殿に捧げる行事であったという。しかし、現在は「新式」の時に供えておくので、これを確認しながら座の成員たちが共食する意味があるといえよう。
17) 高橋統一「宮座制覚書」『民族学から見た日本』河出書房新社、1970を参照されたい。
18) 関敬吾「宮座研究の一つの問題点　秘密結社としての宮座」『関敬吾著作集7 民俗学の歴史』同朋舎出版、1981、240頁。
19) 氷室神社の夏祭りには「名主座」の儀礼は見られず、名頭も一般の氏子同様に参加している。
20) 安藤精一『近世宮座の史的研究』吉川弘文館、1960、3頁。
21) 長年この地域でフィールド・ワークを行ってきた筆者はこの日の寄合にはオブザーバーとして参加させていただいた。ここに謝意を表したい。

第3章　亀尾神社の当屋祭祀と変遷

はじめに

　本章は阿哲郡神郷町高瀬（現新見市）に鎮座する亀尾神社の祭祀組織と儀礼に関する考察であり，とくに名を中心とした祭祀組織の変化に注意を払った。亀尾神社は第2章に取り上げた氷室神社とは部落を1つ間に挟むだけの近距離に位置する。同じく新見庄の域内にあったことから亀尾神社にも中世の遺制ともいえる名の存在が確認できており，そのため歴史的には注目されてきたが，民俗学的には脚光を浴びるほど知られている地域ではなかった。同地域の神社の祭祀については平山正道の報告（1971）[1]，『新郷・美甘の民俗』（1973）[2]，そして長谷川明『新見庄』[3]の中に若干の報告が見られるが，民俗誌的調査はほとんど行われていない。その後，筆者は1986年から氷室神社の調査の傍ら亀尾にも通いはじめ，その調査成果の一端を報告した（1992）[4]。その後，再び来日の機会を得て，当地に足を運び，1992年以降の変化を追いながら調査を進めてきた[5]。

　これまでの調査では，同神社の祭祀は名主座による当屋制祭祀であり，名頭（名主）と寄子による地縁関係に基づいた結合的神社祭祀であると理解してきた。しかし，祭祀組織と儀礼の具体的事実関係において理解しきれない側面も多々あったのも事実である。こうした反省を踏まえて，本章はその後の追跡調査で得られた成果も取り入れながら，亀尾神社の当屋祭祀の本質に迫りたいと思っている。幸いに同神社の祭祀の古い姿を記録した史料が地元に伝わっており，それを現在の祭祀と照らし合わせることにより，民俗的変化をも探ってみたいと考えている。言うまでもなく，こうした研究の前提に立つのは同神社の祭祀が，高瀬という地域性を十分考慮し，彼らの生活環境を通じて描き出されるべきであると考えるからである。

第1節　調査地の概要

　新見庄[6]の管轄下にあった亀尾神社は，10名から成る祭祀組織をもっており，今日も祭りにおいては，歴史性ある名の名前が使われている。亀尾神社は，伯備線新郷駅より西へ車で20分のところの上梅田にあり，上梅田（24戸），下梅田（16戸），柳原（16戸）の3つの部落が氏子となって祀っている。神社は田圃の真ん中にあって小高い丘となっており，周囲が背の高い杉の木に囲まれているため，周辺のどこからも目立つ位置にある。神社は丘の上にあるが，その丘の形が瓢形をしており，また亀のようだというので亀尾神社と名付けられているという。この丘を古墳であるという土地の人もいる。

　亀尾神社の祭神は伊弉諾尊（いざなぎのみこと）であり，勧請の年月やその理由は明らかではない。伝承によると，この神社の御神体は山柿の木をもって作ってあるといわれ，亀尾神社の氏子は山柿の木で下駄を作ってはいけないという習慣がある。

　梅田は現在上梅田・下梅田と分かれているが，もとは長久入口から彦九郎峠まで，高瀬川本流の両岸を梅田と呼んでいた。嘉暦・元徳年間，開田ブームが起こったころ，下高瀬の名主たちが争って開田を行った。現在の柳原入口の道路付近から下流地方の荒れ地や河原を埋め立てて田を開いたので，埋め田，つまり今日の梅田となった。いわゆる新興地，以前から田地のあった辺りは「本郷」と呼んで新興地でないことを示している。本郷は本郷名と唱え，現在の祭祀に一座をなしている[7]。

　柳原は梅田から西の谷に入る部落である。もと沢沼地で，川柳の繁った地域であったとされる。この地域に鎌倉時代に鏡丹太夫という名主がいて，開拓を行った。現在も吉田越しの道に鏡峠というものがあり，亀尾神社の祭祀にも鏡という名が残っている[8]。

　各部落の自治は，同じ氏子であっても部落ごとに独自的に行われている。氏神信仰を支えている住民の生活環境を理解するためには，まず，部落の自治組織と運営について把握する必要があると思われる。ここでは一事例として平成18年度（2006）の上梅田部落の初寄合を取り上げてみよう。

　上梅田部落の初寄合は正月三が日がすぎた第1日曜日に行われるのが常で

第3章　亀尾神社の当屋祭祀と変遷　47

ある。平成18年は1月8日午前10時に開かれた。場祖は部落の集会場である。各戸から1人ずつ参加するが，今回は4名が欠席，17名が参加した。

　まず，昨年の初寄合から今日までの活動の報告が行われた。主に市長及び市議の選挙，森林組合理事や，農業委員会委員の選挙に関する経過報告があり，部落で推薦した者が当選し，その祝賀会が開催されたこと，花見や納涼祭が催されたこと，部落の道路を掃除した後，慰労焼肉パーティーをしたことなどである。それから決算報告と監査報告があった。このとき，元旦に部落内で火災があった家に見舞金の支出額が決まり，新会計から支出することにした。

　次は初寄合の目玉である役員改選選挙である。役職と役員は，

役　職	任期	役員	
地区総代	1年	井田秋久（下組）	
副地区総代	1年	桂　清治（上組）	
運営委員	1年	桂　　聖（上組）	市川節夫（下組）
宮総代	4年	岸野憲二（1年目）	
寺総代	3年	伊田美登（1年目）	
監査員	1年	桂　　聖（上組）	田邊純孝（下組）
テレビ組合[9]		柴原算幸（3年目）	
農協連絡員		柴原算幸	
森林組合連絡員		井田治実	
環境衛生		伊田美登（上組）	四木五六（下組）
水源造林		原田萬年（上組）	原田美信（下組）
農協代議員		原田萬年（上組）	四木五六（下組）
宮監査		四木　薫（5年目）	
PTA役員		田邊純孝	
森林組合代議員		桂　　聖	

である。これまで地区総代[10]等についての任期は2年であったが，平成18年からは1年とした。その対象役職は地区総代をはじめ，副地区総代・運営委員・監査員である。これらの役員は推薦による全員一致で決める。上梅田は部落全体（21戸）を上下の組みに分け，地区長と副地区長は上組と下組から毎年交互に選出する仕組みになっている。地区（副）総代は行政からの連

絡事項並びに地区の要望のとりまとめ役である。運営委員は，地区行事の進行のとり決め役である。たとえば，寄合の日取りを決めたり，地区総出の草刈りの進行などを主管したりするのが運営委員会である。宮総代と寺総代も推薦で選ばれる。宮総代は，神社の管理及び世話役であり，祭りのときは他の2部落の宮総代らと協議しあい，祭典の準備にあたる。宮総代の中の1人を宮総代長とする。それ以外は，特に任期は定めていない。実際，役職といっても利害関係にある当事者だけのものもあり，一概に住民全員が参加するわけではない。こうした理由から，初寄合で役員の持ち回り制を主張する声もあったが，従来通りの選出方法を維持することにした。役職の全体から見ると農協や森林関係が多く，やはり以前ほど農山林業に頼らないにしてもこの地域の生業環境を多く反映していると考えられる。

役員の改選が終わると今後の協議事項を確認しあって閉会とする。その後は引き続き懇親会が開かれ，新年の親睦をはかる場となる。

第2節　祭祀組織の現状と変化

亀尾神社の祭祀に関しては寛政4年（1792）「氏神十二社権現様御祭儀式定帳」（以下「定帳」と略す）が伝えられている[11]。「定帳」のウワ書には「十座名頭中　二冊之内　預両横座置」と記されており，「定帳」が作られた当時には左右の横座に1冊ずつ預けられたとされるが，現存の「定帳」は右横座である桂家に所蔵されている。この「定帳」が作られた詳細な背景はわかりかねるが，「式沙法［作法］，儀定［規定］之事，前々之通り此度相改置申候儀定書之事」と記されているごとく，古式がだんだん乱れたので，一応古式に準じ改訂して，文書にし，これを諸名頭が確認したものであると考えられる。

さて，亀尾神社の祭祀組織の現況からはじめよう。名主座は10名から構成されている。10名は左右に左座と右座に分かれていて，それぞれの名座に就く者を「名頭」と呼んでいる。

左座と右座の名は次のとおりである。

　　　　左座…助宗名　・　鏡名　・　峠名　・　梅田名　・　次郎代名
　　　　右座…本郷名　・　高下名　・　吉野名　・　仲名　・　賀千部名

10名のうち，左座の助宗名を左横座，右座の本郷名を右横座といい，左右の座の筆頭にあたる。左座と右座の間には，とくに身分的格差は見られないが，儀式上の式順が左座から右座へと交互に移動していくこと，祭礼の音頭は左横座によって取られることからみると，左右の身分的優劣より，儀礼の中で左横座の役割が主導的であることがわかる[12]。これは前章で考察した氷室神社の祭祀でも同じことである。同神社では，長久名の名頭は左横座であり，全体を取り仕切る座頭でもある。その座頭には，祭典準備の完了を知らせる七度半の使いを送り出す仕来りがあったことも考えると，1つの名に超越的な権威が顕著にあらわれているといえよう。

　「名」は一定地域（土地）を指すことばで，その「名」の代表者を名頭というが，今の名頭と名との歴史的関連性は不明確である。ただ，**表5**の寛政4年の本郷名の名頭は「前山根　与右衛門」であるが，現在の本郷名の名頭の屋号は「マエヤマネ」と呼ばれているし，前記の「定帳」も伝えられていることからすると，その筋を継いでいる可能性は，十分認められる。現在，この地域での名は一種の株として扱われ，名株を所有することによって名頭の地位が与えられる。つまり祭祀の資格は年齢順や入座順とは無関係で，名株を持つ特定の家筋に限って認められ，しかもその資格は固定的であり，世帯を超えて受け継がれている。すなわち，祭祀の資格は個人に優先し，名株を所有する「家」の者なら誰でも神事に参加できる家格が重視されているのである。

　また，名株はこれに付随している土地（名田）の売買によって移動するとされる。名頭の屋敷及び田畑などの売買によって，買主は新しく座の成員になることが可能である。また，所有していた元の名頭はその資格を失い座から外されることになる。

　表5の亀尾神社の名頭一覧にみられるように，寛政4年の10名の中で梅田名と次郎名の名頭を大前善三郎が兼ねていたのは，恐らくこの時代にすでに土地の売買譲渡が行われていた結果によるものではないかと推測される。実際こうした事例は，民俗調査で昭和30年（1955）以降の名頭の変化についても同様の経緯が認められる。以下では，その変化の過程を辿ってみることにする。

　現在の亀尾神社の祭祀組織は名株を所有する特定の家筋によって形としては10名の座を守ってきているが，昭和30年を境に座の内部における構成員の入れ替わりはさまざまな形で行われていた。**表5**から見ると歴史上の名の所

表5 亀尾神社の名座一覧

名	名の所在地	寛政4年の名頭	昭和36年の名頭	平成16年の名頭	名頭の部落名
①左横座 助宗名	下梅田部落	上代甚右衛門	福嶋重治	福嶋一義	下梅田
②右横座 本郷名	上梅田部落	中前勘六	四木算男	四木恒	柳原
③左二座 鏡名	木谷部落	上たわ文右衛門	伊田太吉	伊田美登	上梅田
④右二座 高下名	大原部落	大前善三郎	市川政治郎	市川節夫	下梅田
⑤左三座 峠名	上梅田部落	同人	桂米重	桂清	上梅田
⑥右三座 吉野名	野部落	前山根与右衛門	桂乙次郎	桂聖	上梅田
⑦左四座 梅田名	上梅田部落	平八	柴原銀市	柴原算幸	下梅田
⑧右四座 仲名	野部落	土井太郎右衛門	福田吉太郎	宮総代	上梅田
⑨左五座 次郎代名	柳原部落	下高下次郎左衛門	大原孝行	田辺童明	下梅田
⑩右五座 賀千部名	野部落	空ノ吉兵衛	四木武志	四木武志	柳原

※丸数字は当屋順序

　在地と現在の名頭の部落が一致するのは10名のうち①助宗名・②本郷名・③鏡名だけである。こうした現象については次の経緯が見受けられる。

　まず，名の売買による座の変化である。

　昭和36年（1961）の名頭のうち，左横座に当たる助宗名の福嶋重治氏（＝一義，下梅田部落）は元の名頭上田家が戦後まもなく千屋村に移住するようになり，同名頭の屋敷を買い取って分家し，そのまま名頭を勤めるように

なったという。

　また，仲名の福田稔氏（野部落）の先祖が元の仲名の名頭の家が絶えたので，のちにその屋敷を買い取って分家し（本家は吉野名を所有），名頭になったと伝えられている[13]。このように座への資格が個人ではなく家につく例は中国地方の村落祭祀には少なからず見られ，ひとつの祭祀形態として考えるべきではないだろうか。

　次は，名頭の家屋敷の売買を伴わず，座への資格が得られたケースもある。つまり座を代償なしに譲渡することである。

　峠名の伊田太吉氏（＝美登，上梅田部落）は，終戦後，柴原文太郎氏（大原部落）から，高下名の柴原銀市家（＝算幸，上梅田）は，長谷川頼夫氏（木谷部落）から座の権利を譲り受けた経緯がうかがえる。

　また，昭和45年（1970）頃には，名頭自ら座を放棄する場合もあらわれる。つまり，野部落に属していた吉野名・仲名・賀千部名の3人の名頭が，座の権利を譲ることを申し出たという。その結果，今の上梅田と下梅田，そして柳原の3部落が，1名ずつ分けて引き受けることになったという。更に部落の話し合いで吉野名は当時福嶋多氏に，仲名は田辺武夫氏（＝薫明），賀千部名は四木武志氏が受け，新たに名頭となっていた。ところが，その中の吉野名の福嶋氏は1年も経たないうちにやめ，吉野名は宮に返納され，結局現在は部落総持ちとなった。現在，名頭を代行するのはその年の宮総代（下梅田）の役となっている。

　ここまでわかってきた名の特徴を整理してみると，まず，名は一種の株（祭祀権利）として扱われていた。同時に名頭の地位は名株を所有することによって得られ，名株の権利を獲得した家によって継承されている。そして，名株は名頭の土地（屋敷及び田畑）についているとされ，名頭の家の売買によって，脱座と入座が繰り返されることになる。これは一種の「屋敷原理」ともいうべき構造で，祭祀権があくまでも「名田」の所有者と連動していることを示している。このような構造は昭和30年代半ばにも見られたが，その後の座の権利は土地を伴わず行われるようになった。また，名株を半分手元に残して，残りの半分を売却すれば，座の権利は2人以上共有することもありうるが，現在，そのような事例は見当たらない。ここでもう1つ述べたいのは，いったん名頭になってしまうと，本家であれ，分家であれ，家格の差は見られないことである。そして，入座順や年齢順によって座順や役割が変わることがないことである。前述したように，昭和36年当時，吉野名と

仲名は本分家関係で，分家の仲名が名株を獲得し，本家と同様，名頭になった例であるが，本分家の序列関係はまったく見られない。また，座の行事を主導的に司る座頭（助宗名）においても，名株の売買が行われ，受け継いだ人が座の首長になるわけで，しいていえば，名株さえ手に入れれば誰でも名頭をつとめられるという構造は，日本の養子縁組みによる家継承の構造と通じるところがあるのではないかと考えられる。もちろん，縁もゆかりもない他人がいきなり名頭に入ってくるわけではなく，少なくても名頭を助ける寄子をつとめる等，自然に座のつとめ方を見習いした土地の人の新入がごく一般的であるといえよう。

第3節　当屋と寄子の結合

　高瀬地区においての当屋は，神社の祭祀に当たって，神事の準備を司る人，またはその家を指すことばである。とくに名主座による祭祀が行われる秋祭りには，名株を持つ10名の名頭の中から，1人の名頭が当屋をつとめる。当然，当屋の資格は名頭に限られており，名頭でないと，当屋をつとめることはできないのである。亀尾神社では当屋を「当番」ともいい，その寄子集団を「当組」という。
　当屋の順番は座順によって固定されている。前記の「定帳」には

　　　　当屋廻り之次第之事
　助宗　吉野　次郎代　仲名　賀千部
　梅田　鏡名　峠名　高下　本郷
　右横座より左横座助宗名へ廻り申也

と記載され，右横座の本郷名より左横座の助宗名へと持ち回りとなっているが，表5の①から⑩までのように，現在の当屋順番とは異なっている。現在の当屋順番は左座の助宗名を起点にして右座の本郷名へと左右交互に一巡することになっている。したがって，1回当屋をつとめると，次は11年目に当屋の順番が回ってくることになる。
　当屋は祭りの前日から寄子を率いて神事の準備にとりかかる。このとき，宮総代は名頭の補佐役として寄子の指揮をとる。

当屋を務めるには，不浄とされるものにはかかわってはならない。

古くは祭りの1カ月前に当屋である名頭の家の縁側に，当屋組の寄子によって「湯垣」が作られていたといわれる。湯垣は新しい茅を2尺の長さに切り，直径3寸余の束にして，これを四角に立て側面に同じ束をX字形に添えて縛ったもので，これに注連をはり，中に清浄な川砂を盛って御幣を立てて神を迎えた。この湯垣が作られると，その日から当役を務める名頭は奥の間に1人寝起きして精進潔斎の生活に入ったといわれる[14]。湯垣は戦後廃れてしまい[15]，現在は当屋の特別な精進は見られないが，平素から葬式への参列は避けるといったことは守られている。特に身内で葬式など不幸があった場合は当屋を務めることはできず，喪が明けるまで1年間は神社へ参ることは許されない。その代わり神事には宮総代が代役を務めることになっている。

次に，名頭以外の一般の氏子はどのようにして祭りに参加できるだろうか。

亀尾神社の氏子集団は上梅田，下梅田，柳原の3部落である。名頭以外の氏子一般は決して神事には直接携わることはできない。かつては名域の田畑の耕作を行っていた名の作人たちは，自分の属していた名の名頭が当屋にあたると，その年の寄子の役に出なければならなかった。それは亀尾神社の祭祀がもともと名頭（当屋）と寄子たちの結合関係を表していた祭りでもあったことを意味する。したがって，寄子は属していた田畑が売却されると，寄子も自動的に買主に組み込まれる仕組みになっている。寄子の数は名によって異なっており，また1人で2，3の名の寄子になることもあった[16]。

現在の当屋と寄子の結合は度重なる再編の結果であり，寄子は上記の3部落の中から組まれるようになった。即ち，当組の寄子の人数は10人と決まっており，家の順に寄子を務める。ただ，当屋と当組は必ずしも同一の部落から出るとは限らない。つまり，3部落をひとつにして祭りの度に10戸ずつ当組が組まれるので，年によっては，当屋の属している部落とは異なる部落から寄子が当組に入ることもたびたびある。こうした当屋と当組の関係は，本来の名頭と寄子の結合を現実化したものであると考えられる。

したがって，一般の氏子は当組（寄子）として当屋に属され，労役を提供するほか，宮掃除・給仕役・輿守役・祭りの後始末を行う。このような行為を通して祭りに参加できるだけであって，決して主体的な立場にはなっていない。あくまで祭りは名頭が中心となっているため，今も儀礼の上では，名

頭が寄子に対して上位の地位を示していることはまちがいない。
　名頭と寄子との関係をうかがう例として，かつては神事以外においても名頭は寄子の経済生活に関与するが如き関係を有していたこと，名頭の法事に寄子が参加するのが慣行とされていた[17]ことからも，これらの関係が主従関係に基づいていたことは十分推測されるのである。その一端を前記の「定帳」に見ることができる。
　即ち，「定帳」には

一，十座江給仕人弐人也。
　　但給仕人皆々袴ヲ着給仕致シ申候。尤弐人一度ニ両横座之前江参リ畏リ両手ヲツキ万事宜敷様ニ御指図被成被下候ト御断可申事ナリ。

とあり，給仕人の寄子が十座前に出て「両横座の前に参り畏り両手をつき云々」という姿から察すると，当時の名頭と寄子の関係はまさに隷属的な一面も呈している。
　なお，「定帳」には祭りの当日に

「当屋組ハ朝之五ツの上刻ニ宮へ出候而着座之者ニ挨拶可申事」[18]

と見られるように，寄子の名頭に対する礼儀作法まで言及され，極めて厳しい身分秩序のもとにおかれていたことを伺わせる。
　このような前近代的で，封建的とも言える名頭と寄子の関係は近代において名主座そのものの変化とともに克服されてきたとはいえ，祭りにおいて寄子の役がその準備と神事の脇役としての任務に限られている事実は現在もそれほど変わりはなく，寄子自ら神事に直接関与することはまだ許されていない。こうした側面は儀礼の中からも十分うかがうことができるが，そのような名主と作人との隷属的な結合関係が依然として保ち続けられていることは，やはり亀尾神社の祭りに村の歴史が投影されていることを，「昔からそうやってきた」という住民の意識が支えているからであるといえよう。こうした地域的特性は，座の閉鎖性に対する座外からの批判があり，座内からは後継者不足で名株を維持していくことが危ぶまれる家もささやかれている中，亀尾神社の祭祀が，座の内外における様々な変化の波にさらされながらも，近隣の諸神社祭祀の中では名主座からなる当屋祭祀の慣行が強く守られ

ている例であるといえよう。

第4節　亀尾神社の祭祀儀礼

1　祭典の準備と当屋

　亀尾神社の名主座による祭祀儀礼は新暦10月24日，秋祭りにおいて行われる。4，5年前までは，当屋は祭りの前日の昼から寄子を率いて準備に取りかかるのが慣行であった。しかし，最近は勤めに出る人の都合を考慮し，祭り当日の早朝から集まって準備を済ませ，昼過ぎからは式典に臨む傾向にある。
　ここでは，祭り当日の準備の様子から，当屋と寄子の結合関係の具体的な展開を示していきたい。
　まず，10人の寄子たちが当屋に集合すると，当屋の挨拶の後，宮総代から本日の仕事の説明を受ける。宮総代は部落ごとに1人ずつで，この日は3人とも参加し，当屋を補佐しながら，実質的に寄子たちの指揮にあたる。寄子は1軒1名で，原則としては成人男性が参加するが，家の都合によっては女性の参加も認められている。もし，事情があって寄子に出られないときは，人に代わりを頼むこともある[19]。
　当屋での準備は，鳥居や境内を飾る注連縄い（大3本，小2本），神事場に立てるヤシメ作り，御供え物の用意，御供餅（ごくう）を作る。その後，神社に移動して掃除を行う。この際，古い注連を下ろし，新しい注連を張り付け，幟を立てる。
　御供え物について，「定帳」の「御神前備物之次第之事」に

　　　一，御すい　　　　そなへ申也
　　　一，御神酒　　　　弐樽
　　　一，白壱升　　　　御神前供米
　　　一，白壱升　　　　祝詞態
　　　一，白三合　　　　舞態
　　　一，黒米壱升　　　御七五三下シ
　　　一，黒米弐升壱合　七度きよめ
　　　一，黒米壱升　　　祝詞籤代

一，黒米六合五勺　　荒草代
　一，黒米壱升　　　　御七五三上ヶ
　一，清浄米　　　　　当屋役

という記録が見える。御神酒の他に「御すい」と呼ばれる甘酒も造っていたことがわかる。御すいは猪口に水を入れて御供飯を浸したもので，「一夜づくり」とも言った。神酒は明治末まで寄子が当屋に集まって造ったと言われる[20]。

　現在，当屋の供え物は，
　白米（1升），玄米（1升），洗米（中皿1杯），大根2本，芋の子，サヤ豆，サバ（2尾）[21]，果物，神酒
である。ところが，魚について「定帳」には「鳥井［鳥居］ヨリ上江肴類一切不可入事」と，いわゆる生物を禁じてあるが，供え物に魚がいつから登場したのかはわかりかねる。御供餅は「定帳」に従い，白餅3升と小豆餅3升をもって作る[22]。

　祭りの費用については，「定帳」に

　一，米弐斗　　　　　神田地利米
　一，同五斗　　　　　村割ニ可入
　　　〆七斗也
　　　其外餘分之入用御座候時ハ當や組ニ而割符可致ス者也
　一，當屋組白米壱升宛持寄也
　　　但薪木壱可ツゝざうじ物持寄也

と記されており，当屋には神田の地利米と村割の米が当てられたが，そのほかの不足分については当屋組である寄子に割り当てられていた。このような慣行は明治以降も続けられたといわれている[23]。また，当屋組は各自白米1升と薪1荷，そして掃除道具を持参することになっていた。村割の米を集めて廻るのも寄りこの任務であった。

　神田は戦前まで5畝あって小作に出されていたが，戦後の農地改革によって失われたとされるが[24]，調査で，梅田から柳原部落に入る道路に面した所（亀尾神社の西側）に約2反ほどの田があり，現在の住民の1人が小作していることがわかった。現在，村割の米はなくなり，神田の小作料と各氏子から

集めたお初穂で祭典費と諸費用に当てている。

　神社での準備が整ったころ，宮総代が神主を迎えに行く。氷室神社と同様，現在亀尾神社にも専属の神主はいない。「定帳」の最後の，「十座名頭連印」のところに「神主石垣和泉」と連名されているように，仲村部落にある石垣家が氷室神社とともに先祖代々神主をつとめていたと伝えられているが[25]，今は三坂にある杉門神社の神主である藤家氏が昭和35年（1960）ごろから氷室・亀尾の両神社の神主を兼務している。

　神主はまず，神社に着くと本殿に上がり，祝詞を捧げる。それから半紙で七五三につける七五三の子をつくる。それが済むと当屋に出向いて，お祓いを行う。

　近年まで当屋は宵宮から翌朝まで神主が過ごす「ヤド」の役割も担っており，神主が当屋に泊まるのが慣行となっていたが，最近は当日に来る。また，前日に祭りの準備を行ったときは，作業が済むと，当屋では神主も混じり，寄子たちの労をねぎらって酒宴が開かれていたが，当屋の負担の増加もあり，準備が当日になってからは自然に見られなくなったことは，ごく最近の変化のひとつである。

2　秋祭りと祭祀儀礼

　神事の準備を整えると，寄子たちは名頭を待つ。「御祭り當日ニハ當屋組ハ朝之五ツの上刻ニ宮へ出候而着座之者挨拶可申事」と「定帳」に記されているように，早朝から祭りの準備を終えて先に「名頭」を待つと，各名頭は羽織・袴に正装し，参上する。名頭全員が出席しないといっさいの神事は始まらなかったといい，氷室神社のように寄り子が座頭を迎えに行く「七度半迎え」の仕来りは見られないものの，いかに名頭が権威を振るっていたかを窺うことができよう。

　祭りはまず，境内の中庭で行われる「湯立」から始まる。これは，神主が湯に浸した笹の葉で神殿周囲を清めることである。午前中は主に拝殿で「氏子入り」が行われる。新しく生まれた子や結婚などで新たな住民になった人が，祭りを迎えたこの日を機に氏神に参り，清めてもらうことで「氏子いり」を達成することになる。

　午後1時ころになると，氏子の子供たちが当屋に集まり，「かしらうち」[26]を行う。この際，寄り子の1人が幟を1本持ち，「かしらうち」を迎えに行く。その後神社に戻ると，境内で再び「かしらうち」を披露する。

図2　亀尾神社の名主座の配置

```
┌─────────────────────────────┐
│         神前宮座            │
│         （神主）            │
│         給仕1人             │
│                             │
│       右           左       │
│  名郷本 座横②   ①横座 助宗名│
│  名下高 座二④ 給 ③二座 鏡 名│
│  名野吉 座三⑥ 仕 ⑤三座 峠 名│
│  名 仲 座四⑧ 人 ⑦四座 梅田名│
│  名部千賀 座五⑩ 二 ⑨五座 次郎代名│
│              人             │
└─────────────────────────────┘
```

　1時半ごろ，秋祭りの祭典が始まる。
　宮座の儀礼は次の順に行われる。
　1）座張り
　羽織袴姿の10人の名頭が，図2のように①から⑩まで拝殿の定められた座につく。各座の前には大・中・小の3つの椀と，白の小餅・小豆餅（各5個）・サヤ豆をのせた角膳が置かれ，2人の寄子が左右について給仕役をつとめる。また「定帳」にも見られるように，このとき，神主には名座とは別の神前の前に設けられた席に座る。「定帳」には，これを「神前宮座」といい，1人の寄り子が給仕役をつとめる。

　(1)　露払いの御礼
　　まず，①左横座助宗名の名頭が盃を持ち，「露払いの御礼を申し上げます。宮座に上がりましたか」と尋ねると，神主より「はい」と返事する。すると，一同，給仕人が注いだ御神酒を飲む。今度は②右横座本郷名の名頭より①と同様の口上を述べ，「はい」の返事と同時に御神酒をいただく。続いて③から⑩までの名頭も同じ作法を繰り返し，その都度，名頭一同御神酒をいただく。
　　露払いの御礼が終わると，続いて二献目の御礼が始まる。
　(2)　二献目の御礼
　　「ニコンメの御礼を申し上げます。宮座にあがりましたか」と助宗名の名頭が口上を述べる。神主より「はい」と返事がすると，一同御神酒をいただく。やはり同じく本郷名の名頭が口上を述べ，全員で御神酒をいただ

写真2　亀尾神社の祭祀（『神郷の文化財』2000より）

く。その後を追い，③から⑩までの名頭も同じ作法を繰り返し，その都度，名頭一同御神酒をいただく。

以下も同じ順序によって儀礼が行われる。

(3) イモノコの御礼

①から「イモノコの御礼を申し上げます。宮座にあがりましたか」と尋ねる。すると神主が「はい」と答える。御神酒と一緒に蒸した芋の子（里芋）を食べる。②から⑩まで同様に繰り返す。

(4) サヤ豆の御礼

①から「サヤマメの御礼を申し上げます。宮座にあがりましたか」と尋ねる。神主より「はい」と返答すると，注がれた御神酒と一緒に枝についたままゆでたサヤ豆を食べる。②から⑩まで同様に繰り返す。

(5) ご飯の御礼

①から「御飯の御礼を申し上げます。宮座にあがりましたか」と尋ねる。神主より「はい」と答える。この儀礼は，実際ご飯は出ず，御神酒だけを飲む。追って②から⑩まで同様に繰り返す。

以上ですべての御礼行事が終わるわけであるが，しかし，これを「定帳」と照らし合わせてみると，

一，左座よりも露拂之御禮申也，右座より同断左も右も次第々々ニ右同

　　　　断也
一，二盃めの御禮申ますと申也宮座より答ル
一，三盃めにハぽうるいの御禮申也宮座より答ル
　　　但ぽうるいとハいもの子の汁なり
一，四盃めにハ下夕膳の御礼申也
　　　但下夕膳とハ笹葉を組ゆで豆と割大根ともるなり又壱組にハふき
　　　菜をもるなり
　　　此弐品ぜんニ居出スなり汁は大根をろしのみ也汁びしゃくニハゆ
　　　すのがわを致ス也
一，五盃めにハ京の飯とて御めしをもる上ニ又飯少シ宛置なり是をごは
　　んと申也又給仕人膳ニ箸を居一膳宛持参致セバ其はしニて其ぜんニ
　　ごはんを取置其時ごはんの御禮申也　又名頭人足弐人ツゝ連申也人
　　足衆へも御膳を居申也めし後ニ酒をまわし申也

のように，名称とその内容が今とはかなり改変されていることがわかる。「二盃目」は「ニコンメ（二献目）」をさし，「イモノコの御礼」は「ぽうるいの御礼」といい，「いもの子の汁」を意味しているが，今の儀礼では里芋を蒸したものが使われている。四献目は「下夕膳の御礼」とし，「下夕膳とハ笹葉を組ゆで豆と割大根ともるなり云々」とある。五献目の「御飯の御礼」には，「京の飯とて御めしをもる上ニ又飯少シ宛置なり是をごはんと申也」となっているが，これはかつての代城の倉嶋神社の儀礼に見られる円錐形に高く盛りあげた御飯を連想させるが，亀尾神社の御飯の御礼は見られない。また，御礼が終わると，当屋以外の名頭に帯同した「人足衆」にも御膳と酒が廻されたこともこの祭りの特徴である。

3　御神幸

　御輿を担ぐ役の寄子を輿守（こしもり）という。まず，4人の輿守が白装飾に着替えると神主から清められる。それから拝殿の収納の中に収めておいた御輿を拝殿に運び出す。神主が本殿に上り，御神体を胸元に隠すようにして持ち出し，ウーと声を立てながら御輿の仲に収める。当屋には金幣，他の名頭に白幣の御幣が渡される。御輿は境内を1周したあと神事場に向かう。「定帳」の「御幸行烈」（ママ）には，

一，御輿并神主御友　但輿守ハ當組
　　　次に
一，祝詞御幣　　　助宗并本郷
　　　次に
一，御當祝詞御幣弐本之内當年當ハ御輿より跡ニ付なり
　　　次に
一，御神膳三ぜん　鏡名　髙下名　峠名
　　并御宝物持三人座之内より其外御神具當組より持なり
　　　次に
一，通り物品々年々ニより出来申候
　　　次に
一，獅子　先拂　大皷

とある。御幣の順序は助宗名と本郷名に続き，当年の当屋がその後に続くようになっている。御供物は鏡名・髙下名・峠名と決められているが，現在ははっきりとした決まりはない。「御宝物持三人座之内より」とあるが，「御宝物」が具体的に何を指すものであるかは今日の儀礼ではわかりかねる。

　現在の御輿の行列では先払い（若連中）・獅子・太鼓・神輿・神主・名頭・総代・供物・幟の順に後を追う。御輿は神社の下の「御神事場」まで御神幸を行う。このとき，境内にいた一般の氏子や道ばたで見守っていた氏子が自然にその後を追い，行列に加わる格好になる。神事場は前述の神田より少し西の細い道路わきに面した山の裾に位置し，ヤシメが立てられてある。御輿を置ける平らな石が設置されており，その上に御輿を置いておく。御輿の前に板状の台をもうけ，白米・玄米・大根・神酒を陳列しておく。また，10本の御幣もその前に並べる。神主が音頭をとると一同は道ばたにひざまずき，頭をさげる。神主が一人ひとりの頭に御幣を当てながら清める。また御輿に向かってお祓いの祝詞を唱える。その後，御神酒が配られる。この行事が終わると，御輿はすぐに神社に戻らず，家屋の新築や増築等のめでたい家にお祝いに行く。そのような家では敷地内を御輿で1周したあと，床の間のある座敷に御輿を担ぎ入れる。神主が主の夫婦と神棚を払い清める。あとは主より神主及び輿守は酒・肴で接待される。

　御神体をのせた御輿が神社に戻らないかぎり，次の行事が進まないが，祝いに行った家が多かったり，ご馳走によばれたりするとなかなか腰を上げよ

うとしない。ある年は夕方になろうとしているにもかかわらず，御輿が戻らず，困り切った神主が呼び戻しに行った年もあるという。

　御輿は神社に戻ると，境内を左の方へ1周してから拝殿に入る。神主が祝詞をあげ，一同，二拍二礼の後，御神体が本殿に戻されると，御輿も元どおりに納められる。

4　当屋渡し

　御神幸の行事が終わると，神主と名頭が本来の席に着座する。神主と名頭の立ち会いのもとに，本年度の当屋が来年度の当屋に「当屋渡しいたします」というと，来年の当屋が「お受けいたします」と返事する。すると，両当屋には神主が，他の名頭には給仕人が御神酒を注ぐ。最後は神主が御幣で一同を清め，宮座の儀礼はすべて終了する。

「当屋渡し」ついても「定帳」に，

　　一，年當御神楽相濟来年當渡シ
　　　　次に
　　一，十座より御酒差上ヶ申也
　　　　其時神主皷腰を懸ヶ玉ふなり其時十座ヨリ小うたい一ツツゝうたい可申也
　　　　次に
　　一，給仕人弐人ぜんに盃五ツツゝ居へ神主の御酒其盃へ請ヶ横座へ居へ横座より座中へくばる也
　　一，六盃めにハ直しさかつき也
　　一，七盃めにハ御すい　但此時餅を盛ルなり

と見られ，当屋渡しの後も「小唄」や「直しさかつき」，「御すい」があったが，現在はいっさい見られない。

　また，「定帳」に，来年当に「幟櫃幟さおを来年當へ相渡ス定メニ而御座候也」とあるが「幟櫃幟さお」は祭り終了後，神社に収納しておくだけである。当屋を受けた家には「御七五三上ヶ」が行われたが，今日は省略されている。

　儀礼が終わったところで，来年の当屋に御供餅が渡される。来年の当屋はその組内の寄子に「来年当屋を受けましたので，よろしくお願いします」と

挨拶をし，御供餅を配る。また，一般の氏子たちには半紙に包まれた「御洗米」と神社の札が配られる。なお，この日を機に祭りの後片付けは来年の当屋組が行うことになっている。

第5節　亀尾神社の祭祀構造と特質

　ここまで，亀尾神社の祭祀を，組織と儀礼の両側面から見てきた。地縁に基づく名主と寄子という結合関係が改めて浮き彫りになってきた。ここではもう一度名主座による当屋制祭祀の特質を明らかにしたい。
　かつて美作地方を調査された肥後和男氏は，同地の祭祀組織の特徴を，①特に名主座的性格が強いこと。②株座であることはもちろんであるが，座席が固定して，年齢によるスライディングが行われないこと。③それだけ年齢階級的構造が乏しいこと。④歴史的には荘園体制に深く結びついているらしいこと。⑤そのため株といっても昔の名主と作人の結合関係を持っているらしいこと[27]を列挙しておられる。もっともな指摘であり，このような特徴は，新見庄の祭祀においても極めて顕著であるといわざるを得ない。
　それでは，まず亀尾神社の名主座の全体像をみてみると，10人の名頭からなる本座と神前宮座の神主，そして3人の給仕役から構成されている。本座は左座と右座に5人ずつ分かれていて，特に左座の助宗名の名頭を座頭と称し，座のリーダー的な役割が目立つ。名頭はその資格が名株の所有によって保持される。名株とは名頭の屋敷と田畑を意味し，それの売買ないし譲渡によって名の権利も授受される。現在の名頭の中にも，こうした事例が確認できる。
　名頭は名の順番に基づき，当屋をつとめる。当屋は，当組という組織を有する。当組は，氏子の下部組織である。つまり，氏子集団が祭りになると，いくつかの組として編成されて機能するので，氏子は当組として祭りに参加するのである。氷室神社の長久部落にも氏子が当組として機能していることがわかる[28]。その人数または戸数は限られていて，亀尾では3部落の中から10人と決められている。こうした当屋と当組の関係はまさに名頭と寄子の結合関係をより具体化したものとされる。名の代表者である各名頭には，名域で小作をおこなっている寄子をその系列に持ち，様々な面において主従関係を示してきたといえよう。その頂点に立つ名頭は近年に至るまで神事外にお

いても彼ら寄子の生活関係に関与するが如き関係を有していた[29]とされる。

このような名頭—寄子関係は儀礼においていっそう明白にあらわれる。名頭中心に神事が営まれ，寄子衆は給仕役や輿守などの労働役が求められる。そればかりではなく，「定帳」に見られたように，祭りにおいて当屋組の寄子には経済的な負担も課せられている。寄子の名頭に対するこのような隷属的ともいうべき立場は，近代において宮座制の改変と共に克服されてきているといえよう。とはいっても氷室神社にしろ，亀尾神社にしろ，名主制による当屋祭祀は依然と行われており，名頭と寄子の関係も当屋祭祀の基本構造をなしていることは間違いない。こうした矛盾は一時，座外から，座の封建的要素を批判する声[30]にもなっていた原因でもある。

こういう面では名主—寄子の結合関係を持たない三躰妙見宮や倉嶋神社の宮座とは大きく区別される特徴ともいえよう。

むすび

最後に，高瀬の宮座は家レベルの構造原理である当屋制祭祀であり，年齢的要素が極めて乏しい祭祀構造をなしていることはすでに言及したとおりである。座に坐る資格が個人ではなく，家に与えられているからである。しかし，こうした家レベルの祭祀構造は今後もなお再編の可能性を内包している。すなわち，それは宮座を取り巻く社会環境が急変しつつあるからである。

それは，今もっと深刻な問題は高齢化と過疎化による後継者の不在である。当屋は名頭個人に優先してその家が代表することであり，実際に当屋での祭りの準備や接待に携わるのは息子夫婦あるいは女性の場合がほとんどである。老夫婦だけの家としては当屋を務めることができなくなる。また手稼ぎに出ている家族がいるにしても田舎の祭りのために仕事を休んで戻れないのが現実である。また年々増える一方の当屋の経費はかえって名頭をつとめることそのものが負担であるといわざるをえない。つまり，座の権利を持っていることが経済的な負担を覚悟しなければならないことになるため，「もし誰か宮座の権利を手放す者が現れたら，もうそれを引き継ぐ者はいないだろう」と，ある宮座の一員が語ってくれたことばは，今の宮座の現状を映し

ているように思われてならない。

注
1) 平山正道「岡山県新見地方の宮座・(続)」『岡山民俗』第91号・第92号，共に1971。
2) 加原耕作「神社祭祀」『新郷・美甘の民俗』岡山県教育委員会，1973。
3) 長谷川明「新見庄の宮座」『新見庄』備北民報社，1983。
4) 崔杉昌「備中高瀬における民俗宗教の変容について」『日本学報』第11号，大阪大学文学部日本学研究室編，1992。
5) 崔杉昌「旧新見庄の神社祭祀」『佛教大学大学院紀要』第33号，2005を参照されたい。
6) 備中国新見荘は現在の新見市と神郷町に広がっていた荘園で，初めは皇室領，鎌倉時代末からは東寺領となった。旧新見庄の史料としては東寺百合文書ク，「備中国新見庄史料」（瀬戸内海総合研究所編）などがある。
7) 『神郷町史』神郷町役場，1971，420〜421頁。
8) 同書，421頁。
9) テレビ受信のため，地区の山に共同受信アンテナが立てられている。工事などによる分担金の知らせをする役である。
10) 行政指導で平成14年から「○○部落」を「○○地区」と換え，その代表者も部落長から地区総代と改称した。これは「部落」の語感からもたらす誤解を避けるためであると考えられるが，まだ日常的には従来の部落ということばも使用されている。
11) 亀尾神社はもと十二社権現と称されたという。天正3年（一五七五）勝ガ城の城主安原彦左衛門が当時高瀬村に大悪疫が流行したので十二神を祀り権現様とした（川瀬潔ほか『高瀬物語』1984，私家版）。
12) 座が左右に分かれている場合，どちらかといえば右座より左座の方がやや格が高いと見なされている。伊藤幹治「宮座の三分制とその象徴的世界」『宗教と社会構造』弘文堂（1988）を参照のこと。
13) 前掲注2，55頁。
14) 『岡山県史』第16巻民俗II，1983，51頁。
15) この近隣では千屋代城部落にある倉嶋神社で1981年まで「イガキ（湯垣）」がつくられていた。第5章を参照されたい。
16) 長谷川明「新見庄の宮座」『新見庄』備北民報社，1983，255-256頁。
17) 平山正道「岡山県新見地方の宮座」『岡山民俗』第92号，1971，373頁。
18) 「定張」からの引用は原本の通りに提示する。
19) その年に自分の家や親戚に葬式があった場合，家の順にしたがい，来年の寄子と替わってもらうことになっている。
20) 前掲注2，56頁。
21) サバは必ず「頭付き」のものに限る。氷室神社では鯛を供える。

22) 小豆餅は餅米と小豆をいっしょに混ぜて搗いたもので，薄いアズキ色を帯びている。
23) 前掲注3，257頁。
24) 前掲注2，56頁。
25) 石垣和泉は中村部落の石垣家の先祖に当たる。屋号はヨコヤであるが，これは昔，氷室神社のヨコに神主であった石垣家の家があったことを意味する。
26) 町指定無形文化財で，戦国時代伯耆より伝わったとされる男児の舞を旧楽といい，約60年前備後から伝わったとされる「かしらうち」を新楽という。旧楽は小学校4，5年の男の子10人が中心になって行われるが，少子化で数が子供不足のやめ，女の子も加わっている。新楽は若連中が扮する天狗（2人）・獅子（2人）が登場する。
27) 肥後和男「美作の宮座」『美作の宮座』吉川弘文館，1963。
28) 崔杉昌「宮座と村落共同体の一考察　岡山の神郷町高瀬の事例を中心に」『待兼山論叢』第22号（日本学編）大阪大学文学部，1988を参照されたい。
29) 前掲注17，3頁。
30) 座の封建制に対する民主化の声があがり，一時は氏子全員を順番制にし，当屋を廻したことがあった。しかし，その年，当屋になった家から不幸が続いたため，元どおりのやり方に戻したこともある。

〈資料〉

高瀬村氏神十二社権現御祭儀式定帳

```
　　　　　　「　　　　　　　十座名頭中
　寛政四年　　　二冊之内
　　　　　　　　　　　預両横座置
　氏神十二社権現様御祭儀式定帳
　　　　子九月吉日
　　　　　　　　横座右座
　　　　　　　　　　与右衛門　　」（表紙ウワ書）
```


高瀬村氏神十二社権現様御祭り之次第
式沙法儀定之事　前々之通り此度相改置申候儀定書之事
　　當屋廻り之次第之事
助宗　吉野　次郎代　仲名　賀千部
梅田　鏡名　峠名　　高下　本郷
右横座より左横座助宗名へ廻り申也
　　御神前備物之次第之事

一、御すい　　　　　そなへ申也　　　　一、御神酒　　　　弐樽
一、白壱升　　　　　御神前備米　　　　一、白壱升　　　　祝詞熊
一、白三合　　　　　舞熊　　　　　　　一、黒米壱升　　　御七五三下シ
一、黒米弐升壱合　　七度きよめ　　　　一、黒米壱升　　　祝詞筵代
一、黒米六合五勺　　荒草代　　　　　　一、黒米壱升　　　御七五三上ケ
一、同清浄米　　　　當屋役
　　備餅之次第之事
一、餅三膳　御本社御神前本膳　　　　　一、同壱膳　　　　木山之助
一、同壱膳　御幸行備ル　　　　　　　　一、同數拾弐　　　五社七社へ
一、同四ツ　獅子駒狗　　　　　　　　　一、同拾八　　　　山神拾八社
一、同弐ツ　門摩守人　　　　　　　　　一、同壱膳　　拾座　茶子もち
一、同拾膳　拾座ヘ居ル　　　　　　　　一、同壱ぜん　　　年當
一、同三膳　来當　但内　壱ぜん當屋渡シ　壱ぜん道打　壱ぜんゆきかき
一、同壱膳　御神事之御役者ヘ居ル　　　一、同壱膳　　　傳九朗ヘ一代居ル也
　但シ壱膳ニ付餅十宛内弐ツ宛小豆もちなり、
　餅數惣合弐百五拾六ツ也
○十座列之次第

　　　　　　　　　　座　座　座　座
　　　　　　　　　　二　三　四　五
　　　　　　　　　　名　名　田　代
　　　　　　　　　　　　　　　　郎
　　　　　　　　　　鏡　峠　梅　次　　　座の給仕人左右江入替り申事堅無用之事
座　左　宗　助　　　　　　　　　　　　　壱人
　　　　　　　　　　　　　　　　　　　給仕二人
座　右　郷　本　　　　　　　　　　　　　壱人
　　　　　　　　　　高　吉　仲　賀
　　　　　　　　　　　　　　　　千
　　　　　　　　　　下　野　名　部
　　　　　　　　　　二　三　四　五
　　　　　　　　　　座　座　座　座

一、神前宮座江給仕人壱人也
一、十座江給仕人弐人也
　　　但給仕人皆々袴を着給仕致シ申候尤弐人一度ニ両横座之前江参り畏り両手を
　　　つき万事宜敷様ニ御指図被成被下候と御断可申事なり
一、夫より銚子と盃と持参致シ両横座之前ヘ一度ニ参り申也
一、左座よりも露拂之御禮申也、右座より同断左も右も次第々ニ右同断也
一、二盃めの御禮申ますと申也宮座より答ル

一、三盃めにハぽうるいの御禮申也宮座より答ル
　　但ぽうるいとハいもの子の汁なり
一、四盃めにハ下タ膳の御礼申也
　　但下タ膳とハ笹葉を組ゆで豆と割大根ともるなり又壱組にハふき菜をもるな
　　り此弐品ぜんニ居出スなり汁は大根をろしのみ也汁びしゃくニハゆすのがわ
　　を致ス也
一、五盃めにハ京の飯とて御めしをもる上ニ又飯少シ宛置なり是をごはんと申也又
　　給仕人膳ニ箸を居一膳宛持参致セバ其のしニて其ぜんニごはんを取置其時ごは
　　んの御禮申也　又名頭人足弐人ツヽ連申也人足衆へも御膳を居申也めし後ニ酒
　　をまわし申也
　　　　右皆々座中之御膳を取引下ケル也
一、夫ヨリ入座御座候而十座江祝詞御幣戴ク次第
　　左横座助宗より戴キはじめ右横座江戴くなり夫より次第々々なり
一、入座御神楽　　　御座候也
　　次に
一、助宗　本郷　次に左右次第々々相済候上　惣氏子中御神楽御座候
　　次に御幸行烈（ママ）
一、御輿并神主御友　但輿守ハ當組
　　次に
一、祝詞御幣　　　助宗并本郷
　　次に
一、御當祝詞御幣弐本之内當年當ハ御輿より跡ニ付なり
　　次に
一、御神膳三ぜん　鏡名　高下名　峠名
　　并御宝物持三人座之内より其外御神具當組より持なり
　　次に
一、通り物品々年々ニより出来申候
　　次に
一、獅子　先拂　大皷
　　　　右御幸行相済候而
　　　　帰宮神御座候後之烈
一、年當御神楽相済来年當渡シ
　　次に
一、十座より御酒差上ヶ申也
　　　　其時神主皷腰を懸ヶ玉ふなり其時十座ヨリ小うたい一ツヽヽうたい可申也
　　次に
一、給仕人弐人ぜんに盃五ツヽヽ居ヘ神主の御酒其盃へ請ヶ横座へ居ヘ横座より座
　　中へくばる也
一、六盃めにハ直しさかつき也

一、七盃めにハ御すい　　但此時餅を盛ルなり
　　　次に
一、幟櫃幟さおを来年當へ相渡ス定メニ而御座候也
一、當屋ニ而　　　　御七五三上ヶ之事
一、内神江　　　　　俗人一切不可入事
一、鳥井ヨリ上江　　肴之類一切不可入事
一、餅米弐斗　　　　内弐升小豆
一、米三斗　　　　　酒米内壱斗糀代
一、米壱斗弐升　　　京の御めし米
一、紙三丈　　　　内三折壱丈中折壱丈同壱丈當屋遣紙
一、弐本　　　　　　酒びしゃく
一、弐ツ　　　　　　ゆず　但汁びしゃく
一、壱ツ　　　　　　酒こしざうき
一、味噌鹽あかし松　買物
一、米弐斗　　　　　神田地利米
一、同五斗　　　　　村割ニ可入
　　〆七斗也
　　其外餘分之入用御座候時ハ當や組ニ而割符可致ス者也
一、當屋組白米壱升宛持寄也
　　　　但薪木壱可ツヽざうじ物持寄也
一、高弐斗　　宮定引　享保十六年ニ御神様より寄符
一、例年九月廿四日　十二社権現様御祭り日也
　　　　但宮中庭さうじ宮の馬場さうじの儀ハ當屋組ハ不及申惣氏子中より可致
　　　　ス儀定也
一、八七五三引申事ハ當也組より可致儀定也
　　　　同七五三をろし申事も當組よりばんニ下ロシ申也
一、御祭り當日ニハ當屋組ハ朝之五ツの上刻ニ宮へ出候而着座之者挨拶可申事　座
　着　之者ハ同五ツ之中刻より下刻迄ニ可出事夫より四ツ迄ニ儀式沙法相勤九ツ
　ニハ御幸行可仕事ニ候定メ
右之通り前々より祭り仕来之次第ニメ書　古帳を改新に仕十座得心之上ニ而相定申
事相違無御座候後々年ニ至ル迄此通り相用申候者也
　　　寛政四年
　　　　子ノ九月吉日

　　　十座名頭連印
　　　　助宗名　　　上　代　甚右衛門　（黒印）
　　　　鏡　名　　　中　前　勘　六　　（黒印）
　　　　峠　名　　　上たわ　文右衛門　（黒印）
　　　　梅田名　　　大　前　善三郎　　（黒印）

次郎代名　　　同　　　同　　人（黒印）
本郷名　　　　前山根　與右衛門（黒印）
高下名　　　　　　　平　　八（黒印）
吉野名　　　　土　井　太郎右衛門（黒印）
仲　名　　　　下高代　次郎左衛門（黒印）
賀千部名　　　空ノ吉　兵　衛（黒印）
　　　　　　　神主　石垣和泉（黒印）
右の面々連印仕置候上ハ後々年ニ至ル迄相違無御座候　以上
　　　寛政四年
　　　　　　子ノ九月吉日
右之通り小前取調仕候處先年より仕来之儀式少茂相違無御座候付銘々奥書仕候以上
　　　　　　　　　　　　　　　　　　　　　　高瀬村組頭
　　　　　　　　　　　　　　　　　　　　　　　　文右衛門（黒印）
　　　　　　　　　　　　　　　　　　　　　　同　　　同
　　　寛政四年　　　　　　　　　　　　　　　　　市郎右衛門（黒印）
　　　　　　子ノ九月吉日　　　　　　　　　　同　　　同
　　　　　　　　　　　　　　　　　　　　　　　　彌　兵　衛（黒印）

　　　　　　　　　　　　　　　　　　　〈桂　聖所蔵〉

第4章　三躰妙見宮の当屋祭祀と名田座

はじめに

　地域祭祀がいかなる形で伝承され，どのように行われるかは地域の事情によってまちまちである。そこに地域住民の暮らしと社会構造が反映されていることはいうまでもない。
　祭りはどのような意味合いにおいても，現にその時代を生きているもの，その社会で生きているものによって行われる表現行為であるといえよう。それゆえに共同体の姿をもっとも典型的に，かつ生き生きとした姿で映し出している。今まさに目の前で営まれている祭りに視線を据え，その社会の中での意味を把握し，その主体となる共同体成員たちの祭りに対する思いを積極的に語る事も意義があると考えられる。しかも衰退の一途をたどっている地域祭祀とそれを取り巻く環境を考えれば，かえってこれらの作業は急ぐべきであろう。
　本章では変貌していく地域社会を当屋祭祀の側面からアプローチしていくこととする。具体的な事例村は三躰妙見宮の十二座祭祀を有する新見市足立下吉川集落である。同集落は，いわゆる「名田座」と称される祭祀組織を持っているが，近隣の祭りとは一風変わった様子を呈している。たとえば，主となる名田座の儀式を夜中に行うことや，その場所も神社ではなく，当屋の家で挙行するなど，同様の祭祀形態を持つ新見庄の他村の祭祀とは異なる点が見受けられる。また近年，祭祀組織を構成する住民側にも様々な変化が現れた。これらを含めて同地域の祭祀形態が共同体社会の中でいかなる位置を占めているかを現在の視点から追っていきたい。

第1節　吉川集落の生活環境

　吉川村へ行くには中国自動車道新見ICより県道8号に沿って神郷方面に向う。車で20分ほど走ると足立に出る。足立石灰工場を通り過ぎて進むと，

表6　新見市の人口推移

年度	市	男	女	総人口	世帯数	農家数
平成12年度 国勢調査	旧新見市	11,643	12,933	24,576	8,483	2,290 (9,004人)
平成17年度 国勢調査	新見市	17,048	19,025	36,073	12,645	4,636 (18,307人)

右に吉川方面への曲がり道があらわれる。ちょうど足立石灰の採掘現場に入口に差し掛かり、そこからオロ谷の急斜面を上っていくと下吉川に到る。足立から2.5キロの山道である。谷間の対岸には石灰採掘のために削られ、白っぽくなった山肌が屏風のように拡がっている。

　吉川は上吉川（平成17年現在6戸，14人），下吉川（同9戸，20人）に分かれている。わずかな平地を利用し，家々が山の裾に沿って一軒一軒上るような形で建てられている。隣接の芋原（5戸）とは同じ学区（現在，足立小学校）である。かつて吉川・芋原・田曽地区を学区としていた芋原小学校は明治29年（1892）創立という伝統ある小学校であったが，道路網の整備などにより，田曽地区の学童が足立小学校へ通うようになったことと校舎の老巧化のため廃校となり，昭和30年11月吉川地区に新築移転し，吉原小学校となった。「新見市立小学校児童数の推移」[1]によると，この当時の吉原小学校の児童数は41人，翌年の昭和31年は47人，そして32年と35年が54人と一番多かった時期であった。しかし，その吉原小学校も，開校17年目にして児童の減少（14人）により，昭和47年（1972），足立小学校と名目上統合した後，昭和48年4月から両校は足立小学校（当時，児童数74人）として実質統合されたのである。

　現在，上・下吉川と芋原は，年初三部落役員による部落集会場での会合はあるが，葬式等の不幸に住民相互が立ち会うことはないといわれる。

　現在の伯備線[2]が通るまでは，吉川から足立まで通じる道はなく，芋原が本通りで，その突き当たりの集落が下吉川であった。下吉川の津野瀬氏（大正11年生まれ）によると，当時，上市にあった青年中学校まで片道2時間歩いて通っていたという。

　しかし，今も険しい谷間と海抜500mの高地帯のため，厳しい生活環境は余り変わっていない。移動手段が車に変わった今でも，「もうこんな不便な所に嫁に来る人はいない」と地元では聞く。特に水道がないため，現在も湧き水をタンクに溜めて2軒か3軒の家が共同で生活用水として使っている。

主な生業は農業と林業であるが，以前は下吉川には水田がほとんどなく，畑作が中心であった。約60年前に当時の市長の尽力で貯水池（吉川池）ができて水田化が行われた。

集落の中に寺元という地名があり，寺の跡と推定される所もあるが，今は墓地だけ残っている。檀家寺は上市の天叟寺であるが，比較的新しい寺院であるという。

第2節　名田座の構成と変化

下吉川の三躰妙見[3]宮は，岡山県神社庁には登録されていない。そのわけは，明治42年（1909）以降は上市の国主神社に合祀[4]されていることになっているからである。国主神社は上市の氏神で，創建は後冷泉天皇の永承2年（1047）であり，出雲大社より分霊を勧請したとされている。現在，三躰妙見宮の神主を兼務している国主神社の石田神主（63歳）は吉川も国主神社の氏子であると主張するが，地元ではそうした意識は希薄である。明治42年に合祀されたのは事実のようであるが，その後，間もなく三躰妙見宮の氏子が国主神社に行き，御神体を内密に取り戻してきたといわれる。地元には昔，現在の津野瀬浅雄宅を上にあがった地所に，石垣という神主の家があったが，絶えてしまったという伝承が残されている。その後，専属の神主がいないために国主神社の神主に祭り事を頼んでいる[5]，というのが吉川の説明である。おそらく，明治政府の1村1社を命じた神社合祀令がその背景にあるのだろう。石田神主は，祭り以外には，年末になると各氏子の家を歩き回り，神棚を清める。このとき，御幣を切って神棚に供える。それを「穢除」という[6]。

三躰妙見宮は天御中主神（あめのみなかぬしのかみ）・高皇産霊神（たかみむすびのかみ）・神産皇霊神（かみむすびのかみ）を祭神としているため，「三躰」妙見宮と呼ばれるが，創建・由来は明らかでない。これらの祭神は記紀神話の原初三神で，その多くは明治以降新たに祀られたとされる。すなわち，仏教系の妙見を廃し，天御中主神を代わりに祀った神社が多いのもその一例である。

1　大正期の名田座の構成と変化

三躰妙見宮の名田座は，名田を構成単位とする12座によって組織されてい

る。同宮の史料として嘉永4年（1851）「三躰妙見宮名田座之事」の文書が1番座に伝わっている[7]。その「名田座」は一番座を中心に据え，左右に12番座まで順列が定められ，それぞれの番座には十二支が附してあるが，これは毎年の当屋を示している。名田座の構成員に対しては高瀬の「名頭」のような名称は見られない[8]。名田座の構成員はそれぞれ決まった名田を所有している。すなわち，座に参加できるのは名田を所有する12戸だけである。

名田を他人に売却すると座からはずされ，買い主が新しく座に加えられるのは，高瀬の事例と全く同じ構造である。つまり，座の権利は，名田の売買とともに移動するわけである。この場合，名田を半分手中に残して売却すると，座の権利も2人共有になる。これまた氷室神社で見られた丸名，半名の形態をそのまま表したものといえよう[9]。表7の大正期の名田座の構成員をみると，1名1人という丸名は12の名の中で，5名だけである。1つの名を2〜3人で持つ名が多く，逆に1人がいくつかの名を単独ないし重複的に共有していることも多い。たとえば，1番座の津瀬善蔵氏の場合，大仁子名と白ヶ市名の2つの名を単独に持ち，その上，作太夫名を共有している。座順及び座に座ることが勢力や権威を誇示するものであったとすれば，祭りのとき，1番座には本人が座り，残りは家の者（男性）あるいは一族を座らせた可能性は高いと考えられる。氷室神社の祭りにおいて，いわゆる半名になると，2，3人が1つの名座に座り，1つの膳を共有したといわれる。つまり，名を分割して座に入ったものの，丸名に比べると待遇はだいぶ低かったに違いない。それにも関わらず，一時は新加入者が増加し，名田座3名（みょう）増やして（元来の13番座から15番座がそれに当たる）15番座にて成立したこともあるといわれる[10]。新規参入者のため，ミヤカブを増やした例は，千屋代城の倉嶋神社の当屋祭祀からも確認できるが[11]，具体的なことは次章で述べることにしたい。

2 戦後の名田座の実状

ところで，こうした名の分割が昭和に入ると徐々に丸名として統合されていく。昭和43年（1968）の名頭はきれいに丸名に整理されている。すなわち，大仁子名・宮迫名・谷名・中之成名・屋浦名はその子孫らによって順次継承されていたと思われる。それ以外の名は一応，何らかの形で名株を引き受けることによって名田座に改めて加入したのではないかと推測される。

しかし，岡田名と曽根名を共有していた竹本新八郎の後継者である竹本操

表7　名田座の変移と構成員（津瀬＝津野瀬）

番　座	名	大正期の構成員	昭和43年構成員	平成17年構成員	屋　号	部　落	備考
一番座	大仁子名	津瀬善蔵	津野瀬庫一	津野瀬　蔀	大仁子	下吉川	
二番座	宮迫名	津田葉武平	津田葉鉄男		柳　迫	上吉川	脱退
三番座	谷　名	関　作次郎	関　博志	関　博志	大　前	下吉川	
四番座	中之成名	赤木万次郎 津瀬亀之亟	津野瀬勘一郎	津野瀬浅雄	大　下	下吉川	
五番座	東　名	赤木万次郎 石田嘉太郎	津野瀬荒一	津野瀬　悟	中　座	下吉川	
六番座	岡田名	赤木紋太郎 石田嘉太郎 竹本新八郎	吉田　栄		上	下吉川	脱退
七番座	勘六名	曽根（某）	城谷定一	城谷　豊		下吉川	
八番座	屋浦名	赤木紋太郎 関　作次郎	赤木正太郎	赤木　勇	中　前	下吉川	
九番座	家下名	上田長太郎	竹本　操	竹本　操	新　屋	下吉川	
十番座	曽根名	津瀬守三郎 竹本新八郎	関　房一	関　一男	日出屋	上吉川	
十一番座	白ヶ市名	津瀬善蔵	城谷謙一	城谷　進		下吉川	
十二番座	作太夫名	関　作次郎 津瀬善蔵 赤木万次郎	原田実太郎	原田正志		下吉川	

氏がそのどちらでもない家下名[12]を引き継ぎ，津野瀬宇三郎氏と竹本新八郎氏の持つ曽根名もそのどちらの後継者でもない関房一氏（谷名の関博志の分家）によって継承された経緯は今のところ不明である。

　また，昭和43年初出の吉田氏は[13]，元は明治期に今の津野瀬浅雄家から分家した家だといわれる。屋敷（屋号は上）は津野瀬家より2軒目先の上にあったが，その後，氏は岡山に移住し，近年，座を脱退した。また，宮迫名の津田葉氏（上吉川）は病のため，平成16年（2004）脱退した。

　また，12番座（作太夫）には足立石灰が座に入り，企業として1口所有していた。それは採掘地内に名田があったためであり，常務が2，3回座に参加されたといわれるが，平成17年（2005）に脱退し，その小作人（原田氏）が祭りに参加している。

以上のように，三躰妙見宮の名田座の変化と現状をみてきた。「三躰妙見宮名田座之事」以外には史料がないため，近代以降の変化を中心に分析を行った。そこから考えると，三躰妙見宮の名田座は少なくとも近世から近代にかけて名の分割が広く行われたと考えられ，それに伴う構成員の入れ替わりも頻繁に行われたものと思われる。それが戦後に入ると，新たに名田座の再編が行われ，分割された名田座が1名(ミョウ)1人の形にまとまっていくのである。これもまた近年に入り，変化を呈し，人口の減少や座の脱退もあって，現在12番座のうち，2番座と6番座の欠員が生じていることはすでに述べたとおりである。平成17年（2005）の祭りは10座をもって行われた。

　元々，下吉川には水田がなかったので，名田のほとんどが上吉川にあった。しかし，名の構成員は12名の中で，2名を除いて全部下吉川の名である。脱退した2番座は上吉川なので，結局，現在の10番座だけが上吉川から参加している。座員の脱退によって従来は13年目に回ってくる当屋の順もその分早く廻ることになる。もはや名田座といっても，過疎のため全戸が参加しないと成り立たないのが現状であり，そういう意味では下吉川の氏子祭りに変貌しつつあるといえよう。図3はそのような部落の事情がよく表われている名田座構成員の人的関係をあらわした系図である。

　若干，説明を加えると，①と⑤は従兄弟同士である。地本に家を残したものの，普段は現在住地で生活する。特に⑤の場合は祭りにだけ帰省する。③―⑩は本分家である。また，④―⑥と④―⑦，そして⑦―⑪も④を出自とする本分家関係をなしている。その他，⑧のような養子縁組や⑨―⑫のようにまだ2代目という新しい家もあり，全般的に座の構成員が互いに親類関係に結ばれている家が多く，その点，新見庄の，隣村の宮座とは著しく異なる組織構成であるといえよう。

第3節　当屋と名田座の夜祭り

　三躰妙見宮の祭りは旧暦10月17日の「宵祭り」と18日の「本祭り」に分けて両日間にわたって催される。「名田座」の祭りは「宵祭り」に行われる。ここでは平成17年（2005）に同祭りに参与観察したものをもとに記述していきたい。

第4章 三躰妙見宮の当屋祭祀と名田座　77

図3　座員の系図（○番号は座順）

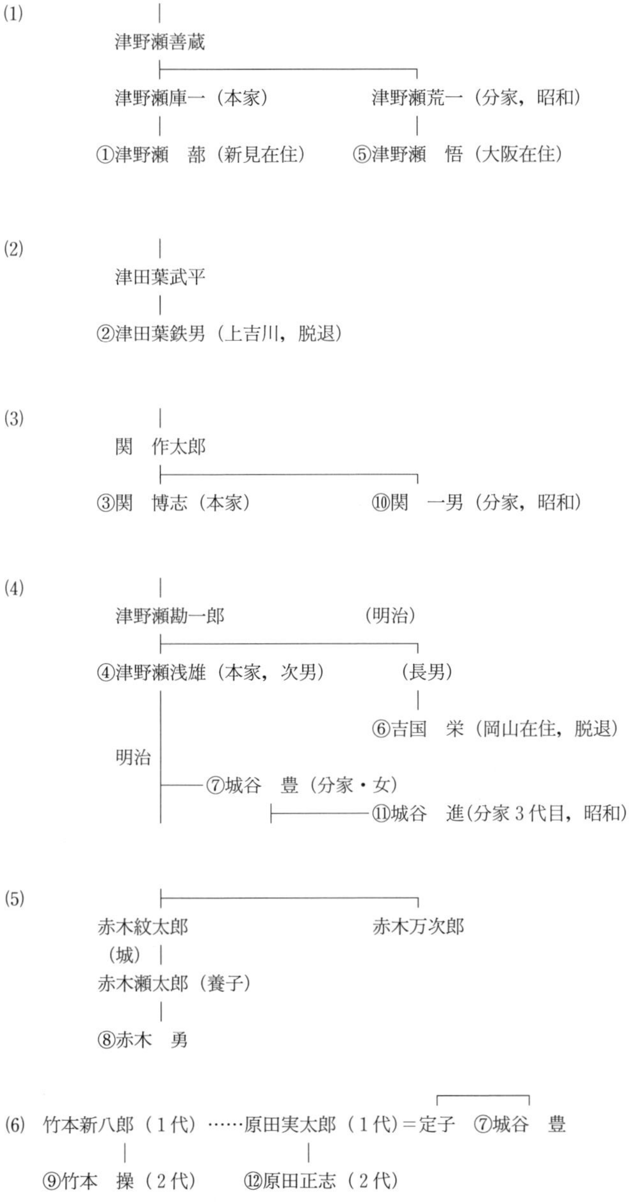

(1)
```
        │
    津野瀬善蔵
    ├──────────────────────┐
  津野瀬庫一（本家）      津野瀬荒一（分家，昭和）
    │
  ①津野瀬　部（新見在住）  ⑤津野瀬　悟（大阪在住）
```

(2)
```
        │
    津田葉武平
        │
  ②津田葉鉄男（上吉川，脱退）
```

(3)
```
        │
    関　作太郎
    ├──────────────────────┐
  ③関　博志（本家）      ⑩関　一男（分家，昭和）
```

(4)
```
        │
    津野瀬勘一郎         （明治）
    ├──────────────────────┐
  ④津野瀬浅雄（本家，次男）  （長男）
                              │
                          ⑥吉国　栄（岡山在住，脱退）
    明治
        ┌──⑦城谷　豊（分家・女）
                 ├────────⑪城谷　進（分家3代目，昭和）
```

(5)
```
        ├──────────────────────┐
    赤木紋太郎              赤木万次郎
     （城）│
    赤木瀬太郎（養子）
        │
    ⑧赤木　勇
```

(6)　竹本新八郎（1代）……原田実太郎（1代）＝定子　⑦城谷　豊
　　　　│　　　　　　　　│
　　⑨竹本　操（2代）　⑫原田正志（2代）

1　宵祭り

　17日の夜，当屋の家で名田座の神事が行われる。当屋は前述の通り，1番座から12番座の中で定められており，各番座には十二支がつけられ，その年ごとの当番が示されている。干支による当屋の順番は新見庄内の神社では珍しいが，大佐町田治部の大山神社や加茂川町円城の化気神社には見られるものである。特に，化気神社では，17苗衆による当屋祭が行われる。干支によって年々の当番が決められている[14]。

　三躰妙見宮の平成17年の当屋は，11番座（白ヶ市名）の城谷進氏が当番であった。城谷氏は今回で2回目の当番であった。

　この日の朝から当屋では餅を搗くなど，供え物の準備に取りかかる。餅は「三躰」に供える二重餅を3つ作る。これを「オスワリ」ともいう。そして名田座を持つ10軒の家に7個ずつ配る「ゴクウ餅」を用意する。

　午後6時に国主神社の石田神主が当屋に到着する。当屋の人と挨拶を交わした後，当屋が用意した半紙と竹を持ち，御幣を作る作業を始める。細竹を使い25cmの小幣を5本，太めの竹で50cmの大幣を1本作る。その間，座員たちが一人ひとり現れはじめる。御幣ができあがると，床の間の中央に設けた祭壇に塩と，両側にロウソク1本ずつ，中央に4本の御幣を立てて並べる。御供えは神酒，白菜，大根，二重餅3つ（オスワリ），白米（1升），玄米（1升），ゴクウ餅の順に祭壇の前に陳列する。その横に大幣を4つの足がついた幣立てに立てておく。それから神主が小幣を1本襟元に挿した状態で，祭壇に向かって10分ぐらい祝詞を唱える。これは当屋に神を迎える儀式である。

　ちょうど午後7時になると，名田座の儀式が始まる。

1）名田座の儀式

　座員たちが各自の座席に座る。座の配置は図4のように，奥座敷の上座の正面に1番座が座り，その左が2番座，右が3番座と交互に座る。神主は下座に1番座と向かい合って座る。神主の前に七重盃[15]と，その右側に大幣を置いておく。

　座員，一同正座し，頭を下げると，神主は清め幣を襟元に挿して御祓いの祝詞を唱える。祝詞奏上が終わると座員一同2拍手する。続いて神主が右手に大幣を持ち，祝詞を唱える奉幣行事を行う。これが済むと，祭壇に供えてあった神酒を下げて酌取りに渡す。座員の前に吸い物（豆腐が入った澄まし

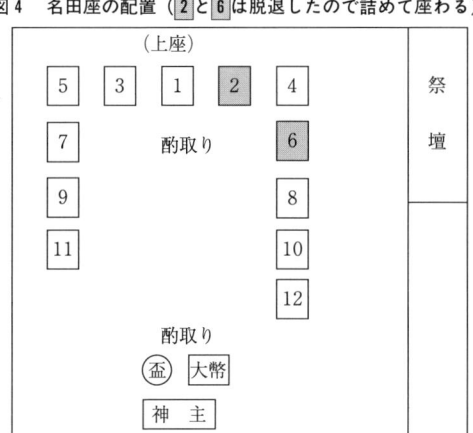

図4　名田座の配置（2と6は脱退したので詰めて座わる）

```
           （上座）
    ┌─┬─┬─┬─┬─┐
    │5│3│1│2│4│        ┌──┐
    └─┴─┴─┴─┴─┘        │祭│
    ┌─┐             ┌─┐│  │
    │7│   酌取り    │6│ │壇│
    └─┘             └─┘│  │
    ┌─┐             ┌─┐│  │
    │9│             │8││  │
    └─┘             └─┘└──┘
    ┌──┐            ┌──┐
    │11│            │10│
    └──┘            └──┘
                    ┌──┐
                    │12│
                    └──┘
           酌取り
        ⊙   ┌──┐
       盃   │大幣│
            └──┘
         ┌────┐
         │神 主│
         └────┘
```

汁）と箸を添えた角膳が配られる。酌取りは2人であり，当屋の女性がつとめる[16]。1人は神主の前，もう1人は座衆の真ん中に位置する。

まず，神酒を座衆に回す前に神主が七重盃を順番に受け，毒味をする。酌取りはその度に神酒を注ぐ。それが終わると，儀式が始まる。

(1) 会参酒の御礼

　　神主―　「今日の会参酒の御礼を申しあげます。1番座から12番座までカイサン（会参）酒の御礼を申します」という。

　　座衆―　「はい」と答える。

　七重盃の一番上の小盃を1番座に渡し，神酒を注ぐ。

　　神主―　1番座に「1番座から12番座まで一献目のちょうしの御礼を申します」という。

　　1番座―座衆に「1番座から12番座まで一献目のちょうしの御礼申し上げます」という。

　　座衆―　「はい」と答える。

　1番座が神酒を飲み，2番座に廻す。2番座から12番座まで1番座と同様に口上を述べ，神酒を飲む。一巡すると盃は最後に神主に廻す。

　これで一献目の盃が終わるが，このときの神酒は必ず冷や酒を使う。

(2) 二献目の御礼

　　神主―　「1番座から12番座まで二献目のちょうしの御礼を申します」

という。
　　　座衆―「はい」と答える。
　七重盃の上から2番目の盃で神酒を飲み，1番座に渡す。
　　　1番座―「1番座から12番座まで二献目のちょうしの御礼申し上げます」という。
　　　座衆―「はい」と答える。
　1番座が神酒を飲み，2番座に廻す。2番座から12番座まで同様に繰り返し，神酒を飲む。このときの神酒は熱燗である。

　(3)　三献目の御礼
　　　神主―「1番座から12番座まで三献目のちょうしの御礼を申します」という。
　七重盃の3番目の盃で神酒を飲み，1番座に渡す。
　　　1番座―「1番座から12番座まで三献目のちょうしの御礼申し上げます」という。
　　　座衆―「はい」と答える。
　1番座が神酒を飲み，2番座に廻す。2番座から12番座まで同様に繰り返し，神酒（熱燗）を飲む。
　(4)　四献目の御礼
　　　神主―「1番座から12番座まで四献目のちょうしの御礼を申します」という。
　七重盃の4番目の盃で神酒を飲み，1番座に渡す。
　　　1番座―「1番座から12番座まで四献目のちょうしの御礼申し上げます」という。
　　　座衆―「はい」と答える。
　1番座が神酒を飲み，2番座に廻す。2番座から12番座まで同様に繰り返し，神酒（熱燗）を飲む。
　(5)　五献目の御礼
　　　神主―「1番座から12番座まで五献目のちょうしの御礼を申します」という。
　七重盃の5番目の盃で神酒を飲み，1番座に渡す。
　　　1番座―「1番座から12番座まで五献目のちょうしの御礼申し上げます」という。

座衆―「はい」と答える。
 1番座が神酒を飲み，2番座に廻す。2番座から12番座まで同様に繰り返し，神酒（熱燗）を飲む。
 (6) 吸物の御礼
　　神主―「五献目がとおりましたので，すいものの御礼を申し上げます」という。
　　1番座―「五献目の御礼が終わりましたので，すいものの御礼を申し上げます」という。
　　座衆―「はい」と答えて，吸物をいただく[17]。
 (7) 六献目の御礼
　　神主―「1番座から12番座まで六献目のちょうしの御礼を申します」という。
 七重盃の6番目の盃で神酒を飲に，1番座に渡す。
　　1番座―「1番座から12番座まで六献目のちょうしの御礼申し上げます」という。
　　座衆―「はい」と答える。
 1番座が神酒を飲み，2番座に廻す。2番座から12番座まで同様に繰り返し，神酒（熱燗）を飲む。
 (8) 大盃の御礼
　　神主―「1番座から12番座まで大盃の御礼を申します」という。
 七重盃の一番大きい盃で神酒を飲み，1番座に渡す。
　　1番座―「1番座から12番座まで大盃の御礼を申し上げます」
　　座衆―「はい」と答える。
 1番座が神酒を飲み，2番座に廻す。2番座から12番座まで同様に繰り返し，神酒（熱燗）を飲む。12番座が神主に盃を廻してすべての御礼行事は終わる。当屋の婦人（酌取り）が順番で膳を下げていく。
 最後に，神主が座衆に「おめでとうございます」と挨拶を交わし，儀式が終了する。

 名田座の儀式が終わると，早速祝宴が始まる。料理は，今は簡素化されてオードブルと折り詰め，茶碗蒸し，吸物（鱈入り）などである。以前はこの席に，二の膳がつくほど豪華なものであった[18]。また，名田座以外の吉川の人も来て，祭りが終わるまで寒い外で待っていて，終わると一緒に直会をし

写真3　三躰妙見宮，名田座の儀式①

写真4　三躰妙見宮，名田座の儀式②

たという。また一時，足立石灰の人も祭りが済んだ後，直会に参加したといわれる。

　神主は昔，車がなかった時代には当屋に泊まっていたが，今は宵祭りの宴会が終わると帰り，翌日に出直す。

2 本祭り

　名田座の翌日（18日），三躰妙見宮にて本祭が開かれる。宮は津野瀬浅雄氏宅の後方の山に位置している。本祭りのときは初雪が降るときも多く，そばの粉のように雪が降るといって「ソバノコ祭り」とも呼んでいる。以前，今の幟を立てる位置に朱塗りの鳥居があったといわれるが，戦時中に倒れてしまい，その後は鳥居がないという。そのとき鳥居に掛かっていた額は拝殿から神殿に至る入り口に掛けられている。

　神殿の前には虎（寅），龍（辰）が彫られた柱があり，注連飾りはその龍がくわえている形になっている。また，柱には榊がくくられている。

　御神体は木造で，人の形をとった三躰であり，色が塗られてあるが，だいぶ色褪せている。御神体はかつて上市の国主神社に合祀されたが，氏子によって三躰妙見宮に戻されたということは，前に記した通りである。

　朝，8時に当屋をはじめ，名田座の者が宮に集合し，準備にとりかかる。御供えは神殿に向かって左側からゴクウ餅，米，白菜1個と大根2本，奥に蠟燭2本が並べられる。3つの二重餅は3本の御幣の前に供えられる。

1）御祓い

　まず，神主が太鼓をたたいて調子をとる。それから厄災祓い（無病息災，家内安全，交通安全）をする。御幣を振りながら出席者を祓い清める。また，この日，祭りのため戻っていた当屋の息子夫婦に子供が生まれたので，宮で氏子入りも行った。

2）当屋渡し

　当年の当屋と来年の当屋の者が神殿の前に出ると，当屋渡しが行われる。神主より御神酒を受ける。まず，当年の当屋が「当屋を譲ります」といい，御神酒を飲む。それから来年の当屋に盃を渡すと，来年当が「承知しました」と御神酒を飲んで受ける。もらうと当屋渡し行事は終了する。当屋受けのしるしに，本年の当屋が来年の当屋に「七重盃」を渡す。新当屋に渡す箱は昭和5年（1930）に下吉川氏子によって奉納されたもので，七重盃以外に，幟と会計ノート，通帳も一緒にわたす。

3）直会

　神酒を皆で飲み，7個入りのゴクウ餅を配る。二重餅はお祝いとして，神主が持って帰る。酒を注ぐのは主として当屋の人である。おつまみは，ソーセージ，お菓子，いかなどである。昔は，「三つ丼」といって魚も鶏肉も出

て，長い人は1日中飲んで祭りを終えたが，今は簡単に済ませて下山する。また，名田座祭りに比べると，本祭りは全員出席することはあまりないという。

　　4）後片づけ
　来年の当屋が片づけることになっているが，少人数なので出席者全員で手伝う。

3　宮の財政
　かつては宮持ちの畑で得られた収入で祭祀を行ったというが，現在の祭祀の費用は当屋が負担することになっている。
　すなわち，拝殿の前にある畑は，昔は当屋が順めぐりで耕していた。その畑からの収入で祭りの費用を充てていた。しかし，農地解放以後，手放したので，現在は個人所有となり，同村の城谷進氏が耕している。
　宮の後ろに杉林があったが，伐採し，田圃にしている。その形は棚田の形をしている。また過去に神田（1反5畝）も存在したらしく，当屋が交代で作っていて，祭りの費用にしたというが，これも農地解放の際に個人のものになってしまったといわれる。
　神主の初穂1戸あたり，3千円ずつを集める以外には祭りの費用は当屋がいっさい受け持っている。祭りの当日の儀式や直会，また翌日の費用を含めて少なくとも十数万円はかかるという。昭和60年頃には15～16戸あった家も今は10戸まで減り，財政的にもいっそう厳しい状況になっている。

第4節　当屋祭祀の構造と特質

　いままで，名田座の祭祀構成と儀式の詳細について述べてきた。特に祭祀の面において様々な変化の過程が見受けられるので，ここでは改めてその内容について整理しながら若干の考察を行いたいと思う。
　(1)　祭祀組織の構成は名田座を所有している家に限る。
　三躰妙見宮の名田座の組織は12座で構成されていた。いわゆる氏子の居住地域は上吉川と下吉川であるが，座の構成員は下吉川の人が圧倒的に多い。地元に伝わっている嘉永4年（1851）の文書に照らし合わせてみる限りでは，当時と現在の名の名称と座順が一致することがわかった。この12座は12

戸によって座の権利が固定されている。祭りには12戸の男性が代表者として出席し，神事を行う。また，1番座から12座までそれぞれの干支に従って当屋を遂行する。例えば，1番座の大仁子名は子年に，2番座の宮迫名は丑年に当番が回ってくる。当番の家を当屋といい，12年に1回当屋を受けることになる。新見庄の内，干支による当屋の決め方をとっているのは，三躰妙見宮の名田座だけである。

　(2)　名田の譲渡によって座の権利が移動する。

　吉川においても前章で見てきた高瀬と同様に名の譲渡，つまり，売買が行われ，その買い主が新たに座に就くという構造である。名田を分割して売却するとそれを購入した複数の人が1つの座に座るシステムは氷室神社の名主座で見てきたいわゆる「丸名」と「半名」とまったく同じ構造である。大正期の名田座の構成員の中には，12座の中で，3つの座を除いて，全部半名であったことはすでに述べたとおりである。そのうち，いくつかの名には同一人と見なされる名があり，全体的に座員の構成が乱れていた時期であったと推察される。実際に半名が2〜3人で1つの席に座っていたかどうかは情報の不足で明らかにすることはできなかったが，氷室神社の例ではそのようなことがあったことは事実であり，吉川も同様なことが考えられる。また，一時期は座への加入希望者が増え，13番座から15番座まで別当に作ったといわれるが，これらの座の人たちは座に座ることは許されてはいたものの，神事への参加は制限されていたことから，実権のない形だけの参加であったようである。要するに，神事に直接携わることができたのは1番座から12番座だけであったことがおおよそ判明した。こうした名の分割も昭和43年頃にはすでに丸名として整理されていることは**表7**の通りである。

　(3)　地縁祭祀から血縁祭祀へとの過渡期である。

　名が半名であったり，丸名であったりすることは基本的に名田を媒介にして成立するものである。ところが，名田座の大部分を占めている下吉川には水田がなく，そのほとんどが上吉川にあった。つまり，下吉川の人は余所の部落に土地（田）を持ちながら，名田座の主導権を握っていたのと同様である。このような事実は近年に入って脱退もあって，現在の名田座の構成する10戸のうち，1戸だけが上吉川であることからも，今の三躰妙見宮の祭祀は下吉川の村祭祀に変化しつつあることを意味する。それにどの村よりも過疎化し，下吉川は10戸[19]で村が運営されているため，**図3**のように座を占めているのはほとんど血縁関係に結ばれていることがわかる。すなわち，従

来，名田という地縁によって結ばれてきた——限定された地理的空間なので血縁的要素はある程度は存在していたとしても——地域祭祀が，過疎によって血縁的繋がりがだんだん比重を占めていく形になっている。現在，吉川の祭祀組織は非常に不安定化した過渡期の様子を呈している。これ以上過疎が進むと祭祀それ自体が解体されるか，大幅な改革を伴うことは必至であろう。地域社会の変化と祭祀の関係を考える上で注目しなければならない。

　（4）　重層的な祭祀構造である。

　三躰妙見宮の祭祀は11月17日の宵祭りと18日の本祭りに分かれている。名田座による祭祀儀礼は17日に行われる。宵祭りの場所は神社ではなく，本年度の当屋の家で行われる。一般に宵祭りは本祭りの前夜祭の意味あいが強いが，吉川の宵祭りはまさに本祭りに等しい。なぜならば，神主をはじめ，12番座の代表者が当屋に集まり，名田座の儀式を行うからである。高瀬での宵祭りは本祭りを行うために神社の掃除や飾り，また当屋での準備を終え，仕事に励んでくれた「寄り子」たちの労をねぎらうための宴会である。当然ここに儀式は介入しない。ところが，吉川の宵祭りは主として「七重盃」という大きさの違う盃を使い，儀式を進行する。このとき，盃に神酒を注ぐ給仕役は必ず当屋の女性（2人）の役とされ，脇役として終始儀礼に参加しているのが，他の名主座と大別される違いである。近隣の祭りでは高瀬のように「寄り子」がいない場合は子供が給仕役をつとめたことはあるが，それも祭りが平日でないと休めないということで今は成人がその役をつとめている。おそらく吉川での女性の参加も村に子供（学生）がいない事情を反映したのかもしれない。もちろん，当屋の家で行う祭りであるため，自然に女性の役割が拡大していった可能性も考えられる。儀式が終わるとその場で宴会が行われるが，当屋で誠意を込めてつくった料理が披露される。近年はオードブルなどで簡素化されたものの，それとは別途の料理が出ることが多い。さしずめ，吉川の祭りにおいては女性の役割が大きいといえよう。

　18日の本祭りは，今は当屋渡しが中心になっているのだが，かつては宵祭りとほぼ同様の祭りを神社で繰り返したといわれている。つまり，同じ祭りを2回行っていたわけで，その経済的負担が大きかったことはいうまでもない。しかし，村が繁盛した時代にはそれこそが名主座の権威を見せ，内部的には結束を図る機会であったと考えられる。

むすび

　以上，三躰妙見宮における祭祀組織について考察を試みたわけであるが，組織の運営の面においては高瀬と非常に類似していることが指摘できる。名田座に基づいた12番座による祭祀構成であり，十二干支の順番で当屋をつとめる。時間軸から村を見ると，名田座の売買によって座の権利の移動も行われたらしく，しかも，一時は座を増やして15番座まで作るほど隆盛ぶりを見せていたが，現実には村の過疎が激しく，村外移住などを理由に脱退する者も現れ，現在は10座によって祭祀が行われている。祭祀は2日にわたって行われるが，本祭りの前日の晩（宵祭り）に名田座のメンバーが当屋の家に集まり，「七重盃」を廻しながら儀式を行うのがメインである。また，これと共に，名田座の儀式に給仕人として当屋の女性が参加しているのが，近隣の当屋祭祀と大別される特徴である。

　しかし，村の規模が小さく，平地はほとんど見られない。隠れ里といわんばかりの山の上にひっそりと点在する山里である。そのため，今日も水道はなく溜め水を生活用水として使うほど生活環境は厳しい。

　もはや，離れていく人はあっても新しく入ってくる人はいないというある住民の話は耳に残る。村を取り巻く環境は日々厳しくなる。村人をまとめてきた信仰の役割も，それを支える人がいなければ，意味がなくなる。現在の祭りも10軒の家がなんとか持ち堪えているが，いずれは廃れていく可能性が高い。

　今後は吉川という地域社会を祭祀の側面からだけではなく社会や家族の側面からも見届けていく必要があると考えられる。

注
1) 『新見市史』新見市，1991，324頁。
2) 山陰山陽を結ぶ中国横断の動脈として岡山県倉敷駅から新見駅を経て，鳥取県米子市の伯耆大山駅まで至る138.4kmのJR西日本の鉄道路線。米子・足立線が開通したのは1926年12月のことである。
3) 妙見は妙見菩薩，北斗七星の神ともいうようで，天台宗寺門派（三井寺系）では吉祥天と同一視された。もともと仏教系で，多くは神仏分離令で社号や祭神を変更したとされる。

4) 長谷川明「新見庄の宮座」『新見庄』備北民報社，1983，246頁。
5) 平山正道「岡山県新見地方の宮座」(『岡山民俗』第91号，1971) によれば，1968年頃の三躰妙見宮は坂本部落の湖見神社の宮司渡辺吉秀氏が兼務していろ，との記述があり，現在の国主神社の石田神主に至るまでの神職の変化が窺える。
6) 年末なので留守の家でも米と塩を出しておくと神主が奥の間に上がって清めてくれることになっている。このとき家人は御供えと共に神主の足代として初穂料も置いておく。
7) 津野瀬部家（大仁子名）に伝わる文書で，近年付記された痕跡が見えるが，各名と番座は現在と一致する。また，表7の大正期と昭和43年の構成員は平山正道の前掲報告書を基にして再構成したものであり，同氏が提示した「三躰妙見宮名田座之事」にある名田座所有者名は近年大正期に便宜上，付記されたものであると，注として断っている。しかし，筆者が津野瀬氏から直接入手した同文書には名田座所有者名は見られず，その代わりに屋号が記載されている。津野瀬部家以外にも同文書が存在した話もあり，恐らくその家の者によって当時の名田座所有者の名が添えられたのではないかと思われる。
8) 崔杉昌「旧新見庄の神社祭祀」『佛教大学大学院紀要』(2005) を参照されたい。
9) 崔杉昌「宮座と共同体の一考察　岡山県神郷町高瀬の事例を中心に」『待兼山論叢』22号日本学編，大阪大学文学会，1988。
10) 13番座からはただ座にすわって見守るだけで，儀礼には直接参加できなかったといわれる。これは新加入者を座に坐らせることはあっても，儀礼への参加を12座まで制限することによって既存の名田座の秩序を守ると同時に，座員の権威を誇示したのではないかと思われる。
11) 『千屋代城のとうや行事　倉嶋神社の宮座』岡山県教育委員会，1987。
12) 大正期に上田長太郎氏の名であったが，昭和43年以降は下吉川には上田という名字はみられず，上吉川に上田家が1軒あるのみであるが，その子孫であるかどうかはまだ明らかでない。
13) 前掲注6には吉国栄の氏名が見えており，座の脱退はそれ以降であろうと考えられる。
14) 『岡山県史　民俗Ⅱ』岡山県，1983，24〜25頁。
15) 大きさの違う朱色の丸い7枚の盃で，表面には「三躰妙見宮」と記されており，祭りが終わると来年度の当屋に渡される。
16) 酌取役をするのは当屋の妻や大人の娘であるが，家の都合によって親戚の女性に頼むこともある。古くは男の子供（小学生から中学生）であったとされる。（前掲注6，248頁）。
17) 昔は，紅白の餅入りの吸物であったが，今は刻んだ豆腐を入れることもある。
18) 前掲注6，250頁。

19) そのうち，1戸は地元に家をおいたまま，村外に居住するため，祭りには帰郷するが，日常的な部落のつきあいはない。

〈資料〉
　　　　三躰妙見宮名田座之事
　　　　　　　　亥年
一　作太夫名　　拾弐番　　大前
　　　　　　　　　　　　　大仁子
　　　　　　　　　　　　　仲屋
　　　　　　　　酉年
一　曽根名　　　拾番　　　ツのせ
　　　　　　　　　　　　　ねかりや
　　　　　　　　　　　　　新屋
　　　　　　　　未年
一　屋浦名　　　八番　　　仲前
　　　　　　　　　　　　　大前
　　　　　　　　巳年
一　岡田名　　　六番　　　仲前
　　　　　　　　　　　　　東
　　　　　　　　　　　　　新屋
仲之成名分ル昭和弐年ニ
勘一郎仲屋分ヲ引継亦名
トナリタル事　卯年
一　仲之成名　　四番　　　仲屋
　　　　　　　　　　　　　大下
　　　　　　　　丑年　　　堂ノ本助名
一　宮迫名　　　弐番　　　荒木
　　　間中
　　　　　　　　子年
一　大仁子名　　壱番　　　代表
　　　　　　　　寅年
一　谷名　　　　三番　　　大前

　　　　　　　　辰年
一　東名　　　　五番　　　仲屋
　　　　　　　　　　　　　東
　　　　　　　　午年
一　勘六名　　　七番　　　曽根

　　　　　　　申年
一　家下名　　九番　　西屋
　　　　　　　巳年
一　向ヶ市名　拾壱番　大仁子
〆
　　嘉永四年
　　　辛亥正月二日改之
　　　　　　当邑神主
　　　　　　　　石垣相模□行
　　　　　　同　　氏子中

　　　　　　　　　　　　〈津野瀬庫一氏所蔵〉

第5章 倉嶋神社のミヤカブの変遷と崩壊

はじめに

　千屋代城の倉嶋神社の祭祀では，ミヤカブで構成された祭祀組織によって近年まで当屋祭祀が行われてきた。その様子は，かつてこの一帯の畑作物を中心とした農耕儀礼に注目してきた坪井洋文氏によって詳細に紹介されている[1]。また，昭和56年（1981）に新見市重要無形民俗文化財に指定され，昭和59年（1984），文化庁選択無形民俗文化財となり，国庫補助を受けて昭和61年（1986）に調査が実施され，当屋行事として報告書が作成されている[2]。

　しかし，残念ながら，報告された行事は現在行われていない。平成17年（2005）に教育委員会に問い合わせると，当屋行事は現在も行われているとの説明があったが，現地では実際に行われていないことがわかった。昭和61年以降の倉嶋神社の祭祀に関する調査記録は皆無である。そこで，平成17年から18年にかけての数回にわたる現地での聞き取り調査をもとに，とくに昭和61年以降の祭祀組織がいかに運営されてきたのかを把握し，また長久の歴史を持つ伝統行事が廃止に追い込まれるようになった背景を探ることにした。また既出の報告書と照らし合せながら，変貌のプロセスを考察してみたいと思う。そうすることによって祭祀と地域社会のあり様が浮かび上がってくるのではないかと期待する。

　千屋は旧新見市でも最も奥地にあたり，新見ICから国道180号線沿いを北の米子方面に向かって車で20分程の所に位置する。最寄の駅はJR伯備線の新郷駅であるが，新見駅の方が千屋までの市営バスも出ていて交通の便がいい。千屋は高梁川の発源地でもあり，標高400〜600mの川沿いの谷底地に村落がある。中国山地の寒冷地にある山村で，「百日雪の下」といわれるように，冬は雪に閉じ込められ，交通はしばしば途絶えるほどであった。

　旧千屋村は，昭和30年（1955），新見市に合併するまでは，千屋・花見・井原・実の4カ村に分かれていた。千屋村は備中国哲多郡に，花見・井原・実の各村は備中国英賀郡に属していた。江戸時代初期には備中国代官小堀氏

が支配し，明治維新当時は実村・花見村は幕府直轄地として倉敷代官所の支配に，千屋・井原両村は新見藩領に属していた。明治元年（1868），花見・実両村は倉敷県に，4年7月千屋・井原両村は新見県に属したが，同年11月全村深津県となり，また翌年には小田県と改称された。明治8年12月岡山県に編入され，22年6月市制及び町村制の施行によって実・花見・井原村が合併し，既存の千屋村をも含めて千屋村となった。昭和30年5月1日新見市に編入合併された[3]。

現在，千屋には原市・松ノ木・明石・仲谷・神原・鈴上・代城・則元・二子瀬・朝間の字がある。代城は新見市内から千屋に入り，千屋の新橋を渡るとすぐの部落である。高梁川の一支流である代城川を挟んで南北の山裾に家々が散在する。昭和41年（1966）当時は24戸の村で，水田稲作，和牛牧畜，焼畑耕作を軸とした生産形態をとってきた[4]。とくに千屋は牛の飼育と関わりが深い。「千屋牛」の名で広く全国に知られている和牛は，天保年間（1830～1844）に千屋村の豪商太田辰五郎が全国から良牛を求め繁殖を始めたのがはじまりであると言われている。明治になって，千屋一帯を中心に旧阿哲郡は全国的にも種牛の一大生産地となった[5]。天保5年（1834）太田辰五郎によって創設された千屋牛市場は，阿哲郡内でももっとも活況を呈した牛市場だった[6]。また農家を回って牛馬の商いをする者がおり，博労と呼ばれていた。彼らはそれぞれの得意先があり，子牛の買い出しから，廐の更新の世話もしたという。7月7日には，牛を川に入れて洗う習慣もあったと伝えられている[7]。また，牛の牧柵をカベと呼び，カベで囲まれている人家や田畑はカベウチ，その外は牛の放牧場として開放されカベソトと呼び，空間的に区分されていた[8]。

現在（2006年），代城の主な生業は農業，山林業などが中心になっているが，16戸まで減少するほど人口の流出による過疎と高齢化が進んでいる。

寺院としては寛文元年（1661）9月，代城に創建した曹洞宗の正雲寺があったが，老朽の為，昭和36年（1961）4月，千屋の明石古谷へ新築移転した。本尊は観世音で，併せて三宝荒神を祭るという。

第1節　倉嶋神社の祭祀構造

倉嶋神社は代城部落の氏神であり，代城川の南側の山麓に鎮座する。倉嶋

第5章　倉嶋神社のミヤカブの変遷と崩壊　93

写真5　倉嶋神社

写真6　ワラジ餅

神社についての文書記録はほとんどなく，従って創建由緒などは明らかではない。『岡山県神社誌』の倉嶋神社の項を見ると，

　倉嶋神社（旧無格社）　新見市千屋995
　主　祭　神　倉稲魂命
　　　　　　　　うかのみたまのみこと
　例　　　祭　旧暦10月19日

境　内　地　168坪
重要　建物　本殿　幣殿　拝殿
氏　　　子　17戸
油緒　沿革　元禄5年9月の勧請。その他不詳

と記されている。元禄5年 (1692) 9月を勧請年月とした根拠は，同神社で保存している棟札によるもので，その中に，「奉建立倉嶋大明神社一字事干時元禄五年壬申九月吉日　神主西村信濃守遷宮欽行」[9]とあるところから推測されたものと思われる。しかし，元禄5年の建立は新築ではなく改築によるものであり，その為に遷宮が行われたと見るのが妥当であろう。しかも，正中2年 (1325) の「新見庄地頭方田地下地実検名寄帳」に，「倉嶋大明神」という記載があり，実際の創建年代は，鎌倉時代まで遡られるのであろう[10]と判断される。

1　名の構成と変遷

千屋は旧阿哲郡神郷町と共に京都の東寺領新見庄に属していた地域として知られており，従来の倉嶋神社には，中世風の「名(みょう)」を構成単位とする祭祀組織が，近年まで残存していた。谷宗名・頼実名・大城名・森永名・稲倉名の5つの名によって構成されていたもので，その中で為宗名 (→谷宗)・依真名 (→頼実)・大上名 (→大城，代城) の名称が，『東寺百合文書』「新見庄地頭方田地下地実検名寄帳」の中から確認できる。

谷宗名が代城のどのあたりに所在したかについては，現地名から見ると，倉嶋神社のわきに谷宗と呼ぶ地名が残っており[11]，さらに，頼実といわれる所は倉嶋神社と道を隔てて向かい合っていることから，おそらく依真名は為宗名と向かい合うあたりにあったと推定している[12]。

大上名の「大上」は現在の部落名の「代城」となっているが，その所在については，大城奥という垳(さこ)(谷)がモンナガと隣あっているほか，代城川の支流にモンナガ川と呼ぶ谷川があることから，大上名がモンナガ (森永)，つまり大城奥を中心に存在していたと推定されている[13]。

では，倉嶋神社の名の構成とその変遷について見てみよう。

倉嶋神社では座の構成員をミヤカブといい，ミヤカブを持つ者によって組織されていた。昭和7年 (1932) まではミヤカブは1戸を1株とし，三株で1つの名(みょう)を形成していた。即ち5つの名のミヤカブ15戸によるトウヤ祭祀が

第 5 章　倉嶋神社のミヤカブの変遷と崩壊　95

表 8　名と構成員

名	ミ　ヤ　カ　ブ		
谷宗名	常松多吉	桜井喜一郎	篠原磯則
頼実名	橋永光夫	篠原春吉	常松麻男
大城名	渡辺理左衛門	渡辺義雄	金盛竹次郎
森永名	＊金盛浅右衛門	樋口忠太郎	渡辺善太郎
無　名	橋永富美	山本権次	金盛鶴太郎　篠原庄次郎

＊「栞」には金盛と表記されているが，金森の誤記でないかと考えられる。

行われていた。ところで，稲倉名は，他の 4 つの名に比べて比較的新しいものとされている。稲倉名がいつ作られたかその時期や動機についての詳細は不明であるが，坪井洋文氏は稲倉名の由来について，「明治初年に新設されたミヤカブで，新分家とか新来住者を対象にしたトウヤ 4 戸である」と指摘しており[14]，もともと 4 名であった座の構成が時代と地域社会の要請により，名を 1 つ増やしたことがうかがえる。また橋永光夫氏作成の「倉嶋神社祭典の栞」（以下「栞」とす）によれば，「昭和 7 年（1932）頃篠原庄次郎氏分家によってミヤカブ要請があり，ミヤカブ所有者の協議の結果一株を作り付与し末座に加えて計16名16株で以て祭典に当った」との記録が見える[15]。これがのちの稲倉名であるが，当時の名称は表 8 のように「無名」であった。しかし，この記録から推論すると「明治初年に新設された」という前出の坪井の説とは異なっており，新しい名が作られたのは昭和 7 年頃であるかのような印象が強いが，この時期はすでに 5 番目の名として名を付けていない「無名」が存在しており，この「無名」に篠原庄次郎氏の入座が認められ，加わるようになったと考えるべきであろう。また「無名」が「稲倉名」に名称が変わったのは，篠原氏の後継者である渡辺武雄氏を「無名」に編入した昭和33年（1958）以降であったことも「栞」から確認できる[16]。

表 8 は，橋永氏の「栞」の中から最初に確認できた各名の構成員を整理したものであり，篠原庄次郎氏分家によるミヤカブ要請があった昭和 7 年（1932）から，篠原庄次郎氏の後継者渡辺武雄氏に替わる昭和33年までのミヤカブである。基本的には 1 名 3 株ずつ構成されているが，「無名」のみ 1 株を増やして 4 株になっていることがわかる。合わせて16株の祭祀組織になっている。

表 9 は昭和35年（1960）から昭和61年（1986）までの調査報告書から，ミ

表9　戦後の名と構成員の推移

名	1960年	1972年	1981年	1986年	
谷宗名	常松多吉	常松多吉	常松多吉	常松彰	座頭
	篠原則仲	（篠原　茂）			副座頭
	桜井喜一郎				副座頭
頼実名	橋永光夫	橋永光夫	山本喜義[17]	橋永学	宮庄屋
	篠原春吉	篠原春吉	篠原勲	篠原勲	
	（金森常久）				
大城名	渡辺忠道	渡辺忠道	渡辺忠道	渡辺忠道	餅庄屋
	渡辺義雄	渡辺幸正	渡辺幸正	渡辺幸正	
	金盛森正司	金盛正司	金盛正司	金盛正司	
森永名	金森公久	金森公久	金森公久	金森公久	
	渡辺明善				
	樋口　賢	樋口　賢	樋口　賢	樋口　賢	
稲倉名	橋本彦春	橋本彦春	橋本彦春	橋本彦春	
	山本権次	山本権次	山本久男	山本久男	
	金盛静雄	金盛静雄	金盛静雄	金盛静雄	
	渡辺武雄	渡辺武雄	渡辺武雄		

ヤカブの変化を再構成したものである[18]。昭和35年には部分的に世帯交替が行われたが，昭和45年前後からはミヤカブの大きな変化が見られ，継承と脱退が目立つようになった。その変貌を「栞」の中の昭和47年（1972）当時の記録を中心に分析してみると次のようになる。

　まず，「谷宗名」は，昭和52年（1977）には常松多吉氏の1株しか残っていない。篠原磯則氏は昭和35年の記録には篠原則仲氏が，また篠原磯則氏の子の茂氏が継承した。しかし茂氏も亡くなり，妻の篠原ゆきえ氏が後を継いでいたが，ミヤカブを返納し，脱退の届出を出す。もう1人桜井喜一郎氏は死後，子の桜井頼一郎氏に引き継がれたものの，彼も故人となり，妻の桜井しげ子氏が継承していたが，結局，ミヤカブを返納し，昭和46年（1971）に脱退した。常松多吉氏はその後，子の彰氏に継承されて現在に至っている。

　次に「寄実名」は1株が減り，2株となっている。「栞」からその理由を推論すると，常松麻男氏は他所への転出により自分のカブを金森常久に売却したと言う。しかし，金森常久氏も転出することになったのでミヤカブを返

納し，脱退した。それ以後，橋永家と篠原家の2株で頼実名を維持してきた。橋永光夫氏は子の学氏に，篠原春吉氏は子の勲氏に継承されている。

次に，「大城名」は**表8**と**表9**で見られるように，親から子へと自然的な世帯交代が行われ，3株が続いた名であった。渡辺忠道氏は渡辺理左衛門氏の孫に当り，渡辺幸正氏は父渡辺義雄氏の死後に，金盛正司氏は父金盛竹次郎氏の死後にそれぞれ受け継いだ。

次に，「森永名」は金森浅右衛門氏の死後，子の金森公久氏に，樋口忠太郎氏の死後は子の時治氏に，また時治の死後は子の賢氏へと継承された。**表8**の渡辺善太郎氏の死後，渡辺明義が継承したが，転出にともない，ミヤカブを返納し，昭和44年（1969）に脱退した。そのため昭和47年（1972）以降は金森公久と樋口賢の2株となっている。

最後に，「稲倉名」は，前述の通り，昭和7年（1932）に1株を増やして以来4株で名を維持してきた。即ち，橋永富美氏の死後は子の彦春氏に，山本権次氏は1980年代には子の久男氏に，金盛鶴太郎氏は，静雄氏に，そして渡辺武雄氏は昭和33年（1958）から篠原庄次郎氏を継承した。渡辺武雄氏は1981年の報告書には名前が見られるが，実際には昭和50年（1975）に脱退したことを確認することができた[19]。ミヤカブ入りや脱退については，「ミヤカブに入るときは1俵，やめる時は半俵」といったように，新しくミヤカブに入るときは米1俵を出して挨拶をし，やめるときは半俵を出すことになっているが，いつの時期までこのような慣行が続いたかは定かでない。

以上のように，各名におけるミヤカブがどのように構成されていたのかという事と，その変化を追ってみた。かつてはミヤカブを増やしてまでの16株による祭祀組織が運営されてきたが，昭和61年（1986）には11株にまで規模が縮小してしまった。ここでは後継者不足などの世帯交替に伴う家族構成員の変化，転出によるミヤカブからの脱退などの時代の推移などがミヤカブを維持させることの難しさを物語っている。しかも，後述するようにこうしたミヤカブによる祭典も，結局は平成9年（1977）までにはなんとか維持できたものの，それ以降は廃止に追い込まれざるを得なくなる。

2　ミヤカブと当屋の変遷

ミヤカブは当屋を勤め，祭典に関する諸々の準備に当たらなければならない。当屋は少なくとも年4回は祭典の準備を行わなければならなかったという。主には旧暦の1月9日と10月9日の年2回行われる山の神祭りと，9月

1日のツイタチ祭りと9月19日の本祭りがそれであったが，その後山の神は1回のみにし，ツイタチ祭りは中止になった。当屋を決める基準として毎年旧暦9月19日秋季大祭より翌年の秋季大祭までの1年間各名の輪番制にし，名の中から当事者を出し祭典当番として1年間奉仕する仕組みになっていた。これを当屋と呼んでいる。当屋になると，死者のあった家には行かず，もしやむをえず行く場合は，その家の火で調理したものを食べなければかまわないといわれる。また，出産は穢れとは考えてはいないという[20]。また，祭典当日を境目にして，その年の当事者を当屋といい，翌年の当屋を来年当と呼ぶ。来年当に当たった家は大晦日の夜に，酒，馳走を持って神社に参拝し，「年こもり」をする習わしがあったが[21]，昭和55年（1980）年に廃止になり，現在は行われていない。ところが，このような輪番制も時代の変遷とともに各人の家屋移転や他所への転出などによって従来の輪番制を維持するのが困難になったため，名の輪番制を廃止し，家並みに押してゆく方法に改めるようになった[22]。

即ち，代城川を境に左岸の各持ち株の家を上から下へ順次に回り，次に右岸の下から上に巡回する方法に変更したという。

表10は，調査に基づいて昭和61年（1986）から平成18年（2006）までの当屋の順番を調べたものである。すでに当屋の輪番制はなくなっており，この中で実際に，ミヤカブによる当屋祭祀が行われたのは，平成11年（1999）までである。この年まで11株による当屋制が実施され，当屋が一巡しており，次に回ってくるのは12年目になる。**表10**からでも昭和61年（1986）から平成11年（1999）まで当屋の順番が12年ごとに繰り返されていたことが確認できる。また，従来，ミヤカブの祭りには女性の参加は固く禁じられていたが，表では平成6年（1994）には女性の当屋が認められる。これは当時，世帯主である渡辺忠道氏が，遠方に在住していて当該年度の祭りの当屋を引き受けることができなかった事情から，株の権利者として渡辺氏の母親が女性でありながら，座をつとめたことによる。これは結局，後継者不足と時代の変化によって派生したものと考えられる。類似した事例が旧神郷町の高瀬の氷室神社にも見ることができる[23]。

しかしながら，その間にもミヤカブの中から金森公久，橋永彦春の両氏の脱退があって[24]，結局平成10年（1998年）からはミヤカブの当屋祭祀はなくなってしまう。それは同年1月18日に開かれた臨時総会においての議決によるものである。この日は倉嶋神社祭典改革が議題になり，次のような事項が

表10　当屋及び役員　(㊗=会長　㊗=会計)

年度	秋祭り・当屋	山の神・当屋	神主	役員
1986	樋口　賢	樋口　賢	中田　？	㊗橋永彦春㊗篠原　勲
1987	篠原　勲	篠原　勲	中田・他1	㊗橋永彦春㊗山本久男
1988	常松　彰	常松　彰	中田・石田	㊗山本喜義㊗金森公久
1989	金森公久	金森公久	中田・石田	㊗山本喜義㊗山本久男
1990	山本久男	山本久男	西井・中田	㊗樋口　賢㊗渡辺亀代子
1991	金盛正司	金盛正司	西井　他1	㊗樋口　賢㊗篠原　勲
1992	金盛静雄	金盛静雄	石田　他1	㊗金盛静雄㊗渡辺幸正
1993	渡辺幸正	渡辺幸正	石田　他1	同　上
1994	渡辺亀代子	渡辺亀代子	石田　他1	㊗山本久男㊗金盛正司
1995	橋永　学	橋永　学	石田　他1	同　上
1996	橋永彦春	橋永彦春	石田　他1	㊗渡辺幸正㊗常松　彰
1997	樋口　賢	樋口　賢	石田　他1	同　上
1998	篠原　勲	篠原　勲	石田	㊗山本久男㊗樋口　賢
1999	常松　彰	常松　彰	石田	同　上
2000	山本久男	山本久男	石田	㊗金盛正司㊗篠原　勲
2001	金盛正司	金盛正司	石田	同　上
2002	金盛静雄	金盛静雄	石田	㊗渡辺幸正㊗金盛洋文
2003	渡辺幸正	渡辺幸正	石田	同　上
2004	渡辺忠道	渡辺亀代子	石田	㊗篠原　勲㊗山本久男
2005	橋永　学	橋永　学	石田	同　上
2006	樋口　賢	樋口　賢		㊗渡辺幸正㊗金盛洋文

議決された。今後の倉嶋神社の祭祀を見ていく上で重要であると考えられ，全文を掲載する。

　一，従来の宮座制度は廃止と決定す
　二，注連縄作り，宮掃除は祭前一番近い日曜日
　　　稲藁と竹は当屋に準備する
　　　注連縄は本殿前の様な小さいものとす
　　　幣串は17本準備の事
　三，餅米は2升当屋持で当屋に搗く

氏子1戸に1重ね神官共で12戸
　　　（内訳）餅米1升で約25個とし2升で約50個
　　四，清酒5升従来通りお宮へ上る
　　　膳は各戸に1膳盛り合わせでも良い：当屋約3000円程度注文
　　　神官に御別折4000（円）程度
　　五，従来の飯米餅米の持ち寄りは廃止
　　　神官は1人に交渉する事

　以上のような内容が取り決められ，ミヤカブ制度は廃止になり，祭りの内容も簡素化された。また，この年（1998）の秋祭りからは，神官の出席は1人だけとなったことも**表10**に示した通りである。

　現在の倉嶋神社の祭りには，ミヤカブによる祭典は見られず，その代わりに，ミヤカブとして残っていた現在の9戸によって新式の祭りが行われているのが実状である。

　因みに，神官について若干述べよう。**表10**で見られるように，現在の神主は上市の国主神社の神主石田氏である。石田氏は近辺の神社の神主も兼務している。石田氏の前任者は，西井氏（1993年没），中田氏（1992年没）であったが，平成5年（1993）8月に「故西井宮司後任宮司の選任会」が開かれ，「千屋公民館で関係神社の代表が集まり石田宮司選任に決定」によって現在に及んでいる。代城では，神主は倉嶋神社と山の神祭りを執行してきて，秋祭りには2名，山の神祭りには1名の神主が見えたが，後述のように平成15年度から山の祭りを改革した際，神主の招聘はなくなってしまう。

　また，秋祭りにおいても平成10年ミヤカブの祭祀が廃止にされると，従来2人の神官を1人にしか頼まなくなったのも，前述の通りである。

3　当屋と山の神

　山の神は，倉島神社より奥に位置する。山の神の祠に向かって左には，ミサキの祠もある。この2つの祠を入れる建物が建てられ，その前面には石の鳥居，石の階段がある。これらは昭和28年（1953）山の神の木を売って助成した代金で作ったものである。

　ところで，**表10**で見えるように，秋祭りの当屋は山の神祭りの当屋をも兼ねるのが原則になっている。農山村地帯は以前から畜産によって副収入を得ていた関係で，その根源となる山の繁盛を祈る山の神祭りは部落にとっては

大事な祭りであった。以前には，旧暦の1月と9月の年2回祭りを行ってきた。当屋は，このためにゴクウ搗きをし，それを藁包に入れて山の神に供える。この日はただ祭りだけではなく，祭りが終わったあと，前年度の決算報告，新年度の事業報告，役員の改選が行われるなど，部落の運営にかかわる総会の日でもあった。

このとき選ばれるのは，主に神社関係の役員であり，「稲倉魂会」の会長と会計そして理事の3名であるが，昭和53年（1988）に理事制を廃止し，現在は会長と会計の2名となっている。任期は会長2年，会計1年に定めたが，1992年からは会計も2年に改正した[25]。

しかし，年2回行われてきた山の神祭りも，昭和62年からの「組合議事録」の記述では旧暦の1月9日の1回だけとなっていた。つまり，年2回行われたとされる「栞」の昭和47年から昭和62年の間の時点で，おそらくは回数を1回減らしたことになる。更に平成9年（1997年）の記述には祭日の変更も見られる。この年の10月24日（新暦）に開かれた「山の神祭りについて」の臨時総会では「旧暦1月9日の祭りを老齢化で除雪作業困難のため，旧暦10月9日と変更する」ことを取り決めた。同年11月8日には，山の神祭りが行われ，続いて定時総会も開かれた。

また，平成10年1月18日の臨時総会では，山の神祭りについての重要な取り決めがあった。その内容は次の通りである。

「山ノ神祭リノ部」
　①祭りの期日は従来通り旧暦10月9日
　②御供餅壱重　清酒2升当屋持ち
　　注連縄は当屋に準備する。
　　　（準備品）玄米，白米，ローソク2本，塩，ゴザ，イリコ，盃
　③肴は3皿で当屋約壱萬圓程度注文する。
　　会場は代城集会所を借りる，都合で自宅でもよい。
　　当日初穂料各戸壱阡圓持参

以上の取り決めから見ると，祭日は平成9年以降旧暦10月9日に固定され，年1回の祭りであることがわかる。当屋の準備品にはミヤカブの祭りでは大事な儀礼食として扱われるイモや大根が見られず，直会も一応山の神神社で祭りを行ったあと，当屋の家あるいは集会所で行うのが1つの特徴である。また，平成13年，山の神祭典のときは当屋の負担を減らすために，「祭典用清酒2升は本年度より会計が購入する」と決めている。しかし，これも

平成15年10月には一層進んだ改革が行われるようになる。その内容は，
　　一，神官なし
　　一，当日全員で宮の境内と通路の掃除
　　一，神前の供物はなし
　　一，酒肴は会計もち
　　一，参拝後総会（場所は当番宅又は集会所）
である。この改革の特徴は神主を招かないこと，御供えを用意しないことである。その理由として経費節約のためかと思われるが，だんだんと祭りとしての機能が弱まっていく。平成16年の山の神祭りの様子を「組合議事録」の中からうかがってみると，
　　朝9時当屋宅へ寄り総会
　　　事業報告　会計報告　承認（杉の木6本売る事）
　　　渡辺・山本買物　後　山ノ神掃除　当屋宅で宴会
と記されていて，当日祭典が行われたという記述は見あたらない。つまり，山の神祭りの日は総会がメインであって，それに宴会を通じて住民全体の結束を図る場として機能しているのが山の神信仰の現状ではないかと考えられる。

第2節　ツイタチ祭りと祭祀の準備

1　ツイタチ祭り

　ミヤカブによって祭祀が行われるのは旧暦9月19日の秋祭りであるが，秋祭りに伴う事始めとして9月1日にツイタチ祭りがあった。この日は当屋の家にミヤカブが集まり，イガキ（ユガキ）を立てる作業を行う。
　この祭りは昭和55年（1980）頃まで行われたらしく，それ以降は廃止になっていたが，昭和61年（1986）「大祭特別行事」として再現されるようになる。「組合議事録」の昭和61年9月26日の記に，「新見市教育委員会より文化財記録保存の為，秋の大祭行事に「ユガキ」作りの要請があり，これについて協議」を行ったことが記されており，教育委員会から関係者も出席していた。協議の結果，「本年特に「ユガキ」を作ることに決定」した。但し，その期日は旧暦9月1日ではなく，翌日の2日に行われた。また旧暦9月19日の秋祭りは，「例祭のとおり祭典は進行されるが，行事の都度ビデオ・ス

ライドの撮影が加わり，複雑な進行の祭りとなる」という記述があり，当時の混乱した様子が推察できる。

以下は教育委員会の報告書及び坪井洋文『イモと日本人』，橋永光夫氏の「栞」，そして渡辺幸正氏（大正15年生まれ）らの口述を基にした。

イガキは表庭の縁側に接して立てる。以前は当屋が細くて長く，まっすぐな茅を選んで刈っておくことになっていた。当屋の女性たちが茅の大きな束のうちから細くて長いものを選び，ハカマをそぐり，きれいにしておく。

イガキを立てるにはそれぞれ芯に雑木を立て，これを長さ1・5メートルほどの茅で巻く。この茅をとめる小縄は左綯いのものが使われる。茅は全部5本である。四角い形をつくる4本とその真ん中に立てる1本がそれである。イガキの真ん中に立てる茅は他の4本の茅よりやや高く，その茅の先には，5段の枝のある竹と御幣をくくりつける。また4本の茅の先にも枝の付いた竹と御幣をさしておく。イガキの4つの側面には他の茅でX状に交叉させる。その地面には芝を敷き，内側に川砂を敷いておく。イガキの正面には川砂を円錐形に2つに盛る。その手前に米，玄米，塩を供える。

このようにして作業が終わると，ツイタチ祭りが執り行われる。庭に蓆を敷いてミヤカブの一同が座し，神主が祝詞をあげ拝む。また，この日から当屋にはトウヤジメ（当屋注連）を立てる。枝の付いた青竹を庭の入り口の両端に立てて注連を張る。

このように，ツイタチ祭りが行われると，神様を迎えたとの認識があり，ことにイガキのあたりには，けがれたものを持っていかないように気をつけていたとされる。しかし，このイガキ作りは昭和61年に保存のため6年ぶりに再現された後は，ミヤカブが廃止になるまで再び見ることはできなかった。

2　宵祭りと当屋の準備

旧暦9月18日には，朝からミヤカブの人が全員当屋に集まる。餅つき，注連綯い，神社の掃除など，祭りの準備に取り組む。以前はこれが済むと，夜はミヤコモリといって神社へ集まり夜更けまで篭もっていた[26]。

1）餅つき

餅の量は以前には2俵を搗いたという。それに当屋の家の分，周りの家も頼むので，更に量は増える。現在のように餅つき器がなかったときは，夜も明けぬ午前3時から昼過ぎまでかかるほどの大仕事であったという。もち米

は事前に当屋に持ち寄る。米かしには当屋，来年の当屋，昨年の当屋の主婦があたる。

　もち米を蒸すにはハチノコセイロ（蒸篭で蒸す状況が蜂の巣に似ている）を用いる。蒸しあげると，当屋と来当が山の神の手前のソネというところまで行って大声で知らせる。やがて，全員が当屋に集まってくる。

　供え餅をゴクウ（御供）といい，長さ17センチで形がわらじに似ていることから，わらじ餅と呼んでいた。祭りには，「ヤッズレ，トウズレ」といって，四角の膳に8枚の井桁形に重ね上げるものを4膳，ハンズレといって4枚重ねたものを1膳，合計124枚を神前に供えるが，余裕をみて160枚ほど作る。このゴクウは祭りのとき，この1年間に生まれた児や，嫁，婿に来た者などが初参りに参拝したときにミヤゲとして渡される。また祭りが終わるとミヤカブに6枚あて分配される。以前は白い御供とともに小豆御供も作っていたという。白い御供と小豆御供の比は6対1くらいだったという。小豆は，古くから焼畑の産物であることを意味する。

　餅つきの間は中休みを取るが，このときテモチという焼きたての餅を，適当に味付けしたオカラまたは小豆餡をくるんで食べる。餅つきが終わると当屋から労いの酒も出る。搗き立ての餅で作った雑煮が振舞われる。

　現在の餅の量は年により，また当屋によって若干の差はあるが，2斗ほど搗くのが一般的である。

2）注連綯い

　餅つきが済むと，注連綯いがはじまる。材料の新藁は当屋が一切準備する。土間の一隅に藁打ち石をおき，藁を藁打ち槌で叩き，ハカマをとってしなやかにする。

　鳥居にかける大注連は何人かかりで綯う。13〜15キログラムである。3カ所にシメノコをつければできあがりである。大注連の他，境内にある小祠に飾るコシメも作る。

3）箸割り

　青竹を割って箸を作る。ミヤカブに座る人たちの数を呼んで作る。

　これが済むと，宮へあがり，宮の掃除をして明日の祭りに備える。

4）料理の準備

　昨年の当屋，今年の当屋，来年の当屋の女性が当屋に集まり，明日の祭典に備えて料理の準備をする。

　まず，サトイモを適当の大きさに切る。これをもち米を蒸した大釜でゆで

る。これをズイキ（地元ではジイキという）という。また，大根の葉と根がつながっている部分を2寸程度切ったものを大釜でゆでる。このズイキと大根の葉と根は祭典の折にボウルイの材料となる。

　つぎに，ズイキのイモと茎とがつながっている部分を2寸くらい切ったものをゆでる。これをカキアイといって，祭典の折，味噌和えにする。他には枝豆をゆでたサヤマメと，当屋が前の晩に仕込んだゴズイ（イチヤゴスイともいう）という甘酒を用意する。また儀礼食の漬物として2，3日前に大根の葉っぱを漬けておくのも当屋の仕事である。

第3節　ミヤカブと秋祭り

1　ニアゲ

　旧暦9月19日，朝8時頃ミヤカブの者が羽織袴姿で当屋に集合する。まず，大注連を運んで鳥居に張る。それと同時に，境内にある末社も新しい注連縄に張り替える。また，祭りに必要な祭器や供え物を持って神社へ向かう。これをニアゲとかミヤノボセと呼んだ。このときにイカキをはずし，背負って運ぶ。これは境内の一部の薮の中に納める。その他は玉串，神酒，鍋，ゴズイ，ゴゼン（白いご飯を入れた5升炊きほどの飯櫃），ゴクウ，丸盆，汁碗，親椀，湯筒，箸，山椒の実，味噌，煮干し，ゆでたズイキ，大根の葉と根，カキアイ，サヤマメなどが運ばれる。ニアゲ及び祭りには，女性は一切関与しない。神社で作らねばならないものは，宮のイロリを使って世話ヤキという男の手によってなされる。女性はそれ以前の段階のものに手を加えるだけである。

2　コマツリ

　祭典に先立って，コマツリが行われる。本殿前に座頭と頼実名の人が座して執り行われる。他のミヤカブは関与しない。歴史上倉嶋神社の勧請に関与した者が行う祭りだと言われる。

　坪井洋文は，「倉嶋神社はもと為宗（谷宗）名の祀る神社であり，頼実名は早くから祭祀のうえで為宗名に吸収された[27]」との見解を述べ，倉嶋神社と為宗名との深い関連性を指摘した。コマツリが済むと，境内の末社へ御幣と餅が供えられる。シャクトリが盆にゴクウ餅2枚を載せて各社に供える。

このコクウは祭りが終了すると，シャクトリがもらって帰る。シャクトリは両親が揃った小学生から中学生まで選び，ミヤカブの祭りのときに神酒や料理の配分，給仕に当たる役であるが，昔は志願者が多く断りきれぬほどであったという[28]。しかし，過疎と少子化で子供が少なくなり，加えて祭りが平日に行われるときには学校を休めないという現実から，廃止になる直前までは大人がシャクトリをつとめた。

3　ミヤカブの儀礼

同日午後1時から神主による祭典が神社で行われる。祭典は神主が本殿の扉を開いて拍手一拝，大祓の祝詞奏上，一同修祓，神主の祝詞と続き，終わって玉串の奉奠となる。これが終わると，ミヤカブの構成員と神主，客人が拝殿のそれぞれの座に着く。世話ヤキ，シャクトリも所定の位置に着く。

各座の位置は図5の通りである。本殿と向かい合って正面に座るミヤカブをホン座と呼び，中央に谷宗名が，その左に頼実名が座る。谷宗名が3戸続いたときは1戸が座頭，他の2戸が副座頭をつとめていたが，その後座頭をつとめる1戸のみになってしまったことは前述の通りである。頼実名はそのうち1戸が宮庄屋と呼ばれて，祭りの世話役を務めていた。即ち，谷宗名は倉嶋神社の草創期からの祭祀者で，これを助けたのが，頼実名であろう。オン座の左側のオザシキに座するのは，大城名（大上名），森永名（守永名）である。大城名の1戸は祭りのとき供えるゴクウ餅の大きさと水量とを検査する餅つきの庄屋である。この大城名と森永名から毎年1人ずつホン座へ座る。大城名と森永名が谷宗名と頼実名の次に位する立場にあったことは谷宗名と頼実名に遅れてミヤカブに参加したことが推測される。大城名は独自に牛王（護王，護法ともいう）神社を持っている。牛王神社の祭りは倉嶋神社の祭りの翌日である。牛王神社は現在（2006年）大城名3戸と，橋永春彦家の4戸によって祭られている。シモ座を占めているのは稲倉名であり，前述のように，明治期になって新設されたものであるといわれている。ミヤカタには神主が座る。ナカザは来賓とかミヤカブを持たぬ者の参加があったときの座である。

シャクトリは男の子3人がこれに当たったが，前述した通り，学校を休めないので，世話ヤキがこれを担当する。世話ヤキは主に会長・当屋・来当の家の者が当たる。

ミヤカブの構成員が拝殿に一同着席すると，祭典は以下のように行われ

図5　ミヤカブの座の位置[29]

```
                    本 殿
                     │
  ┌─────────────────────────────────────┐
  │         株 客 神 神 稲 稲 稲          │
  │ イロリ   外 人 主 主 倉 倉 倉          │
  │  □     者     名 名 名 名          │
  │        ⌣⌣⌣ ⌣⌣ ⌣⌣⌣⌣          │
  │        ナカ座 ミヤカタ  シモ座         │
  │ 世 世 世                              │
  │ 話 話 話  酌取り         ⎧森永名      │
  │ ヤ ヤ ヤ  酌取り      オ │大城名      │
  │ キ キ キ  酌取り    ザ シキ│大城名      │
  │                    ⎩            │
  │              ホ ン 座               │
  │           頼 頼 谷 大 森             │
  │  台       実 実 宗 城 永             │
  │           名 名 (座 名 名             │
  │              頭)                    │
  └─────────────────────────────────────┘
```

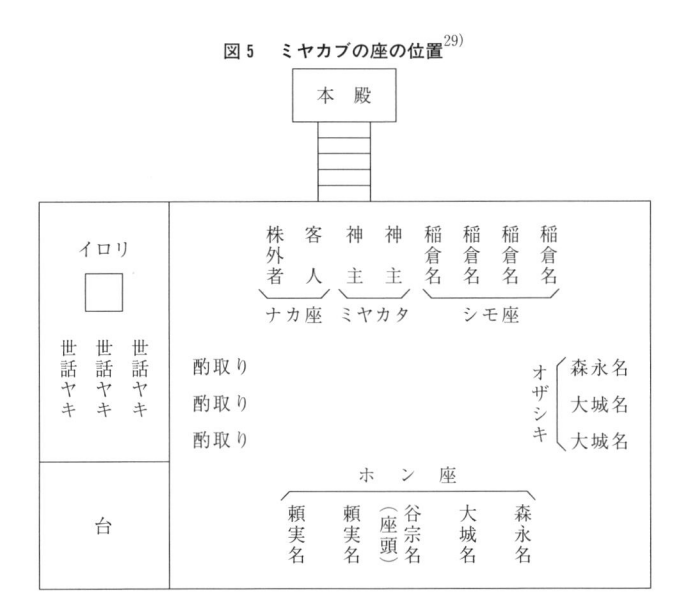

る。

　まず，シャクトリがミヤゼンを各人の前に置き，親椀の蓋をとってミヤゼンにのせる。次に笹の葉1枚を敷いて漬け物をのせ，竹の箸を添えると，やがて「ザシキ」が始まる。ザシキは座の儀式，つまりミヤカブの祭典を意味するものであると考えられる。

　1）ツユハライの御礼

　シャクトリが湯筒で親椀の蓋に冷酒を注ぐと，座頭が，

「それではザシキをはじめます」といい，冷酒を捧げて

「ミヤカタ，オザシキ，ナカザの衆まで，ツユハライの御礼をいたします」

という。すると一同は，

「おめでとうございます。そのとおりでございます」と返答し，酒を飲む。これが，一献目の杯である。

　次に，シャクトリがホン座は座頭から，他の座はホン座に近い右寄りから冷酒を注いで廻る。それが終わると，座頭が，

「ミヤカタ，オザシキ，ナカザの衆まで，二献目の御礼をいたします」

という。一同は，
「そのとおりでございます」
と答え，大根の漬物を食べ，酒を飲む。この間，シャクトリは世話ヤキのところへ行って，湯筒に冷酒を入れてきて，座の衆に注いで廻る。三献目も座頭から，
「ミヤカタ，オザシキ，ナカザの衆まで，三献目の御礼をいたします」
という。すると一同は，
「そのとおりでございます」
と答えて酒を飲む。以上でツユハライの御礼が終わる。

　2）カキアイの御礼
　里芋と大根とを味噌で和えたものがカキアイ（カキアエが転化したのではないかと推測される）である。世話ヤキが作ったカキアイを，シャクトリがツユハライの御礼のときに用いた親椀の蓋に盛って廻る。今度は燗酒を湯筒に入れてきて，新しく汁椀の蓋に注いで廻る。座頭が，
「ようやくツユが落ちたようでございます」
と，独り言のように言う。続いて座頭より「カキアイの御礼をいたします」
という。一同は「そのとおりでございます」と答え，カキアイを食べながら酒を飲む。少し間をおいてから，再び座頭が，
「二献目の御礼をいたします」
というと，一同は，
「そのとおりでございます」
と答える。同じく座頭が，
「三献目の御礼をいたします」
という。一同，
「そのとおりでございます」
と答え，酒を飲むと，カキアイの御礼は終了する。

　3）サヤマメの御礼
　シャクトリが枝のついたサヤマメを膳に配る。酒は熱燗を使う。杯は汁椀の蓋ではなく，実を入れる大きい方を用いる。座頭が，
「今度は大きいのでいただきます」
という。酒が注がれると，座頭が，

「サヤマメの御礼をいたします」
というと，一同が，
　「そのとおりでございます」
といい，サヤマメの出来のよさをたたえながら口にし，お酒をすすめる。座頭が
　「二献目の御礼をいたします」
というと，一同は，
　「そのとおりでございます」
といって，酒を飲む。つづいて座頭が，
　「三献目の御礼をいたします」
というと，一同は，
　「そのとおりでございます」
と返事し，酒を飲む。これでサヤマメの御礼が終了する。

　4）ボウルイの御礼
　ゆでたズイキのイモノコに大根を少々加えて，煮干しで味つけをし，味噌汁状に煮たものがボウルイである。これをシャクトリが湯筒に入れて各座の膳の汁碗に配って廻る。座頭が，
　「こんどは大きいので御礼いたします」
といって，親椀の実の方に酒を注がせる。それから座頭は，
　「ボウルイの御礼をいたします」
という。一同は，
　「そのとおりでございます」
と答えて，ボウルイをいただき，親椀の酒を飲む。ボウルイの中には山椒の実をカヤクに入れる。祭りのときの料理は普段の料理よりうまい味がすると言うが，とくにボウルイが一番のごちそうだといい，その味のよさをほめたたえながら時間をかけて食べるという。再び座頭が，
　「二献目の御礼をいたします」
という。一同は，
　「そのとおりでございます」
と答え，酒を飲む。ついで，座頭が，
　「三献目の御礼をいたします」
という。一同は，

「そのとおりでございます」
と答え，酒を飲む。これでボウルイの御礼が終了する。
　以上，当屋で用意した料理が出揃ったことになる。

　5）御飯の御礼
　座の者が時間をかけて親椀の酒を乾したところで，シャクトリはその親椀を取りあげ，勝手のほうへ持っていく。すると，座の中で比較的年齢の若い3人が，勝手の間に移動して，親椀へ御飯を円錐形に高く盛り上げる。御飯の盛りつけは，最初はシャモジで椀の底に強く押しつけて入れ，さらに両手で盛りつけ可能なだけ固めながら盛るという。このように御飯が座の一同に配られると，座頭が，
「御飯の御礼をいたします」
という。ところが，座の一同から返答はない。一献目，二献目，三献目の御礼まで返答はない。もっぱら一同は箸を用いて御飯を食べているのである。この御飯は，必ず食べ尽くせねばならぬとされていた。食べ尽くせばその家は来年は「トシがいい」，食べ残せば「トシが悪い」といわれていた。

　6）当渡し
　高盛りの御飯を食べている最中に，新旧当屋の受け渡しが本殿の手前の幣殿で行われる。本殿に向かって右側に本年の当屋の子供が，左側に来年の当屋の子供が座する。すると神主の執行で当渡しがなされる。新しい当屋に当屋鏡と金幣が引き継がれる。これは当屋を受けた当屋宅の床の間に飾られてまつられる。
　子供による当屋受け渡しの慣行がいつから始まったかは不明であり，伝承も残っていない。また，当屋の受け渡しをする当屋の子供を，当人とか当人子と呼ぶこともない。しかし，この当渡し行事は死の穢れと深い関係があるように思われる。即ち，その家の主人が神様を受けていると，親戚や知人に不幸があったとき，葬式に行けなくなる。したがって子供が神様を受けると，もし不幸があった場合にも，父親である当屋の主人はその義理を果たすことができるからである。普段他人の葬式に行くことのない子供に当屋を受けさせるのは，そのための安全装置だったかも知れない。忌みを守るのは，当屋を引き継いだ当屋の子供であるが，祭りにはその父親が出席する。こうして考えると，忌みがふりかかるのは当屋の家ではなく，当屋を受けた人に

限定するシステムである。これは倉嶋神社の当屋運営を考える上で非常に興味深い事実であると言える。当屋の家に不幸があると，忌みが明けるまでミヤカブの行事を延ばしたという。また，よその喪家では，イロリの火で煙草も使われないというほど，死の穢れを忌んだのである。

　7）イッパイ・サンバイの御礼
　座頭の親椀に酒が注がれると，座頭が
　「イッパイ・サンバイの御礼をいたします」
といって，その酒を飲み干す。それからシャクトリに杯を渡し，3杯つづけて酒を飲ませる。シャクトリが子供の場合は飲む恰好だけをするが，大人（世話ヤキが兼任することもある）の場合は座頭をはじめ，次々と座衆が1杯飲み干し，「お世話になりました」と労をねぎらいながら，3杯続けて飲ます。
　これが終わると，ゴスイという甘酒が本店からさげられて，封は切られる。シャクトリはこれを喜んで飲んだという。このゴスイは一般参拝者にも振る舞われる。

　8）当屋の挨拶
　今年の当屋と来年の当屋が座衆に当屋の受け渡しの挨拶を行う。まず，本年度の当屋が出て，
　「昨年当屋を受けまして至らぬところがありましたが，皆様のおかげで，本年度の祭りが出来ましたことを有難く御礼申し上げます」
と挨拶をする。一同は，
　「ありがとうございます」
と返答する。続いて来年度の当屋が，
　「来年度の当屋を受けることになりまして，一言ご挨拶申し上げます。ただいま神前で厳かに当屋を受ける義をしていただきました。何分未熟で，何かと皆様にご迷惑をかけることと思いますが，よろしくお願い申し上げます」
と頭をさげる。一同は，
　「よろしくお願いします」
と返答する。
　このあと，ゴクウ餅を分配する。各名衆に6枚ずつ御幣とともに分配す

る。まつりに参加していない家族や一般の氏子が参拝に来たときも世話ヤキから餅を1枚ずつもらって帰る。
　以上で，ミヤカブによる祭典が終了する。

　祭りが済むと，後片付けや当屋へ物を運ぶのは当屋・来当・昨年の当屋の3人の主婦が受け持つ。以前には，「三日祝い」といい，祭典が無事に終了したことを祝い，祭りの翌日の晩に，当屋で祝宴していた。各株から1人ずつ参集し，当屋は二の膳まで出すほどご馳走したが[30]，当屋の負担が過大となるために株家が協議の上廃止にし[31]，現在は行われていない。
　代城にはミヤカブによる秋祭り以外に当屋が主管しなければならない祭りがいくつかあった。その1つは前述した山の神祭りであり，もう1つはゲドウ神である。ゲドウとは「祟りやすく憑きやすいものに対する恐怖に基づく名称」[32]とされており，ミサキ信仰の一種であると認識されている。
　ゲドウ神（外道神）は倉嶋神社に向って左側，大きい道から200メートルほど奥の薮の中に祀られている。このゲドウ神はよく人に憑くと言われている。ゲドウ神を落とすには「あれを頼んでこい」と，ゲドウ神に憑きやすい人に頼んだものだという。また，牛が盗まれたときには，この外道さまを拝むと，覿面で，盗まれた牛が牛舎の壁を蹴り破って帰ってきたという[33]。
　ゲドウ神の世話は当屋の仕事である。秋祭りの翌日，当屋は氏子の家（ミヤカブ以外の家）を回って，米と小豆の寄進を受ける。これを炊いてスボ（藁苞）に入れてゲドウ神に供える。供えると，あとは振り返らずに帰る。その他に3月3日に花まつり（節供まつりともいう）が戦後少し行われたが，この祭りの世話も当屋の行う行事であったが，現在は行われていない。

第4節　当屋祭祀の構造と特質

　ここまで千屋代城の倉嶋神社の祭祀組織の仕組みと変遷，そして解体に至るまでのプロセスを共同体の人々の生活実態の中で考察した。その中でいくつかの特徴をとりあげ，論をまとめることにしよう。
　まず，ミヤカブに関することである。倉嶋神社は「名」という呼称を持つ座が置かれ，その構成メンバーをミヤカブと呼んでいた。「ミヤカブ」という名称は近隣では同神社にのみ見られ，名座を持つ他の神社では，「名頭」

という呼称がより広く使われている[34]。名頭は荘園において名主に当たるものとされるが，ミヤカブの場合，実際それが歴史的には名主にあたるものであったか，あるいは宮に深い関係を持つ有力者であったかは明確ではない。名主座の構成メンバーの資格は特定の家屋敷に在住するか，特定の田を所有する事によって，その資格が認められるが，倉嶋神社の場合はそうした事例は具体的にあらわれない。しかしながら，名によって座の位置は固定しており，近畿地方を中心に多く見られる年齢による入座はこの地方では一切見られない。

　とくに，倉嶋神社では1つの名を3人で株として共有する点は非常に興味深い。強いていえば第2章の高瀬の氷室神社で見られるような丸名と半名を連想させる。氷室神社では70年代まで6名のうち，5名が半名であった。倉嶋神社のミヤカブはまさに半名の形態であるが，名の所有権の移動があったとは認められない。しかし，ミヤカブが最初から3人（世帯）で1つの名を構成したとは考えがたい。名が土地を指すものであれば，当然その権利の移動が行われたはずであり，株の数には変動が生じることもあり得るからである。そうでなければ，1名3株が名を構成する絶対条件として頑なに守られていたというしかない。もしその条件通りであったとすれば，明治初年に無名（のちに稲倉名に改名）として3株が新設されたという坪井洋文の説は整合性がある。ここにミヤカブの増設と先に例をあげた半名との違いが明白になるわけである。するとかつては谷宗名によって祭られていたとされる倉嶋神社は，徐々に名を増やしてきたことになる。名が増えるということは，株（世帯）が増えることを意味する。つまり，神事においてはザシキの位置が古い名の順に固定化されていく展開となる。しかし，それにもかかわらず，ある時期からは株を増やすことになると新しい名が作り出され，なおその名に限って株を増やすことが許されていたのである。稲倉名がそれにあたり，実際に4株とも，5株ともいわれていた[35]。稲倉名に対する4つの名の優越性すら感じられる。つまり，座の内部においては従来の宮座の埒をはずさないで，稲倉名のように1つの枠を作り出し，入座への希望者の要請に応えて開放するという仕組みが作られていたと考えられる。もちろん，この場合にも部落全戸に開放というわけにはいかなかったと考えるのが妥当であろう。いわゆるミヤカブによる祭祀構造は，部落の神社祭祀において村人一般に均等な権利義務が与えられるのではなく，限られた数軒の家だけが当屋を廻し，特別に神に近づき，重要な神事を担うしくみである。宮座が解消してい

く過程は様々であるが，一般的には，先に述べたような限界を超えて戸主の誰もが当屋をつとめうる形へ進む。そういう意味で近代における倉嶋神社の名とミヤカブの増加は，祭祀権が徐々に一般に委ねられていく過程の過渡期を思わせるものがある[36]。一時はミヤカブに入ろうとする者は米2俵をだし，既存のミヤカブの承認を得たものであるが，次々とミヤカブをやめる状況では，そうした決まりも無用の物となったといわざるをえない。こうした社会情勢の変化も1つの原因になって倉嶋神社のミヤカブは，結果的には部落に全面開放されることなく，ついに解体を余儀なくされてしまったのである。

　現在，倉嶋神社における秋祭りは新式だけの祭礼であるが，ミヤカブが解体される直前まで残っていた9軒のミヤカブの家によって当屋慣行はそのまま維持されている。ミヤカブの仕来りがなくなったにもかかわらず，今も以前のミヤカブのみによって祭りが行われる背景には，そのミヤカブたちがもっている共有山の権利と深くかかわっているらしく，山の権利を持っていない家は祭礼から排除されていたことが推測される。

　つぎに，当屋に関することである。当屋の決め方は，最初は名の順番にし，その名の中のミヤカブから1軒を決め，1年の当屋を定めた。しかし，ミヤカブからの脱退と家屋の移転，外地への移住などで，従来の当屋順が守られず，最後は家の並び順に当屋の順番を決めていた。

　当屋に関して特に注目すべき点は，当屋を子供に受けさせることである。これはミヤカブをつとめる戸主が当屋になった場合，親類などに葬式があったときに参列しないと義理を欠くというので，小さい子供に受けさせておくと都合がよい。これを倉嶋神社では「神様をいただいている人」という。これは呼称として確立しているわけではなく，たとえば汚いこと，不吉なこと，危険なことをしそうな場合に「お前は神様をいただいているのだから，そんなことをしてはならない」などというときに使うことばである。即ち，当屋をうけた子供は神様と見なされるため，頭を叩いたり，むやみに叱ったりしてはならない。神様をいただいた子供は祭り当日のほかは，一般の当屋がするような神社へのつとめや，日常生活の禁忌ということはそれほど厳重でない。

　こうした慣行がいつから始まったかは定かではないが，家の事情によっては青年，あるいは子供のいない場合は主人が受ける。

　新見では子供が当番になる例が他にも見られる。豊永の日咩坂鐘乳穴（ひめさかかなちあな）神社

の御崎様祭りにおいては，戦争の前あたりまでは大当番になると，その家の小学生ぐらいの男の子に御前様の祭りを担当させた。その子供をショウジダイと呼んだ。ショウジダイになると腰に円座をつり下げたという。座るときにこの円座を敷いて地面や床が直接に身に触れないようにした。それは不浄に接することを忌んだためであって，肥料に触れることも禁忌であった。上房郡北房町井殿の井戸鐘乳穴神社の子供頭人の場合も，円座（縄を巻いた敷物）を腰に下げた子供をショウジュウドと呼び，「清浄人」という文字を当てていた[37]。やはり汚れを避け，祓うためであると考えられる。また，吉川八幡宮の当番子のように学校で座るときに腰に付けたゴザを敷く等という話もある[38]。

　これらの当人は当受け，当渡しの時に神社に上がるだけで，その他の当屋に付随した行為は親が代行している。

　つぎに，儀礼に関することである。

　まず，音頭をとりながらすべての儀礼を執り行っていくのは座頭である。座頭は谷宗名の常松家がつとまることになっており，世襲される。倉嶋神社の儀礼は「露払いの御礼」から三献目まで全員が神酒を飲む。それから座頭が各々の料理の呼称を呼びあげて「御礼」を唱え上げると，座頭以外の者がそれを確認し，三献まで杯を重ねるのである。「露払いの御礼」から「カキアイの御礼」「サヤマメの御礼」「ボウルイの御礼」が終わりの頃になると，さすがに酒が回ってきて酔う者も出てくるが，座を立って乱したりしないで，親椀に注がれた最後の杯を乾そうと努力する。この日の祭りで飲む酒は，1人が約1升3合である。これが終わると高く盛り上げた「御飯の御礼」が待つ。この供え物の儀礼は氷室神社や亀尾神社の行事と非常に近似しているところがある。但し，氷室と亀尾の両神社では，例えば「露払い御礼申し上げます。宮座にあがりましたか」と唱えると，「神前宮座」にあたる者から「はい」と返事される。これを両神社では名頭一人ひとりが同じく口上をあげ，そのつど神酒を飲む。倉嶋神社では名頭だけが口上をあげ，後のミヤカブの者は「そのとおりでございます」と答えるのである。サヤマメやイモ，大根などは古くからこの地域で栽培された畑作物であり，それを儀礼食に使い，神人共食によって一体感を覚えさせられるのである。いちいち料理の名称を呼びあげて，御礼を唱えるということはかつてのこの村の生活形態がどうであったかを物語っているものといえよう。強いていえば，今こうした畑作物をあまり作らなくなったことも当屋祭祀の弱体化につながったひ

とつの原因であると思われる。

　また，給仕人についてであるが，倉嶋神社では以前には給仕人の役を小学生ぐらいの子供にさせたり，世話ヤキにしても当屋の親戚に頼んだりした。つまり倉嶋神社のミヤカブは当屋をふくめ，全員が祭りの準備から祭典における世話役までこなさなければならない。神郷町高瀬に見られるような「寄子」の組織はない。

む　す　び

　倉嶋神社のミヤカブが中心となる当屋祭祀（宮座の行事）は，昭和56年（1981）新見市重要無形民俗文化財として指定を受けた。しかしすでに過疎と高齢化が進むうえ，手間はもちろん経費の負担も少なくなく，祭祀を従来通りに維持させるのは困難であった。村としては市指定民俗文化財の趣旨を活かし，何とか維持していこうと市に支援を要請したのだが，市からの援助は一切得られなかった。結局昭和61年（1986）に入り，ミヤカブを維持するのが困難となり，「イガキ」を立てる作業などはすでに中止となっていた。ところが，昭和61年新見市教育委員会より記録作成のための再現の要請があった。それを受けて同年の秋にはミヤカブによる祭りがにわかに復活した。その間の様子は本文の中で述べたとおりである。当時，村を挙げて餅搗きなどの準備を含め，「本祭り」においても，出来る限り古風通りの再現につとめた。村にとっては厳しい状況の下での再現であり，市の無理な要請にもかかわらず，再現に応じたのは，再現を機に少なからず市の民俗文化財として支援が得られるという期待があったからであり，要請した側にも暗黙の了解があったに違いない。自力でできないものでも市の支援をえることができれば，過疎の村に伝統文化を残し，村を活性化するきっかけとなることを住民たちは夢みていたのである。それがあってこそ住民が惜しまぬ協力を施し，来村した関係者らにも誠意をこめて厚くもてなしたのである。結果的には，こうした住民側の期待は裏切られてしまったことになる。当時，再現にかかわっていた住民の間では，未だに行政への憤りと不信感を表している人もいる。行政にとって地域活性化とは物を作り，経済的収入につながることだけを想定しているかもしれない。地域の祭りのような「無形」文化財は経済収入にはならないかもしれないが，地元に残っている人々を精神的に支え

ると同時に紐帯を強め，さび付かない地域作りの活力源になることを行政は看過してはならない。過疎の今だからこそ伝統のある祭りや地域の文化財産を活用し，また行政が支援することで地域と行政の一体感を図る必要がある。わずかな支援でも動機付与になる。何よりも，行政の関心は町だけではなく過疎の村にも向けられているとの認識を示すべきであろう。

注

1) 坪井洋文『イモと日本人』未来社，1979。
2) 新見市教育委員会社会教育課編『千屋代城の当屋行事 倉嶋神社の宮座』新見市教育委員会，1987。
3) 『新見市史 通史編下巻』(新見市，1992) を参照のこと。
4) 前掲注1，216頁。
5) 前掲注3，60頁。
6) 同書，62頁。
7) 同書，63頁。
8) 石田寛「かべうち・かべそと 耕牧輪換研究・第2報」『史学研究』広島史学研究会，1960を参照のこと。
9) 前掲注2，4-5頁。
10) 『東寺百合文書』「新見庄地頭方田地下地実検名寄帳」正中2年 (1325)。
11) 長谷川明「新見庄の宮座」『新見庄』備北民報社，1983，250頁。
12) 同書，251頁。
13) 前掲注2，8頁。
14) 前掲注1。
15) 「新見市千屋倉嶋神社祭典の栞」『新見市史 資料編』1990，286頁。
16) 同書，286頁。
17) 山本喜義氏の妻は橋永光夫家から出でおり，この年には親戚関係で橋永氏の代わりをつとめた。
18) 1960年は『イモと日本人』，1972年は「新見市千屋倉嶋神社祭典の栞」，1981年は「新見庄の宮座」，1986年は『千屋代城のとうや行事 倉嶋神社の宮座』を参考にして作成した。
19) 組合議事録から確認したものである。昭和21年 (1946) から組合議事録が作成され，会長の持ち回りにしていたという。しかし，実際には昭和28年 (1953) 4月の日付が初見であり，神社の行事及び運営に関する内容が比較的に詳細に記される用になったのは昭和62年頃からである。ここでは「組合議事録」と題して一次資料として取り扱うことにする。
20) 前掲注1，219頁。
21) 前掲注15，287頁。
22) 輪番制の当屋がいつなくなったかは定かでないが，昭和47 (1972) 年にはす

でに輪番制が廃止になっていたことは「新見市千屋倉嶋神社祭典の栞」から確認できる。

23) 氷室神社の「長久名」を共有する伊田家は一人息子が長年余所に出ていたため、留守をしていた母親が、末年まで数十年間名頭をつとめた。名の資格が名頭の屋敷に付随するものだとすると、その家の者なら誰でも一人代表として名座の儀礼に参加が出来たはずである。しかし、だからといって女性の名への参加が本来許されるものであったかどうかは定かではなく、いずれも戦後の事例としてみられるもので、家族構成が従来とはだいぶ様変わりしていく過程の中で、窮余の策として講じられたものと考えられる。拙稿「村落社会と宮座の一考察」『待兼山論叢』大阪大学文学部、1988を参照のこと。

24) 「組合議事録」には、金森公久氏は平成11年に、橋永彦春氏は平成15年にミヤカブを脱退したことをあとから書き加えてあった。

25) 代城は木を売却した代金があって、その利子で祭りの費用を賄うほどであったため、宮の財産管理上の問題で会計の任期は1年にしたという。しかし金利がつかなくなった今は元金をはたくほど、とくに管理するほどの財産を持たないとの理由で2年にしたという。

26) 前掲注1、222頁。
27) 同書、218頁。
28) 同書、224頁。
29) 長谷川明「新見庄の宮座」(『新見庄　生きている中世』)備北民報社、1983、253頁。
30) 前掲注2、32頁。
31) 前掲注15、287頁。
32) 前掲注3、454頁。
33) 前掲注2、30頁。
34) 旧神郷町高瀬の氷室神社と亀尾神社の祭祀においては名の代表者を名頭といい、氏子中にも一般に使われることばである。
35) 大城名の渡辺幸正氏によると稲倉名は一時5人が座ったこともあると証言している。
36) 和歌森太郎は宮座の解消過程に触れ、宮座が解放されていくことは、神事荷担力を同等に其の埒外にひろめ均闊させていくことであるとした上で、実際はそう簡単に荷担力が移り拡められるものではないだろうと前提し、能登の複数頭屋制からその答えを見いだそうとした(和歌森太郎「宮座の解消過程　奥能登の当屋制を中心として」『日本民俗学』第2号を参照のこと)。
37) 前掲注3、453頁を参照のこと。
38) 前掲注2、35頁。

第 2 部
韓国東海岸の洞祭の展開

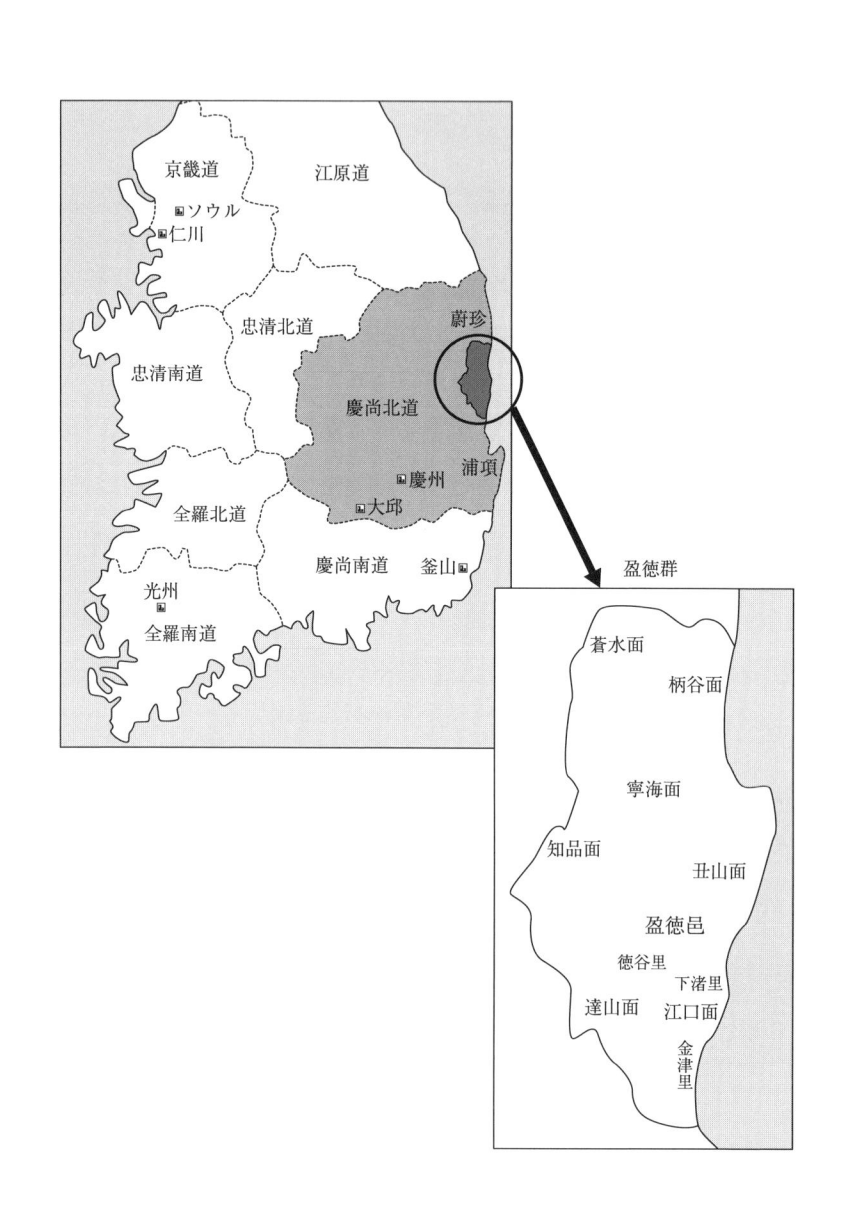

京畿道
江原道
ソウル
仁川
忠清北道
蔚珍
忠清南道
慶尚北道
浦項
慶州
大邱
全羅北道
慶尚南道
釜山
光州
全羅南道

盈德群
蒼水面
柄谷面
寧海面
知品面
丑山面
盈德邑
德谷里
下渚里
達山面
江口面
金津里

第1章　東海岸地域の地理的・民俗的背景

第1節　地理的背景

　東海岸（동해안）とは，韓半島において東側の海に面した地域を指す言葉である。その地域に接している海を東海（동해）と呼ぶ。つまり東海は韓国と日本列島に囲まれた沿海である。

　南北の長さは約1,700kmで，西海岸に比べると屈曲が少ない単純な海岸線であり，潮水干満の差は非常に少ない。東海岸は鬱陵島（울릉도）と独島（독도）を除けばあまり島はない。

　古くから蒼海といわれるほど水は碧く水深が深い。深海部の水深は3,000メートル以上もある。北韓（北朝鮮）海流の寒流と対馬海流の暖流がぶつかって潮境をなしており，多種類の魚の富む漁場となっている。

　東海岸の内陸部には南北に長い太白山脈[1]（태백산맥）があって，その北部の東と西を分離して東を嶺東（영동），西を嶺西（영서），南を嶺南（영남）という。昔は山脈が嶺東と嶺西地方の自然的障壁となり，両地域間の気候，風土，言語，生活慣習などの違いに大きな影響を与えた。このように山嶺を越えての交通や文化の往来が難しかったことから嶺東と嶺南は東海岸地域としての共通文化圏を形成したようである。行政区域として嶺東は江原道（강원도），嶺南は慶尚北道（경상북도）・南道（남도）に属している。

　三道の中で最北に位置し，北朝鮮とも接している江原道は海岸際まで険峻な山が迫り，交通インフラや産業等の整備が遅れた地域であったが，1975年に嶺東高速道路が全面開通してからは，ソウルから東海岸の有名観光地である江陵（강릉）まで2時間台で結ばれるようになった。また，東海市（동해시）は北朝鮮交流事業の一環として行っている金剛山（금강산）観光航路の拠点となっている。江陵の北に位置する漁港基地である束草（속초）とロシアのザルビンと結ぶ航路が2000年に開設された。

　江原道をはじめとする東海岸は昔から「関東八景」といわれるほど自然の風光がすぐれており，現在も束草から釜山（부산）まで海岸沿いに延びる7番国道は韓国内随一の観光コースとして知られている。

7番国道に沿って慶尚北道に入ると，蔚珍郡（울진군），盈徳郡（영덕군），浦項市（포항시）に至る。浦項市には世界的な生産量を誇る浦項製鉄所（POSCO）がある。さらに南下すると慶尚南道に入り，現代自動車等現代グループの本拠地である蔚山広域市（울산광역시），そして終着地である韓国第二の都市釜山広域市に着く。

　現在，東海岸の村々は道路の整備が整えられ，観光事業や特産物の販売に力を入れているが，30年前は現代文明からかなり疎外された地域であり，文化の発達が遅れた地域であった[2]。しかし，それは伝統文化の継承という側面から見ると比較的多くの部分を残す結果となった。今日でも多くの民俗文化が東海岸一帯で伝承されていることが確認できる。

第2節　民俗的背景

　東海岸一帯には多くのマウル（마을：村）信仰・家神信仰[3]が散在している。これらは海が先祖代々生きてきた生活の場であっても，地域民にとっては相変わらず危険な場所であることを暗示している。そしてこうした海の危険性と隣り合った環境の中で地域信仰は培かわれていた。海は生産と安全が保障されていない空間である。そのため村では新年になると住民の中から祭官を厳選し，洞神を祀る。また数年ごとに職能司祭者を招き，豊漁祭を行う。船を持つ船主たちは船に祀っている船成主（배성주）と船ソナン（배서낭）のための船告祀（뱃고사）を行う。

　農村で豊作と災害防止などを祈願するごとく，漁村のマウル信仰は豊漁，海上安全などの漁業生活に関連した願いを祈願する行事として，主にマウル漁村契（어촌계）が主管になって進行する。このようなマウル信仰は洞祭（동제），堂祭（당제），ソナン（서낭）祭あるいはソンファン（성황）祭などと呼ばれ，正月に多く行われる。

　東海岸のほとんどの村にはソナン堂（서낭당）がある。特に江原道では海辺には主に女ソナンが，山の上には男ソナンが位置し，村を守ってくれる。女ソナンは海事を管掌し，男ソナンは村全体を守護する機能が強い[4]。女ソナンの堂祭には牛囊を使ったり，木で作った男根を供えたりする。これは男女ソナンの合位儀礼のように陰・陽の和合を通して豊漁とよりよい生活環境を作り出そうとする生成力の象徴と見なされている[5]。また，ハルベ堂・ハ

ルメ堂といった男女の霊格神や位牌を依り代にして祀っている所も多くある。

マウル信仰として見過ごすことのできないのは別神クッ（별신굿）という豊漁祭である。この豊漁祭は長い歴史と伝統を持つ韓国の代表的な民俗信仰として豊漁だけではなく村の豊穣と多産，そして安寧を祈願するために数年おきに行われている。その数は江原道高城から釜山まで155カ所に及ぶほど多くの漁村で別神クッが伝承されている[6]。東海岸の大部分の村では豊漁祭の主管は漁村契が担って行っており，地域社会の祭りとして厚い信仰に支えられている。

船主が個人的に祀る船告祀は漁村地域でしか見られない信仰である。漁船を持つ船主が船で行うため，安宅告祀（안택고사）[7]の範疇にも含まれる。船にいる神を船ソナン（배서낭）といい，陸地で祀る「ソナン」と区別される。内陸のソナンは山王（산왕），即ち山神の性格を持っている反面，船ソナンは船王（선왕），即ち船神として航海の安全と豊漁を左右する漁労信仰の神である。また船告祀は，船主がはじめて船を進水した時や，不漁の時にもよく行われる。信心深い船主（漁師）は毎月1回行うこともあるという。海を生業の場として選んだ漁師たちにとって安全と豊漁は危険と隣り合わせである。こうした生活環境は，豊漁と海上安全という共通の目的のために東海岸の多くの村々で洞祭，豊漁祭，船告祀などの信仰形態を作り出し，維持される背景になったといえよう。

注
1) 咸鏡南道安邊郡黃龍山（1,268m）から釜山の多大浦まで延びた山脈。長さ500kmで，平均海抜高度は800mである。雪岳山（1,708m），金剛山（1,638m）など1,000m以上の山や有名な寺も多くある。
2) 都市化の進展が遅れているだけであって，生活文化の水準は内陸側の山村や農村よりもむしろ高いといえる。
3) 家宅信仰ともいい，家の要所ごとに神が存在し，家を守ってくれると信じ，その神に定期的，または必要に応じて儀礼を行う信仰である。
4) 황루시「민속부분」『강원 어촌지역 전설민속지』강원도，1995，253頁。
5) 김의숙「동해안 어촌 민속제의 형성원리」『강원민속학』7～8，강원민속학회，1993
6) 韓国文化公報部文化財管理局『韓国の民俗大系4　慶尚北道篇』（竹田旦・任東權訳）国書刊行会，1990，198～200頁。
7) 家の平安と豊穣のために家で祀る家神を対象に主に正初（정초）に行う。地

域によっては「地神祭」とも「告祀」ともいう。以前はムーダンや読経者のような専門司祭者が儀式を行っていたが，ときにはその家の主婦が主宰することもある。

第2章　盈徳邑徳谷里の洞祭と都家

はじめに

　本章は，韓国東海岸で行われている地域祭祀を考察したものである。特に日本の「当屋」に類似している「都家」を中心に祭祀にかかわっている祭官の役割に注目する。

　韓国における地域祭祀は大きく2つに分けられる。ひとつはいわゆる儒教式による祭祀で，地域によっては「洞祭동제」「堂祭당제」「堂山祭당산제」などと呼ばれる村祭祀である。もうひとつはムーダン（무당巫堂）と呼ばれるシャーマンによる巫俗信仰で，これには「別神祭별신제」「都堂クッ도당굿」「豊漁祭풍어제」などがある。前者は毎年1回ないし数回に行われるのに対して，後者は3年，5年，10年おきに1回行われる場合が多く，「別神祭」や「豊漁祭」は海岸村や島嶼地域でよく見られるものである。いずれも韓国の村落社会の特質を明かす重要な民俗事象であることには間違いないが，とりあえず本章では毎年欠かさず行われている洞祭[1]を考察の対象にし，その事例として慶尚北道盈徳郡徳谷里の洞祭をとりあげてみた。洞祭は古くから共同体社会を支えてきたマウル（村）信仰であり，その神は村の吉凶禍福を司るといわれていた。そのために村人は生気福徳な人を選び，誠心誠意をもって洞神を祭る儀式を行ってきた。

　盈徳地域の洞祭には一般に「コルマギ골막이」または「コルメギ골메기」とも称する洞祭神が多く見られる。即ちこれは村を意味する「コル골」と，守護，防衛の意味をもつ「マギ막이」「メギ메기」の複合名詞で，洞神を示すフォークタームでもある。慶尚道地域では村落創建神，始祖神，守護神の観念を帯びているものである[2]。フィールドでは洞神に関して「○氏基盤に○氏コルマギ」と聞かれることがたびたびある。ここで「基盤터전」というのは敷地または領域の意味を持つ。例えば祭堂に祀られている神に対して「崔氏基盤に朴氏コルマギ」のように姓を冠した複数の神が示される場合が多い。つまり，村が開拓されたとき「基盤」となる「崔氏」とはその土地に最初に住みついた村落開祖神を意味し，その次にやってきた「朴氏」も同じ

く後に村の守護神としての「コルマギ」となったわけで，洞祭にはこの二姓の神が祭神として祀られているのである[3]。

一方，洞祭は「祭官（チェクァン）」と呼ばれる複数の男性による祭祀集団が構成されている。その中で特に日本の村祭祀儀礼などにみられるような「トウヤ」に類似した「都家（トガ）」の存在が祭祀の中核になっていることがわかる。また都家をはじめ，祭官として選ばれる人は村落社会で決められた一定の条件を満たした者でなければならない。祭官に選ばれてからもさまざまな禁忌が課せられた中で精進しなければならず，祭祀の後も一定期間は吉事や凶事への参加が許されない場合がある。本文ではその特徴の記述に重点をおきたい。

洞祭に関する全国規模の研究としては1937年に出された村山智順による調査資料がある[4]。しかしながら村山は当時朝鮮総督府の嘱託であったため，植民地統治の一環としてなされた調査であるとの認識が強く，解放後しばらくの間，韓国の学界ではこれらの資料を積極的に扱うことにためらいがあった。その後，氏の調査資料の中には分断された韓国の現状からして現地調査が不可能な北朝鮮の資料も多数含まれており，あらためて資料的価値が見直されるようになった経緯も窺える。その後，韓国では1970年代の初めに政府支援のもとで全国規模の民俗調査が行われ，その膨大な成果が公になっている[5]。盈徳地域を含む東海岸一帯も早くから民俗学や文化人類学の領域から注目を浴びてきた地域である。東海岸地域の社会・民俗を対象とした調査研究としては，日韓漁村社会・経済共同研究会から出された調査報告がある[6]。その中の玄容駿・松本誠一は村落の意思決定機関である「老班会」に注目した。玄は厚浦と直山の村祭りを調査し，老班会の役割を報告した[7]。松本は狗岩洞の洞文書を通じて洞組織を再構成し，洞神祭とのかかわりを調査報告した[8]。権三文はこれらの研究成果を踏まえて老班会の構成と機能を究明しようとした[9]。また末成道男は盈徳の漁村に長期滞在し，儒教的観点から祖先祭祀・コルメギ洞神祭などについて詳細な報告書を出している[10]。また東海岸のいくつかの村落を取り上げ，祭祀儀礼の変化と変貌の問題を通時的に捉えた崔仁宅の研究もみられる[11]。そのほか「別神祭」などの巫俗と関連した多くの報告が出されている。因みに，本章の事例村である徳谷里の洞祭についての今までの調査報告は皆無であったことも記しておきたい。

徳谷里の洞祭は旧正月の15日に行われる。当地でフィールド・ワークを行った際，地元の協力を得て洞祭の参与観察を行った[12]。したがって事例を通じての洞祭の現状把握と同時に，洞祭に対する地域社会の取り組み方及び

祭祀組織の構成や儀礼の様相を追いながら，民俗的特質を考察することを試みる。

第1節　徳谷里の概要

　盈徳は，慶尚北道の東部に位置し，臨海工業都市として知られている浦項からは北へ約50kmの地点に位置しており，1邑8面から成っている。唯一の邑である盈徳邑は郡のほぼ中央にあり，東は海岸に面し，西は知品面に，南は江口面に，北は丑山面に接している。

　徳谷里は盈徳邑の27里の1つの里であり[13]，現在は行政里として1里と2里に分かれているが，もともとは1つの村であり，今の洞祭祀も1里と2里が1年ごとに分けて行っている。『盈徳郡誌』によると，徳谷里の洞名の由来は徳川里の「徳」と右谷里（一説では内谷里であるともいう）の「谷」の字をとってつけられた地名である。地勢が「徳」に満ち，真ん中に川が流れていることで徳川と呼ばれてきた。朝鮮時代には盈徳縣に属した。大韓帝国の時には盈徳郡邑内面地域であったが，1914年3月1日行政区域の廃合の際，内谷洞，外谷洞，徳川洞，右谷洞の一部地域を併合し，盈徳面徳谷洞となった。

　その後，1979年5月1日盈徳面が邑に昇格するとそのまま盈徳邑に属し，1988年5月1日，洞が里に改正されるにあたり，徳谷里となって今日に至っている。徳谷里の東には徳谷川が流れていて，西南は南石里，東南は右谷里，北は華水里と隣接している。

　盈徳邑の一部は海岸沿いに形成された集落であるため，半農半漁の生業形態を見せているが，徳谷里は盈徳邑の内陸に属する農村地帯である。管内には浦項や東ソウル行きの市外バスターミナルが設けられ，邑事務所がある右谷里と共に郡の交通と物流の中心になっている。またターミナルから南石里の盈徳郡庁までは600メートルしか離れていない。郡庁に至る道や邑内は店と住宅が混在し，また，病院や銀行，学校なども散在している。盈徳邑は郡内では唯一町として機能しているといえよう。

　郡の人口は1967年119,498人（20,372世帯）をピークに年々減少し続けており，2004年には**表11**のように半分以下に減っている。しかし，人口の減少幅に比べて世帯数はあまり変化していない。これはつまり移住などによる人口

表11　盈徳郡及び徳谷里の人口構成（2004年現在）[14]

	世帯	人口	男	女
盈徳郡	19,378	45,959	21,966	23,993
盈徳邑	4,829	12,164	5,811	6,353
徳谷1里	446	1,181	567	614
徳谷2里	331	883	433	450

移動よりも一戸当たりの家族数が減っていることを意味する。盈徳邑の人口は2005年12月現在，12,164人（4,829世帯）であり，そのうち徳谷里の人口は1，2里合わせて2,064人で，男より女のほうが若干多いが，これは盈徳郡全体の現象でもある。世帯数777，世帯あたりの人口は2.66人であり盈徳郡平均の2.37人よりやや多い。

盈徳邑内には基督教[15]15，天主教[16]1，佛教1，儒教[17]1の宗教団体がある。また邑内には老人たちの憩いの場である敬老堂が30カ所ある。徳谷里には法輪寺という寺院が1カ所，盈徳教会と盈徳天主教会が1カ所ずつある。そのほかに小学校と女子中・高校が各1校ずつある。

第2節　祭祀組織の構造

徳谷里の洞祭は1里と2里の住民によって祀られている。前述したように1里と2里は行政里としては分かれているが，もともと1つの村であったという。それが十数年前に戸数の増加によって分洞され，現在は徳川という川を境に1里と2里に分かれている。1970年の民俗調査時の世帯数は427世帯であったが[18]，表11で見えるように今の1里だけでも当時の世帯数を上回っている。平均的に農村の過疎が進むなかで戸数が増えていたのは異例であるといえよう。現在は今のように行政里としてはそれぞれの組織で運用されているが，住民は分洞以前と同様，1つの共同体としての意識が強いようである。その1つの表れが洞神に対する祭祀であり，1里と2里が1年ごとに当番制で洞神を祀っている。盈徳郡内にはもとは同じ村であっても幾つかの行政里に分かれている村が少なくないが，徳谷里のように分洞後も1里と2里が村当番制で洞神の祭りを行っている例は珍しく，たいていは行政里ごとに独自で祭祀を行っているのが一般的である。

写真7　徳谷里の祭堂。注連縄が張ってある。

　徳谷里の洞祭祀は年1回だけ行われる。祭日は旧暦1月15日である。盈徳地域の洞祭は旧暦1月15日と旧暦9月9日が多く，年1回だけの場合は旧暦1月15日に定まっている村が圧倒的に多い。この場合の祭儀の時間は十五夜の満月が中天にかかった子正（午前零時）に挙行されるといわれる。

1）洞神と祭堂

　徳谷里の祭堂は市外バスターミナルの東側を走る国道7号線沿いにあるサンミ荘という旅館の裏側に位置している。そのため祭堂は道路側からは旅館のビルでさえぎられまったく見えない。旅館の裏は駐車場になっていてその右の端には小高い丘陵がある。祭堂はその丘陵の手前に位置するが，見た目にもかなり古びた様子で，祭りを知らせる注連縄と，祭堂のすぐ後ろにある大きな欅の木がなければ祭堂の存在には気づきにくい。祭堂の位置が低いため，中に入るにはブロックの階段を4段ほど下りて入らねばならない。祭堂は元々村の中にあったという。ところがその周辺に家が増えはじめ，祭堂としての神聖さを保つことができなくなったので，60年前に現在の場所に移転したという。かつての祭堂の跡もある住宅の庭になっていた。しかし，洞祭そのものは数百年間絶えることなく行われてきたと言われる。特に日本占領期には盈徳地域にも神社が建てられ，参拝を強要されたときもあり，そのときは洞神をまつることも監視の対象になっていたが，それでも夜中密かに洞

祭を挙行したと祭官の1人（74歳）は語っていた[19]。
　祭堂は瓦の屋根にセメントの壁でできている。また祭堂を囲む形でセメントの塀が巡らされている。祭堂を囲む塀の入口には木の門があり，その両側に細い松の木を建てて注連縄をはってある。祭堂の後ろに聳え立つ欅は神木としてまつられている。神木は神の宿る木であるため，切ったり，触ったりすると災いが生じると言われている。祭堂と神木，そして門の松の木は注連縄でつながっているため，祭場であることがわかり，祭官以外の外部の人の出入りは固く禁じられている。
　祭神は「厳氏基盤に姜氏コルメギ」といわれる。つまり数百年前に厳氏が最初この村を開拓したのち，姜氏が入り，住み着いたと伝承されている。しかし，現在の住民の中には厳氏と姜氏は10軒足らずであり，各姓の村を形成している。住民の方も特定の氏姓の祖先である認識はなく，村の「ハルベ」[20]もしくは「山神」として祀っているわけである。盈徳の洞祭には洞神とされるコルメギの姓氏を記した位牌を祭堂に常時安置しておく場合が多く見られるが，徳谷里では祭りのときに位牌は使わず，その代わりに韓紙を半折してその中に太い縫糸を束のまま垂らして柱にくくり付けて神体として祭る。祝官姜氏によれば糸は「厳氏基盤」，紙は「姜氏コルメギ」をあらわしているという。このように糸と韓紙で神体を表す例は他には見られず，このあたりではごく珍しいものであると考えられる。

2）祭官選び
　地域が今後1年間幸福になるか不幸になるかは祭官の行いにかかっていると認識されているため，祭官選定は洞祭の一番要の行事であるといえよう。
　徳谷里には洞祭祀を主管する「成皇捧祭会」がある。この「会」のメンバーは都家1名，祭官1名，執事1名，祝官1名である。この4名を一般に「祭官」と呼んでいる。
　都家は洞神に捧げる御供えである祭物の準備や調理に携わる家である。そのため都家の選定は祭官の中でもっとも重要な事であり，なおかつ大変やっかいな事でもある。即ち，都家は村人の中でもっとも「生気福徳」で「清らかな人」を選ばなければならない。ところが，せっかく厳選された人が強く辞退してしまうこともあり，この場合はまた一から都家選びをやり直さなければならない。こうした理由で村では都家選びに一番頭を抱えているというのが実情である。地域の村によっては都家を選ぶだけで精一杯であって，都

表12　2006年度の祭官の構成

都　家	方〇〇（73才）	
祭　官	李〇〇（74才）	
執　事	申〇〇（77才）	
祝　官	姜〇〇（66才）	＊洞長

家にすべてを一任し，都家以外の祭官を置かない所もある。この場合，祭官とは狭義の意味で都家のことに限られる。

　祭官は祭祀の全体を司る人である。実際の祭祀において順序や式次第に詳しい人でなければならないため，年配の経験豊かな住民が選ばれるのが普通である。

　執事は都家と祭官を手伝う役割である。都家においては祭物の調達や調理を手伝い，祭祀においても祭官の補佐的役割を行っている。

　祝官は祭祀の時，神や祖先など亨祀者に捧げる漢文の祝詞を抑揚をつけて読み上げる人である。

　徳谷1里の祭官の選定は旧正月3日に行われる。村には徳谷1里運営委員会という組織があり，この運営委員会は村の発展と繁栄のための地域有志たち10名からなる集まりである。

　まず，祭官選定は基本的に都家選定と言える。里の代表である洞長（里長ともいう）が予め内定して本人の意向を確認する。そして本人の承諾が得られた場合，都家の人を会議に招いてお願いするのが順序である。都家は神に捧げる祭物を取り扱う為，一旦選ばれると不浄を避けて行動しなければならない。また祭祀が済んだ後も翌年の祭りまで社会生活が制限されることもあった。そのためほどよい家を選び，精進してもらわなければならない。都家として選定されるのは一個人であり，その家の主ないし長男がこれにあたる。しかし実際には選ばれた人だけではなく，その妻もしくは家族全員が精進潔斎をしなければならない。つまり都家において祭物を調理し，手入れするには家族の協力を大いに必要とするわけである。とりあえずは夫婦が健在である家が都家として望ましい。また喪に服している家，家族の中で妊娠している人がいる家は都家選びの対象にならない。都家でなくても自分の家に妊婦がいれば，祭祀が終わるまで村を離れていなければならない。また徳谷里では飲み屋を営んでいる家も都家としてふさわしくないといって忌避の対象になっている。都家に選ばれた人は祭祀まで1日3回沐浴することになっ

ている。昔は川の氷水で沐浴していたが，今は家畜などによって川が汚染されているので，自宅の風呂場か沐浴湯（銭湯）を使うという。

　都家以外の祭官は都家に比べて比較的禁忌期間が短いなど社会的制約が少ないこともあり，すんなりと当事者が決まるという。しかし祭官たちも都家に準じて心身ともに清らかな状態を保たなければならないことになっている。ひとまず都家が決まると，旧正月7日に4名の祭官の家に注連縄が張られ，雑人の出入りを警戒する。この注連縄は，祭祀が終わると翌日に除去される。

3）祭費と祭物

　徳谷里では昔，村共同の山と田圃をもっていたので，そこから祭祀の費用が得られたという。しかしほとんどが処分され今は田圃400坪しか残らず，耕作もしていないという。そのため現在の祭費の調達は都家が決まった後，運営委員会のメンバーが3日間管内を練り歩き，寄付金を募る。徳谷里管内には市外バスターミナルをはじめ，食堂，喫茶店，旅館等々の多くの店があるが，今年は60軒ほどの店から寄付金を募った。

　祭費は祭物購入代として100万ウォン，祭官たちへの手当として50万ウォンが策定され，都家20万ウォン，祭官10万ウォン，執事10万ウォン，祝官10万ウォンと分けられた。

　祭物の仕入れは2月10日（旧暦1月13日）のまだ夜も明けない午前4時に実施する。盈徳の周辺では同じ旧暦15日に洞祭を行う村が多く，新鮮できれいなものを仕入れるためには他村より早く行かなければならない。買い物は寧海市場か浦項市場で行うが，それは盈徳の市場より規模が大きく，多くの魚物がそろっているからである。買い物にあたっては店の人と値引の交渉をしてはいけないことになっている。また店の人も祭官たちには通常よりは安く売ってくれるといわれる。それは村の神様をまつる祭官たちを優待することによって自分の店も神からの財運を授かるという観念が商人たちにもあらわれていると言えよう。仕入れは事前に目録を作り，それによって買い物が行われる。買い物には祭物以外に石油や割り箸などの物も含まれていた。

　買い物の目録は以下の通りである。

　　　干し鱈，鱈，鰤，みず蛸，鯛，イシモチ，鮃，エイ，ノガリ（子明太），線香，韓紙，焼紙，ごま油，白米（餅米含む），餅，祭酒（清酒），

ごま，ごま塩，牛肉，雑肉，ナツメ，栗，干し柿，梨，リンゴ，油蜜果，のり，豆腐，もやし，ほうれん草，焼酎，飲料水，コップ，皿，弁当箱，割り箸，掃除道具，石油，布巾

このほかにも当日祭儀に使われる飯を用意しなければならない。地元の農協から焼酎一箱，飲料水と菓子が寄付された。また祭酒は洞長が献上した。

4）都家での準備

午前10時に都家に祭官と執事が集まり，準備の過程を見守る。それから，洞長（祝官）が現れ，手伝いをする。供え物を扱う都家は入口にしめを張り，黄土を蒔き，厳格に外部者の出入りを禁ずる。都家では仕入れてきた魚や祭儀に使うナムルなどを調理し，味付けをする。庭では臨時のかまどを設置し，大きい釜で魚を蒸す。蛸は軒下に吊して干しておく。

また，この日に翌日の大同祭に使う肴も用意しておく。大同祭は洞祭の翌日に行われる村全体の寄り合いである。これは洞祭についての報告と洞民の協力に感謝し，洞祭に使った供え物を持って洞民一同が飲福する機会である。また新年度の新しい事業についての説明も行われるので，この日は盈徳邑長も出席する。農協から寄付された焼酎とお菓子のほかに，都家が用意した弁当詰めの魚料理が各自に1つずつ配られる。

祭物を入れる祭器は普段は木箱に入れ，祭堂で保管し，洞祭になると前日に都家に持ち運ぶ。祭器は青銅の器と木で作られたお膳である。これらは洞祭が終わると手入れして翌日祭堂に納めるという。

第3節　十五夜の祭祀

旧暦1月14日の晩になると，再び韓服姿の祭官たちが都家に集まり，洞祭の時間になるのを待つ。この際，都家の夫人が祭官たちに簡単な酒の膳を出すが，ほとんど口にしない。午後11時30分になると，祭官たちは祭物を運び出しはじめる。都家から祭堂までは車で移動する。11時40分ごろ祭堂での準備が始まる。祭堂の建物の内部は2坪足らずの広さで，白い壁に高さ1mくらいの板の祭壇が設けられてあって，祭官4人が並び立つと窮屈な広さである。祭壇には前もって蠟燭が立ててあった。祭物の陳設の前に，まず昨年

図6　祭物の陳設

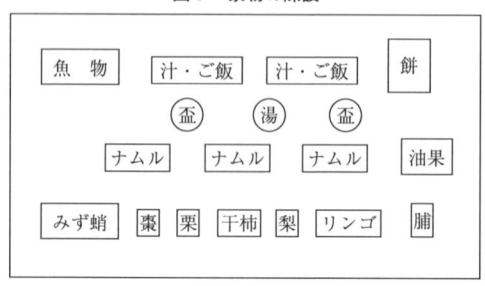

魚　物	汁・ご飯	汁・ご飯	餅
	盃	湯	盃	
	ナムル	ナムル	ナムル	油果
みず蛸	棗	栗	干柿	梨	リンゴ	脯

飾っておいた神体を新しい物に替える。

　陣設は**図6**の通りである。

　陣設が終わると盃に祭酒を注いでおく。そして祭壇の前に茣蓙を敷き，小さいお膳を設けて祭酒を入れたヤカンと香炉，茅沙の器を置いておく。祭壇に向かって一番左に執事，その隣に祭官と祝文，都家は祝文の前に立つ格好であるが，それは祭堂が狭いため4人が1列に並ぶことができないからである。祭儀は次のような順序で行われる。

　①　祭官が座ると，左の盃を下ろして祭官に渡す。盃の酒を捨て，新しい酒を注いでもらい，祭壇に返す。祭官が立ち上がり，2拝礼する。
　②　今度は右の盃をもらい，①のように繰り返す。
　③　都家が箸の位置を他の供え物に移し替える。4人一同2拝礼する。
　④　再び祭官が座ると都家が盃を下ろしてわたす。執事が祭酒を注いで祭官が盃を都家に渡す。都家が祭壇にそなえる（①②のように左右に繰り返し行う）。祭官が2拝礼する。
　⑤　次いで，都家が祭官と入れ替わって座る。祭官が盃を下ろして都家に渡すと執事が祭酒を注ぐ。それを祭官が祭壇に供える（左右2回に繰り返す）。祭官が箸を他のおかずに移動する。都家が2拝礼する。
　⑥　執事と祝官が座る。まず，都家が祝官に酒を注ぐと，祝官が祭官に渡して祭壇に供える。次は都家が執事に酒を注ぐと，祭官がもらい供える。祝官と執事同時に2拝礼する。
　⑦　ごはんの蓋を開け，匙をご飯に刺す。祭官が盃に重ね注ぎをする。
　⑧　祝官が立ったままゆっくりと祝文を読み上げると，その間他の3人は伏せて頭をさげる。

写真8　祭祀の様子。杯を受け取り，戻している。

〈祝文〉

> 維歲次丙戌正月戊午朔十五日壬申
> 幼學敢昭告于
> 洞舍之神原皮檀修尊式陟降廣
> 示蔭于華林山下人家萬戶東海下
> 格祐我一同人無疾病蓄育並盛
> 五穀登豊商工厚利□□豊壤
> □□行事吉日弼分羊羊祭上
> 伏　　惟尙
> 饗

　祝文は洞祭や家祭において先祖に読み上げる詞のことであり，年月日や享祭者と奉祀者との関係，祭祀の主旨を簡潔に漢文で記したものである。徳谷里も上記のように韓紙に墨書した祝文を保管し，毎年他の韓紙に書き写して使っている。しかし，高齢化とハングル世代が中心となっている現状からすると，漢文の素養のある者が少なくなり，今は漢文をそのままハングルに直して使っている。また元の漢文が前の祭官による手書きのものである為，□の字のようにハングルでは読まれていたが，字典からは確認できない漢字も

あった。今後ハングル教育を受けた世代が増すにつれ，漢文の祝文はいっそう廃れていくものと考えられる。

⑨　祝文が終わると，祭官，都家，執事の3人で同時に1拝礼する。
⑩　続いて祝官が2拝礼する。
⑪　匙で2，3回ご飯を取り，水に混ぜる。
⑫　立ったまま黙礼をする（30秒程度）。
⑬　下匙を行う。お供えの上に置いてあった箸，そして匙を取り除く。
⑭　4人，2拝礼する。
⑮　焼紙（ソジ）を行う。

　焼紙はA4サイズの韓紙を半分に折り，火をつけて燃やしながら村と祭官，協賛者の名をあげ，洞神からの祝福を請う行為である。
　まず，祭官が「徳谷1・2洞庚戌年新年健康かつ幸福でありますように，お助け下さい」と口上を述べながら焼紙をあげる。次に都家と祝官が「お助け下さい。今年も徳谷1・2洞をお助け下さい」「祭官たちが誠心誠意で祀っておりますので，どうかお助けください」と焼紙をあげる。続いて執事が「徳谷1・2洞お守り下さい」と焼紙をあげる。それから，協賛した村人の名前で焼紙をあげる。祝官が名簿を見ながら名前を読み上げると，他の3人は「〇〇〇の家庭に健康と願いが叶えられますように」と焼紙を燃やしながらお祈りを捧げる。このとき寄付した人が個人である場合はその人の名前を読み上げるが，店を持っている人は商号をつかうという。また寄付者である父親から息子の名前と一緒にあげてほしいと頼まれることもある。焼紙は1年12ヵ月の万福を占う意味合いも持つため，焼紙を燃やすとき真っ直ぐ上にあがれば健康，家庭のすべてがうまく行くと言われている。

⑯　焼紙が終わると，4人一同拝礼する。
⑰　飲福する。福酒ともいい，盃を下ろし，祭酒を飲み交わす。
⑱　撤床

　祭儀がすべて終わると，陣設した祭物を都家に持ち帰る。都家では祭官たちの飲福（直会）が開かれる。一方，祭祀に使った食べ物は均等に分けて弁当箱に入れる。前述のようにこれは大同会に来られた出席者に肴として配る

わけである[21]。とくにこのときは女性は祭物に触れてはいけないことになっているため，都家の男性か執事が祭物の配分に携わる。

また，朝6時ごろになると来年の当番である徳谷2里の洞長らが都家に挨拶に訪れるという。都家は彼らに祭酒などでもてなし，洞祭が無事に終わったことを述べる。日本の祭りに見られるような「トウヤ渡し」の儀礼は見当たらないものの，これによって来年の当番が徳谷2里に替わることが再確認できる。しかし前述したように都家は洞祭が終わってから少なくとも忌みが明けるまで3カ月間は禁忌を守らなければならないことはいうまでもない。

第4節　徳谷里洞祭の民俗的特質

　以上，調査資料に基づいて徳谷里の祭祀組織の仕組みと十五夜の儀礼について述べてきた。ここでは洞祭の現在の様子からいくつかの考察を行いたい。

　まず，洞祭は洞神という地域の神を祀るという意味において地縁的原理に基づいた祭祀である。前述のごとく徳谷里は「厳氏基盤に姜氏コルメギ」というように「厳」と「姜」という特定の姓氏を冠した洞神を祀っている。これはまさにそれらの氏族の祖先を示す人格神である。しかし，両氏は村人にとって村の創成神話として語られる祖先ではあるが，特定の氏族の祖先とする認識はほとんど持たれていない。村で生まれて住んでいる人にとっては姓氏を問わず，地域の守護神であり，村を守る「山神」である。たとえ，よそから移り住んだ人であっても祭官になり，洞神をまつることが可能である。このように，特定氏族の祖先神であったものが，村落の開拓神として，地域の共同神として祭られるようになった例はこの地域の洞神にはよく見られるもので，同地域の老物里の洞祭にも類似した事例をうかがうことができる。同地の「朴氏」と「安氏」を祀る位牌祭祀に関して，崔仁宅は「村人には，安氏と朴氏の祖先神という意識はほとんど見られない」とし，祭祀遂行の内容から見て「何らかの系譜関係に基づく血縁組織による祭祀ではないので，必ずしも特定の個人を祀っているわけではなく，地縁原理による，村落開拓神への祭祀の性格が強い」と把握している[22]。またこの点について崔吉城は「たとえ，村の神が特定の氏族の始祖神的な神話や伝説に裏打ちされていたとしても，その神が特定の氏族だけの神ではなく，氏族を超えた村全体のた

めの存在である場合が常例で，朴氏，金氏というのは人格神を意味するに過ぎず，氏族の始祖神を意味するものではない」とし，その根拠として村落祭祀が「血縁や系譜原理」ではなく，「地縁原理」に基づいて行われているからだと指摘している[23]。徳谷里の洞祭もまさにこのような地縁原理に基づいた祭祀であるといえよう。

　第二に，洞祭には儒教原理に基づく祖先祭祀の神観念が見られることがいえる。洞祭の洞神は，もともとは祖先神として村を守る守護神の性格を有する。既に述べたとおり，村を切り開いたのは特定の姓を冠する神であり，そのため洞神は開拓神の性格が強い。このように，韓国の地域祭祀に見られる開拓神と似通った性格の祭神を日本で探すとすれば，それは氏神であろう。こうした祭神は元来一定の同族の間で祭られた血縁神であったが，のちに転化して血族と関係のない地域神となったのである[24]。日本の民間信仰ではこれを区別し，本来の氏神（血縁神）を「氏人氏神」といい，地域神に転化した氏神を「産土神」「鎮守神」ともいっている[25]。

　洞祭はその起源を古代まで遡ることができるが，今日の洞祭の形式は儒教による祭祀であることは否定できない。儒教は朝鮮時代以来，国教として国家理念を支えてきた。特に支配階級であった両班層を中心とした班村では，儒教による門中祭祀などによって一族の結束を図ってきた。しかし本章で取り上げた徳谷里をはじめ，盈徳地域の多くの村々は班村ではなく，常民層が地域の中心を成していた。また，中央からも遠く離れていてあまり注目されることなく，農業や漁業を営む平凡な村にすぎない。それにもかかわらずこうした常民層の村での地域の神が儒教の形式に則って祭られているのはなぜであろう。末成道男は韓国の祖先祭祀に触れ，従来，韓国社会を両班，常民の対極的な二階層に分け，両者がそれぞれ儒教原理と巫俗を中心とする原理により生活しているという二元論的な観方が取られてきたという前提の下，この観方からすれば常民層では儒教的祖先祭祀を行っていないか，いたとしても極めて貧弱な歪められた形で行っていることになると推論された[26]。

　しかし，東浦の漁村で直接調査された同氏は，そのような予想とは裏腹に同地域の祭祀は儒教的観念が強く支配しており，その規模がかなり忠実に守られていると述べている。これは常民層が両班層の規範に近づきたいという願望が強かったゆえに行った模倣祭祀であったとはとうてい考えられない。朝鮮時代を通じて儒教は一貫して生活の基本原理として定着していく。そのような過程のなかで，家レベルの祖先祭祀のみならず，常民層の村レベルの

洞祭祀にまで儒教の原理が広く浸透していたと考えられる。したがって，韓国古来の村祭祀である洞祭は儒教によって補強されたうえ，次第に今日のような形で持続的に，展開されるようになったといえよう。

　第三に，洞祭には平等の原理が働いているといえよう。祭官選定において，崔吉城は韓国の祭りの特徴の１つとして，神の前に人間は平等であると前提し，不浄ではない，清らかな人は祭官になる資格があると説く[27]。しかし，神の前に平等であることは一般論理として認めるにしても，祭官になるには不浄でない，清らかな人に限られることになると，ある意味でこれは逆に特殊な条件になり，平等でなくなる。この条件を満たす人に限られて祭官として選ばれるためである。祭祀者の資格について日本の祭りにおいても祭祀組織を構成する際，その構成員の資格を何らかの形で制限する場合がある。いわゆる宮座の構成員がそうであり，年齢階梯を条件とする近江の一部地域の祭祀がそうであり，「名」を引き継いだ特定の家だけが祭祀に関わることができる中国地域の名主座はその代表的な例である[28]。このように祭祀組織が特定の集団に限られている例は韓国でもまれではあるが，報告されている。張籌根によると，慶尚北道迎日郡九龍浦邑大甫里（現在の浦項市）ではコルメギとして河氏・崔氏・梁氏の三神位［位牌］を祀っている。祭堂の神木に内在していると信じられている「コルメギ」は，この神木を初めに植えた者と考えられていると同時に，この神木は大甫里の三姓始祖の神霊として取り扱われていた。それで河・崔・梁姓の子孫宅を「コルメギ家」と呼び，この同族集団は洞祭享禩［洞祭経費を賄う契の一種］を主管して，祭官も三姓の内から40代以上の不浄でない男性が選定されるという[29]。これはいかにも日本の宮座に類似した興味深い事例ではあるが，他の地域ではほとんど見られない，例外的な事例であろう。洞祭における平等性は，洞内の家々の家格差や地域差も考慮すれば，一概に平等とは言えないかもしれない。しかし，基本的には不浄でない者であれば誰でも祭官になれるように全洞民に開放されている。しかも他所から移り住んだ人にも祭官を勤める資格が与えられている。ただし，儒教の理念の影響が強かった洞祭の場合は女性や子供が祭官になることは禁じられている。

　また，当屋に関してみると，日本では当屋を抽選や頭屋帳の記載順に廻し，あるいは宮座のメンバーが独占的に祭祀権を持つ。地域によっては，こうした祭祀権が世襲されたり，売買の対象になったりするところもある[30]。しかし，韓国の都家は民意によって選出されたり，輪番制だったりして日本

の祭祀に見られるような独占はもちろん，祭祀権の譲渡は認められない。
　最後に洞祭と禁忌について考えてみたい。禁忌期間と内容は村ごとに若干の違いはあるが，禁忌期間は徳谷里のように1年であったのを3カ月に縮めるなど，村の社会環境による変化がうかがえる。しかし内容面ではほとんど変化が見られず，依然として厳格に不浄を避け，忌みを守ることが要求される。村山智順は祭官として選ばれ得る者の資格条件として，①不浄なき者，②多幸なる者，③長寿なる者，④祭日にあたり生気福徳盛なる者，⑤部落内の有力，有識階級者とした。またこれらの資格条件中①の「不浄なき者」は祭官として絶大な条件であって，他の条件がいかに具備してもこの条件に適しない場合は祭官たることができないと指摘した。不浄とは「身と心とのけがれである」とし，一年間家族中において出生・死亡等の事なき者，その家族知己中において出生・死亡等の不幸なかりし者，飼養せる家畜に蓄殖なかりし者，常に品行方正なる者，その配偶者にして月経なきに至りし者等が列挙せられるとした[31]。即ち不浄は人間だけでなく飼われていた家畜にまで及ぶ広範囲のものであると記している。
　韓国では，出産直後には外部の人の出入りを禁じて禁縄という注連縄を張る。それは出産が神事であり，神聖なものとして考えられているゆえに，外からの不浄の侵入を予防するためであるが，ここには外の人を不浄視したり，危険視したりする観念が働いている。とりわけ喪家の人の出入りは頑なに忌んでいる。しかし出産のあった家人も他人の家や祭りなどが行われる聖なる場所への出入りは固く禁じられる。それは出産の不浄があるからであり，当然この人は村祭りの祭官にはなれないのである。このように出産は外からの不浄を拒みながら当事者たちも不浄視されるということはひとつの矛盾といえよう。崔吉城は出産には2つの属性が相伴っていると前述したが，聖なる物が不浄であるかのように2つの属性を1つのものとして見るのではなく，別々の属性を持って共存していると考えるべきであろう。
　出産の不浄は原則的に家のレベルに限られる。すでに述べたように家の入り口や正門に張られる注連縄は不浄よりも神聖さを守るという意味合いが強い。それと同時にその注連縄の内側にいる人やそこに入った人も不浄になることから判断すると，その注連縄には両義的な意味があると思われる。つまり不浄は家の枠内の中に留まっており，家という枠が不浄の境界になっているのである。出産不浄の人は他人の家に入ることを禁忌され，また家の祭りや祈願などはしない。しかし，これらの禁忌は隣家には及ばないのが一般的

である。つまり不浄と見なされている領域はあくまでも実際出産があった場所内に限られ，仮にその不浄になった人と会ったとしても不浄になることはないのである[32]。

　ところが，村祭りなど村落共同体の行事の場合は，その家のみの不浄だけでは済まない。村全体の行事である村祭りに不浄がふりかかり，村祭りが中止になったり，延期になったりする。そのため，部落祭の数日前から禁忌期間にかけて臨月の妊婦を予め他所に一時的に移らせることが多く見られる。また村外にまで移させられないものの，村内に一定の場所を定めて祭りが終わるまで身篭もりさせる地域もあった。韓国の忠清南道以南の西海の島々では「解幕」と呼ばれる産屋が存在していた。この地域のC島では1973年までは，大同会の日から堂祭当日に出産する妊婦達は，村のはずれの「解幕」へ退いたという。食料などを持って一旦解幕に移動すると，妊婦は堂主たちが堂祭を終え山から下りてくるまで戻れなかったという[33]。妊婦を村から解幕に出す理由として，祭りの供え物を準備する清水を村の共同井戸からくみあげるため，その水を汚れた産婦と共有しないためだと説明されるが，妊婦を不浄視するC島の例は村レベルでの厳しい制裁が施されたことのほかではない。また生理中の女性に対しても，今日でも当日他家へ泊まりに行ったり，外出することは禁止されている。このような慣行は徳谷里をはじめ，盈徳郡内の洞祭のときにも見られ，妊婦の村外への一時退去は現在も行われている。

む　す　び

　徳谷里では祭官になると以前は1年間の忌みの生活を強いられていた。今は簡素化されたものの祭儀が終わった後最低3ヶ月間は禁忌を守らなければならない。禁忌期間の短縮は徳谷里だけではなく，盈徳郡に広く見られる変化である。郡内の丑山面釜谷里では20数年前までは都家1年，祭官6カ月であった禁忌期間をめぐっての住民会議を開き，都家は3カ月，祭官は1カ月の間は凶事への出入りを禁じることを決め，それを洞神に告由してから施行した。この時の洞規約改正については〈告由文〉には「点在来洞規が現世俗生活に隘路が多く洞民大衆が会席し，洞規を簡素化することを…」などと記されており[34]，どこの村も都家や祭官に付せられた従来の禁忌が社会情勢や

日常生活に耐えがたいものであったことをうかがい知ることができる。また，忌み期間だけではなく，祭官に選ばれると祭日まで1日3回川の氷水で禊を行っていたという。地域によっては川水以外にも井戸水を使うところもある。この場合は井戸に注連縄を張り，蓋をしておく。こうした水は聖水と見做され，体を清めるだけではなく，祭物を調理したり，手入れするために制限的に使われていたことは十分うかがえる。しかし現在はこうした様子はあまり見られず，自宅の風呂または銭湯で体を清めるのが一般化している。その理由は水道施設になってから生活用水として川水や井戸水が使われなくなったこと，家畜飼育による汚染などがあげられる。また1日3回という沐浴潔斎が必ずしも守られているかどうかは定かではない。要は形式的な厳格さより，村の代表として選ばれた祭官自らが責任を感じ，心身を清く保つことが要求されるといえよう。もし洞神祭の後，村に不幸なことでも生じるとそれは洞神を祭った祭官の不徳になりかねないからである。

徳谷里で出会った祭官李〇〇氏は禁忌期間の短縮にかかわらず，自ら1年間は凶事には足を運ばないという。李氏は1年おきに祭官をつとめ，今年で10年目であるという。李氏は祭官を勤めることについて「家庭的に憂患がなく，安定なので（祭官を）やるのだ」というように，個人的に行動の制限はあってもそれがまた個人を超えて家への祝福として還元されるというポジティブな考えを持っている。多くの村が祭官を引き受ける人がいないため，祭官の数を減らしたり，洞長になると都家をつとめるのが当然視されている現状に比べて，徳谷里は4人の祭官を立て，地域をあげて洞祭を支えている数少ない村であるといえよう。分洞後も1つの村としてのアイデンティティを持ち，年毎に交互に当番をつとめ，祭りの明け方には都家を訪問し労をねぎらうことや，ほとんど寄付によって祭祀が賄えるなど，地域民の関心は他の村より高い。祭儀の中で行われる「焼紙」の儀礼はまさに住民の願望を添えたものであり，そのため年1回年の初めに行われる洞祭は格別の意味あいを持っているといえよう。沿岸の村々が洞祭と別神クッという二重構造の村祭祀をもっているが，このような村こそ比較的に洞祭のほうが廃れていき，数年に1回行われるクッに力がはいり，村の祝祭になっている現状からすると，徳谷里の地域祭祀は祭祀の地域性を考える上で今後も注目される。

最後に，日本の村祭祀との比較について若干触れておきたい。日本では地域祭祀といえば多くが神社を中心に行われる村祭りであり，いえば「神社祭祀」である。またこの神社祭祀は「宮座」という祭祀集団によって支えられ

ているところが多い。宮座の概念規定とその有効性についてはいまだに論争が続いているのが現状であるが，おおよそ次のような特徴を有するものであるといえよう。即ち，宮座は，祭礼に際して特権的に神事を営む組織であり，その中から当番を決め，その当番が神饌を調整して神に供え，それを座衆一同が共食するというものである。

　では，韓国ではこのような「宮座」らしきものが存在するのであろうか。結論から述べると宮座の有無より「宮座」的属性があるかどうかの問題である。すでに述べてきたように韓国の祭祀集団は，毎年住民の中から選ばれる。基本的には成人男性（既婚者）であるなら祭官になれる。その中で不浄でない，清らかな人が選ばれる。しかも多数の対象者の中で素養のある年長者が好まれる傾向がある。一見すると，ここまで選び抜かれた祭祀集団は，特権的権限をもつ祭祀集団のように思われるが，この祭祀集団は連続性がなく1年限りである。つまり祭りごとに新たに選出され，組織されるのである。そこには韓国ならではの厳しい不浄の観念が内在しているからにほかならない。過疎や高齢化という時代の変化と妥協し，祭官の数を減らすところもあれば，都家に対して経済的な補償を行うことはあっても，神に仕える者として不浄でない者を選び，禁忌を守り抜くのが祭官たちに与えられた最大の役目である。これに対して日本の当屋は輪番制などによってすでに内定されている場合が多く，忌みを避け，精進する義務があるにしても韓国に比べると緩やかな側面も見られる。しかし，当屋と都家の役割には類似性が強く感じられ，当屋祭祀の側面からのアプローチも必要であると思われる。

注
1) 崔吉城は洞祭を部落祭の一形態として把握している（『한국 민간신앙의 연구』199頁）。
2) 張籌根「部落及び家庭信仰」『韓国の民俗大系』4巻，国書刊行会，1990，144頁。
3) 「コルメギ」神は地域によっては「ハルベ（お爺さん）」「ハルメ（お婆さん）」と呼ばれるところも多くある。また，基本的には二姓の祭神が祀られている場合が多いが，三姓，四姓の神を祀っている村もある。
4) 村山智順『部落祭』朝鮮総督府，1937。
5) 日本語版は『韓国の民俗大系』5巻（竹田旦・任東権訳，国書刊行会，1992）。
6) 『日韓合同学術調査報告』第2輯（日韓漁村社会・経済共同研究会），1984。
7) 玄容駿「厚浦・直山の村祭り」『韓国の民俗体系』4巻，197～207頁。

8) 松本誠一「東海岸狗岩のコルメギ洞神祭と洞組織」『韓国の民俗体系』4巻，232〜245頁。
9) 権三文「東海岸沿岸村落の秩序と自治」『民俗学研究』第2輯（安東大学校），1994，のちに『東海岸漁村の民俗学的理解』民俗苑（2001）に再収録（いずれも韓国語）。
10) 末成道男「東浦の祖先祭祀　韓国漁村報告書」『聖心女子大学論叢』第65集，1985。
11) 崔仁宅「韓国漁村社会の調査ノート」『宮崎公立大学文学部紀要』第6巻第1号，1998。
12) 洞祭には祭官以外の人は不浄を恐れて近寄らない。まして村外の人が洞祭に参加することもなければ，関与も許されない。それにもかかわらず，快く調査に応じてくださった里長をはじめ，祭官の方々に深く御礼を表したい。当地には，その後2006年6月には2回目に入り，追加調査を実施した。
13) 本章で言及する「里」は郡の行政単位の末端であり，日本の字に相当するものである。また郡の下部単位である「邑」あるいは「面」は，日本の「〜郡〜町」の「町」に当たるものとして理解するのがよいだろう。
14) 『盈徳郡統計年報』（2005）より，再構成したものである。
15) プロテスタント諸教派の通称，新教ともいう。
16) 韓国では，ローマカトリックの通称として用いられている。
17) 代表的な施設として郷校がある。郷校は朝鮮時代に地方の儒教教化のため，地方行政単位ごとに置かれた官立の学校を意味する。
18) 前掲注5，99頁。
19) 祭官（74歳）によれば，太平洋戦争の際は食器や祭器によく使われた真鍮の器は武器の材料になるため，強制供出の対象であったが，祭器は匿って供出を免れたといわれる。
20) 慶尚道地域では洞神（コルメギ）を「ハルベ」という場合には祖父の意味ではなく，祖先の意味になる。張籌根『韓国の郷土信仰』（松本誠一訳）第一書房，1982，29頁。
21) 洞祭の翌日の朝は全住民を対象に「大同会」が開かれ，洞民会館で洞祭の報告会をかねた直会が行われる。このときは祭儀に使われた供え物と別途に用意した肴を入れた弁当箱が配られる。
22) 前掲注10，109頁。
23) 崔吉城『한국　민간신앙의 연구』啓明大学校出版部，1989，169〜170頁。
24) 朴桂弘『比較民俗学』蛍雪出版社，1984，9〜10頁。
25) 竹田聴洲・高取正男『日本人の信仰』創元社，1957，47〜48頁。
26) 前掲注10，83頁。
27) 崔吉城『韓国の祭りと巫俗』第一書房，1980，116〜117頁。
28) 岡山地方の名主座については，崔杉昌「旧新見庄の神社祭祀」『佛教大学大学院紀要』第33号（2005）を参照されたい。

29) 張籌根『韓国の郷土信仰』(松本誠一訳) 第一書房, 1982, 29～30頁。
30) 前掲注28, 82～83頁。
31) 前掲注4, 240～241頁。
32) 崔吉城『韓国民俗への招待』風響社, 1996, 132～134頁。
33) 鈴木文子「韓国漁村の近代化と世界観」『青丘学術論叢』第8集, 韓国文化研究財団, 1996, 169頁。
34) 『山間信仰Ⅱ』(慶北・慶南編) 国立文化財研究所, 1999, 213頁。

第3章　盈徳郡江口面の洞祭の展開と変貌

はじめに

　韓国の1970年代から80年代にかけての時代は政治・経済・社会など至る所で"急変"ともいえるほどの変革期であった[1]。それは上下の秩序を強調した儒教の理念や伝統を重んじる従来の価値観が経済成長の妨げになるかのように扱われた時期でもあった。特に急速に都市化の波にさらされた農漁村は生活共同体としての"地域"の機能が瓦解し、村そのものが崩壊寸前まで追い込まれるところもあり、こうした実状から今まで伝承されてきた信仰や社会慣行も自然に廃れてしまった。このような時代の反映か1980年代後半以降は民俗学者や人類学者による農漁村を対象にしたフィールド・ワークの報告もあまり見られなくなった。これは研究者の視点がもはや農漁村を研究対象としなくなったことを意味するものかもしれない。
　ところで、果たして一般にいわれるように農山村は瓦解し、研究に値するほどの民俗事象が残っていないのだろうか。従来見られていた信仰は時代にそぐわないといって本当に廃止されてしまったのだろうか。私にはこうした疑問はどうしても払拭できないところがある。このような疑問から筆者は2005年8月から2006年6月まで数回にわたる現地調査を行った。その結果、多くの村々では時代の変化に応じながら依然として村信仰を守り続けていることがわかってきた。筆者が調査を行った江口面だけでも22カ里のうち、20カ里も洞祭を挙行しており、江口以外の地域の多くのマウルでも洞祭を行っていることが確認できた。
　本章ではフィールド・ワークの成果として盈徳郡江口面で行われている地域祭祀である洞神祭を取り上げた。いくつかの事例を通して地域祭祀に対する地域民の取り組み方や、現代社会において地域祭祀がいかに展開されているかを分析し、考察を試みたい。

第1節　江口面の概況

　江口面(강구면)には22の行政里があり，南は南亭面，西北は盈徳邑，西は達山面，東は東海と接している。面事務所は烏浦里に位置する。面積は36.83km² である。

　表13のように，2004年12月31日現在，江口面は3,430世帯，人口は8,503人(男子4,136人，女子4,367人)である。盈徳郡全体から見ると韓国の一般的な農村地域と同じく離村向都による人口流出現象が続いている地域でもある。しかし，2005年度『盈徳統計年報』を見る限り，1邑8面のうち，盈徳邑と寧海面，そして江口面は転出者よりも転入者がやや多い。

　現在の江口面は日帝強占期の1934年4月1日郡行政区域改変の時新たに新設された面である。すなわち，朝鮮時代に元の烏保面に属していた下渚，金津，小下の3つの洞と中南面の上劍，下直，上直，花田，素月，江九の7つの洞が合併し，江口面が誕生した。以降，面区域の変更や面名の改称なく，現在に至っている。1988年に面内の洞を里に，1990年には従来の下直里を元直里に改称した。

　現在の面の構成は江口(1，2，3，4)里，烏浦(1，2，3)里，花田(1，2)里，上直(1，2，3)里，元直(1，2)里，錦湖(1，2，3)里，金津(1，2)里，三思里，素月里，下渚里に分かれている。

　面内を通過する河川として長さ約40km，流域面積約30km² の五十川がある。川の河口には天然の漁港である江口港があり·寧海面の丑山港と共に東海岸一帯の重要な漁業基地として機能している[2]。江口里には26カ所の水産

表13　盈徳郡内の人口推移[3]

	人口	世帯数	年度
盈徳郡	45,959	19,378	2004
	61,735	19,018	1993
	85,087	19,607	1983
	113,163	20,268	1974
盈徳邑	12,164	4,829	2004
江口面	8,503	3,430	2004

物加工工場や鮮魚販売所刺身や海の幸の料理を専門にする食堂などが並んでおり，数年前に人気テレビドラマの撮影地であったこともあって特に週末になると他所からの多くの観光客で港はごった返す。

　この地域を産地とする「ヨンドク・デーゲ（竹蟹）」はブランド化され，盈徳を代表する特産品として全国的に知られている。江口面烏浦里の江口バスターミナルのすぐ近くにある江口市場には5日ごとに「五日市」が開かれ，デーゲ以外にも地域でとれた農産物や果物の売買で賑わっている。

　面内の農耕地として五十川流域は肥沃の土質で，稲作が集中的に，内陸山間及び海岸沿いの一部では畑作が行われている。江口面の海岸線は主に岩石をなしていて，アワビ，ワカメ，海苔などの海産物も豊富であり，沿岸の海は水深が深く漁場が発達しているため，三角網や定置網なども行われている。

　1987年に開発された三思海上公園は年中観光客で賑わっているが，特に毎年1月1日の日の出行事には数万の人派が集まるといわれる。22の里の中で下渚里と金津1，2里，烏浦3里，江口1，2，3，4里，三思里は国道7号線沿いの海に面しているため，釣り客や海水浴客が多く訪れる所でもある。これらの地域は洞神祭とは別途に豊漁祭も行っている。

第2節　下渚里の祭祀組織と洞祭

1　下渚里の概要

　下渚里（하저리）は江口面の北端に位置し，盈徳邑と面している集落である。海岸道路に沿って集落が発達しており，民宿やモテル，刺身料理の店が何軒もある。また，1964年に建てられた下渚教会と比較的新しい教会も一軒ある。

　下渚里の洞名は海沿いの砂地に位置する村から由来する。現在の下渚里の人口は454人（男209人，女245人），186世帯である。これは江口面の22里のうち，人口，世帯数において8番目の規模である[4]。村は全部8班に分かれており，1と2班がアレマウル（下村），残りがウッマウル（上村）である。アレマウルには上祭堂が，ウッマウルには下祭堂が位置する。

　この村は今から600年前に順興安氏という人が開拓し，林里と称したが，その後，杞溪兪氏と密陽朴氏が続いて定着し，下渚と改称したという。朝鮮

時代には盈徳郡東面地域に属する典型的な海岸村であった。1914年に行政区域を統廃合するとき、下渚洞となって烏保面に属していたが、1934年江口面が新設されるにつれて、江口面に属するようになった。1988年5月1日下渚里に改称され、現在に至っている[5]。

下渚里は江口橋を渡り、江口里から海岸に面した道路に沿って北上するところの半農半漁の村である。50年前には漁業より農業の方に従事する住民が多かったといわれる。今は比較的若い人は漁業をし、年寄りは農業を営んでいるが、以前に比べると多くの土地は遊休地となっている。最近は近隣の水産物加工工場で働いている夫人たちも多くなった。

漁村契[6]の契員は93名であり、漁村契では「チャム（좀）」[7]の管理と分配、漁場の管理などを担う。チャムは20カ所あり、主にワカメを採取する。チャムはこれまで漁村契員にのみ分配していたが、4年前から契員でない人にも3カ所を分けてやっている。他には漁村契で管理する区域漁場はあるが、定置網はない[8]。

洞神祭の他に、5年に1回別神クッを行っていたが、村の基金が不足し、20余年前から10年に1回行っている。

2 下渚里洞神の構造

洞神祭は毎年、旧暦の1月15日と旧暦の9月9日[9]に行われる。下渚里の祭堂は下渚橋を境に上祭堂と下祭堂と2カ所に分かれている。

上祭堂は下渚橋より北側の、防波堤から集落へ200m入ったところの平地に位置している。青色で塗られたスレート屋根の建物はセメントブロック塀に囲まれ、海に向かって建てられている。入り口の門には太極の紋様が描かれている。祭堂の後ろにはケヤキの神木が立っている。2坪ほどの内部は奥に屏風と高さ1mほどの木のテーブルが置かれている。また隅には蓮華の飾りと蠟燭立てが置いてある。

下祭堂は下渚橋を江口方面に渡り、約30m行って民家と畑の間のセメント包装した狭い道を右の方へ100m進むと山の麓にぽつんと立っている、青色のスレート屋根にセメントで仕上げられた建物である。正面には「神明堂」という扁額が掛けられている。内部には屏風と木のテーブル、蠟燭立てが備えられてある。

写真9　下渚里の下祭堂

1 ）祭神

　上祭堂の祭神は男神で，「ハルベ（お爺さん）堂」ともいわれる。祭堂の中には黒い木の板に左から順に「開洞主月城兪公神位」「開洞主密陽朴公神位」「開洞主順興安公神位」と書かれており，「本貫」に「兪」「朴」「安」という具体的な姓が付与された位牌が祭神として祭られている。

　『盈徳郡誌』によると「約600年前に順興安氏が村を開拓し」たが，「その後杞渓兪氏と密陽朴氏が相次いで定着した」と記されている。つまり，最初この地域に安氏が入ってきて定住し，その後，朴氏と兪氏が移り住み子孫が繁栄するようになり，村が発展していった。そこで，安氏が死んで村の入郷神として，朴氏と兪氏は「コルメギ」となったと考えられ，「安氏基盤に朴氏・兪氏コルメギ」ができあがったと言えよう。

　一方，下祭堂の祭神は女神で，「ハルメ（お婆さん）堂」ともいわれる。やはり位牌には「開洞主順興安公神位」「開洞主金寧金公神位」「開洞主月城李公神位」と書かれており，上祭堂の朴氏，兪氏以外にも新たな姓氏の金氏と李氏が祭神として祭られていた。上と下の祭神の具体的な結びつきは確認できないにしても，村人によって男神―女神，またはハルベ―ハルメという人格を与えて認識しているところから祖先神的性格が強く感じられる。

　ところで，現在の姓氏の分布を見ると，金海金氏20戸，旌善全氏12戸，金寧金氏10戸，慶州崔氏10戸，密陽朴氏3戸で[10]，その他は諸々の姓が混ざっ

ている。各姓である。その中には位牌にあるような姓氏も見られるが，全体的には大きい割合を占めているわけではない。また，そのような姓氏が洞神祭において祭神と何か特別な関係にあることを示す行為はまったく見られないことから考えると，下渚里の祭神は特定の姓氏の祀る祭神ではなく，村の神として広くかつ平等に信仰されていることがわかる。この点は盈徳の多くの村で普遍的に見受けられる神観念である。

2）祭日

洞祭は上・下祭堂ともに年2回行われる。祭日は古くから決まっており，正月15日と9月9日（祭日に関してはすべて旧暦を採用）に祭祀を行う。祭祀が行われる時間はその日の午前0時だと言われるが，2005年9月祭祀の調査のときには前日8日の夜10時すぎに祭堂に向かって出発していた。洞神祭は上の洞祭の後，下の祭堂へ移動して祭祀を行うので最終的に祭祀が終わるのは日付が変わる9日になる。

下渚里長の全氏によると「祭日の前にもし不浄な事でも起こったら改めて日取りをし，祭祀を行う」という。日取りに関してはまだ前例がないので下渚里でははっきりした決まりはない。しかし盈徳邑老勿里（ノムリ）の場合，年4回洞祭が行われるが，正月以外は邑内の「哲学館」あるいは寺の僧侶に祭官の生年月日などとの相性を占ってもらい，祭日を決めるケースもあるという。

3）祭官

祭官は基本的に正月と9月の祭祀ごとに別々に選出される。場合によっては正月の祭官が9月の祭官を兼ねることもありうる。正月洞祭の祭官は正月5日ごろ選出され，10日ごろからは心身ともに清潔にし，精進しなければならない。9月洞祭の祭官は1週間前に選出するといわれたが，今年は5日前に選出されていた。選出方法は「マウル開発委員会（以下委員会）」のメンバーの協議によって決まるという。祭官の条件は地域によってさまざまであるが，一家の成人男性であり，死の不浄や血の不浄から遠ざけられていることが基本的な条件になっている。すなわち，一家の中に死や出産とかかわる事柄があっては祭官の資格はない。祭官に選ばれるのは少なくとも50代以上でなければならないといわれるが，今年の祭官が40代であることから必ずしも守られているとはいえない。祭官になると，凶事は無論吉事にも行ってはいけないことになっている。また，以前1年間であった忌みの期間も3カ月

間に短縮されたものの，忌みを守らなければならない。

　委員会で祭官の選定が終わると当事者本人の意思を確認し，また大過がなければそのまま決まる。今年9月の下渚の祭官に選ばれた全氏（48歳）は初めて洞祭に参加されるケースである。ふだん全氏は夫人と共に夜明け前に沖に出て漁をする日々を送っている。洞祭の当日も漁に出ていたと言う。実際，洞祭祀のときは祭官の全氏と洞祭の経験の多い全氏の兄（76歳）が参加し，祭官全氏は兄の指図に従い，祭礼を遂行していた。

　祭官は供え物の準備以外に，3日前に家の門と祭堂の門に1本の注連縄をかざり，その入り口の前に黄土[11]を2列に一定の間隔で撒いておき，雑鬼の侵入を防ぐ。祭官の人数は以前3人（祭官2人，うち1人は祝官，そして都家1人）であったが，今は1人という状況になっている。これは近年に入って祭官を引き受けてくれる人がなかなかいないため，やむを得ず祭官の人数を減らさざるを得なかったという。つまり祭官1人で供え物を用達する都家（トガ）をも兼ねるようになったのである。今は祭官選出が村の代表者である里長の最大任務の1つであり，一番の悩みの種でもある。江口面金津2里の場合，祭官を引き受ける住民がいないため，里長が祭官を務めることになっている。また前述の老勿里でも祭官1人当たり1回40万ウォンの手当てと岩のりの採取権を与えても皆辞退したという。老勿里の内洞では20数年前から祭官職を輪番制にしたという。また最近寧海面でも順番制を導入している。

3　重九祭祀
1）祭儀の準備

　洞祭は前述のように，正月と9月の2回に行われる。両者は儀礼としては大きな違いはないようである。ここでは9月の洞祭について述べよう。因みに盈徳地域の9月の洞祭はほぼ同日同時に行われるため，今回の調査では直接参与観察が可能であったのは下渚里の1ヵ所のみであり，他は聞き取り調査によるものである。

　祭物はたいてい前日（7日）に用意しておく。都家には委員会から洞祭の費用として100万ウォンが支給される。この費用の中には都家に対する手当てや翌朝（10日）の洞民の飲福（直会）の材料費まで含まれている。祭物の買い入れは主に江口市場で行う。このとき注意すべき点は買い物をする店にも忌みがあってはいけないことである。もしそのような店があれば極力避け

なければならない。
　供え物は次の通りである。

　スイカ，瓜，リンゴ，ぶどう，三実果（栗，ナツメ，干し柿），ユクァ（お菓子），明太チヂミ，ゆで卵，干し明太，魚，ナムル，タン（牛肉と豆腐を入れた汁物），酒，蠟燭，水

　魚はブリ，カレイ，スズキ，イカが使われる。ときには漁船を所有している住民から獲れた魚を寄付してもらうこともある。最近の資料ではナムルを使わないとか酒は焼酎であると記されているが[12]，筆者の調査ではナムルと清酒が使われていた[13]。
　祭祀は上と下の祭堂でそれぞれ行われるので，祭物も2回分用意し，上祭堂で使った物は下祭堂で使ったり，混ぜたりしてはいけないといわれている。
　当日（8日）は「下渚マウル会館」で祭物の手入れをする。会館は3年前に建てられた。マウル会館ができる前には「都家」の家で祭祀の準備を行っていた。今はマウル会館が祭祀の際に都家として使われる。この日は夜7時にすでに祭官夫婦と祭官の兄が待機していた。また村の婦人1名が調理を担当していた。

　2）祭儀
　夜10時半，マウル会館を出発した。徒歩10分ぐらいで上祭堂に着く。祭物は祭官の夫人によって車で運ばれた。女性は祭堂の中に入ってはいけないので，夫人は外で待機する。
　祭壇の上には蓋をしてあった3つの位牌が並んであった。祭官は蓋を取り，向かって左から「開洞主月城兪公神位」「開洞主密陽朴公神位」「開洞主順興安公神位」と並べる。それから祭物を陣設する。それから蠟燭と線香に火をつける。

　儀式は次の通りにおこなう。
　　①　3つの盃に半分ぐらい酒（清酒）を注ぐ。
　　②　祭官が神霊に対して跪いて2拝礼する。
　　③　跪いて座り，盃に酒を注いでもらう。香炉の周りを3回廻して祭壇

　　　　に供える。
④　2拝礼する。
⑤　箸の位置を他の祭物に移しておく。
⑥　退盃する。
⑦　再び盃に半分ぐらいお酒を注ぎ，香炉の周りを3回廻し供える。2拝礼する。
⑧　飯碗の蓋をとり，匙を飯につき立てる。
⑨　ナムルを下げ，冷水の入った碗を出し，それに匙で飯を3回すくってかき混ぜる。
⑩　添盃，箸を移しておく。
⑪　2拝礼する。
⑫　飯碗の蓋を少し斜めにかぶせておく。退盃。
⑬　添盃する。
⑭　2拝礼する。
⑮　酒1杯と若干の祭物を祭堂の外に投げる。
⑯　撤床，位牌の蓋をし，供え物を祭壇から下ろす。

　儀式は終始祭官の兄の指図によって行われた。祭官の兄は祭官の弟とはだいぶ年が離れ，祭祀の経験も豊かであり，始めて祭官に選ばれた弟のため，指南役を買って出たという。
　上祭堂での儀式が終了すると，左側の注連を解き，祭堂の塀の上に巻きあげておく。それから直ちに下祭堂へ移動する。この際，祭官夫婦は一度会館に戻り，新しい供え物に入れ替えて下祭洞に戻る。下祭堂での祭祀は上祭堂とほぼ同じである。
　以前は上祭堂から下祭堂へと移動する前に，上祭堂の祭物の一部を取り，海辺に行ってお膳（距離床(コリサン)）を設けて杯と共に供えたあと，再拝したという。これは海で死んだ霊を慰めるためであるといわれる。このとき，祭物を集め，海に投げながら「哀れに死んだ○○○を楽にしてあげてくださり，ウリマウル（わが村）が平安でありますようにお願いします」と祈願したという[14]。
　下渚里の洞神祭は儒教的形式に則っていることがわかる。これは家レベルの祖先祭祀の形態とも類似しており，祭物の内容も大同小異であった。しかし，20年前までは祭祀に祝文[15]があったが，現在は使われていない。これ

は漢文を覚えていた世代が高齢化し，堂祭に参加しなくなったため，漢文で祝文を書き読みできる人がほとんどいないからである。このような状況は周辺の村々にも一般的にみられる現象であり，三思里のように祝文を扁額にし，祭堂内に掲げているところもあるが，これからハングル教育で漢字を知らない世代が増すといっそう廃れていくのではないかと思われる。

　また，一時は祭祀に「焼紙」も上げていたといわれる。焼紙はまず，洞神焼紙をあげた後，マウル焼紙を上げ，洞民の平安と豊作，豊漁，家畜のための焼紙をそれぞれあげた。それから，安氏，兪氏，朴氏の順に，下祭堂では安氏，李氏，金氏の順に焼紙を上げてきたとされるが，現在は見られない。

3）飲福

　「飲福(ウンボク)」とは祭祀に使った祭物と福酒を村人が共飲共食することを意味する。家庭の祖先祭祀では祭祀終了後，その場を家族が囲み，「飲福」するのが一般的な風景である。洞神祭の「飲福」行事は祭祀が終わった15日の朝9時頃に「マウル会館」で行われる。早朝里長により放送で知らせるが，実際には出席者はそれほど多くないという。生活水準が今ほど豊かではなかった時期にはご馳走にありつけるといって，たくさんの人が「飲福」に参加したようであるが，近頃は主に老人層しか参加しない傾向にある。このような事情は村ごとに若干の差はあってもあまり変わらない。「飲福」は単に洞神と住民の共食という点だけではなく，村人の結束を図ろうとした場でもあったことの意味はかなり薄れてきている。

　また，この日は洞会も併せて行われる。洞会では昨年度の事業の決算，新年の事業計画樹立，里長選任などが論議される。

　かつては洞会が終わる午後1～2時になると，このときから「ジシンパルキ（地神踏み）」という民俗芸能が行われた。いわゆる「農者天下之大本」という旗を先に立たせ，「風物(プンムル)」という農楽器[16]をたたきながら村を練り歩いたという。これを「プンムルペ（風物輩）」と呼んだ。このとき，村の青年たちが女装をしたり，「両班(ヤンバン)」の格好をしたりしで戯れながら「プンムルペ」の後を追う。「プンムルペ」が練り歩く際に各家は米や粟を寄付したという。20余年前に別神クッの経費をまかなうために「プンムルペ」が大規模の「乞粒(コリップ)」[17]を行ったことがあるが，現在は「ジシンパルキ」を行っていない。

　また，15日には綱引きも行われていたと伝えられる。当時は3年ごとに別

神クッを行ったため，別神クッを行わない年に綱引きが行われた。綱引きは村の境界をアレマウル（下の村）とウッマウル（上の村）と分けて競い合った。綱作りは村中で藁を集め，砂浜で行われた。まず，藁束を柔らかくするために海水に浸したあと，砂浜に積み上げてカマスで覆っておく。13日になると，ウッマウルとアレマウルが一緒に綱を作り始めた。ウッマウルはアムジュル（メス綱）を，アレマウルはスッチュル（オス綱）を作る。綱作りは2〜3日かかり，人夫たちに富家からマッコリ（濁酒）の差し入れもあったという。

　直径20cm，長さ50cmぐらいの綱が出来上がると，砂浜に輪状に丸めて保管した。昔から「女が綱を跨って越すと縁起が悪い」といわれ，女性が近寄ることを禁じていた。綱引きは15日，砂浜で行われた。村人が砂浜に集まると綱を担いで村中を一周した。それから洞祭堂に寄り，洞神に礼を上げたあと砂浜に戻ると二つの綱を結合させる。綱引きは女子も加わって行われた。勝負は一方の綱が切れたり，引きずられたりすると決まる。勝負が決まると勝ったチームは大喜び，プンムルを鳴らしながらはしゃいだという。しかし，韓国戦争が終わって間もないとき，綱引きの途中，両方が過熱して大喧嘩になり，その後は綱引きを止めている[18]。

第3節　金津1里の洞祭と特徴

1　金津1里の概要

　下渚里の南の隣村である金津1里（クムチンイルリ 금진일리）は，江口より海岸沿いの918番の江丑（カンチュク 강축）道路に沿って，北へ3.5km離れた所に位置する。

　16世紀後半，金海許氏と密陽朴氏が開いたマウル（村）であると伝えられている。そのため，洞神は「許氏基盤に朴氏コルモック」となっている。金津一里はアレマウル（下の村）とウッマウル（上の村）と2つに分かれているが，もともと一つの村落である。すなわち，先に村を開いたアレマウルより人口が増えるにしたがい，現在のウッマウルへと分村したといわれる。それで「アレマウルがクンジップ（本家）格」とされている。1914年に烏保面に編入されていたが，その後1934年に新設された江口面に属し，今日に至っている。

　2004年12月現在，人口302名（男138，女164），136世帯である。姓氏別に見

ると，慶州李氏17戸，金海金氏7戸，密陽朴氏8戸，慶州崔氏6戸，金寧金氏6戸，密陽孫氏5戸，慶州孫氏5戸，寧海朴氏4戸，あとは各姓である。1990年初期には金海金氏32戸，慶州李氏18戸，慶州崔氏12戸，金寧金氏10戸などであったが[19]，一番多かった金海金氏の戸数が大幅に減少している。

マウルは全体を6班に分けて，1・2・3はウッマウル，4・5・6がアレマウルである。ウッマウルは上ソンジェ，アレマウルは下ソンジェ[20]ともいう。上・下ソンジェは祭祀においてそれぞれの祭堂を中心に活動し，日常的な社会生活においては1つの村落共同体としてまとまっている。

金津1里の生業は半農半漁である。錦湖平野を中心に8.43haの田を耕している。漁村契員は35名で，水協の組合員は40名である。漁村契はチャムの管理と分配，漁場の管理をする。チャムは19カ所にあり，漁村契員だけに分配してきたが，約10数年前から抽籤で洞民全員に分配している。ワカメの種をつけるのは旧暦10月で，ワカメの採取は旧暦3・4月まで行うが，それらの仕事は潜水夫と海女たちに賃金を払って一任する。

定置網は2カ所あり，主にブリやイカが捕れるが，最近，海の汚染などで漁獲量はへりつつある。マウル漁場ではアワビ，ウニ，ナマコなどが捕れ，年間200～300万ウォンの収益があり，区域漁場の収益と合わせてマウルの基金としている。この基金は洞祭と別神クッ，その他，マウルの大小事の経費としてまかなう。

マウル財産として，824坪の畑があったが，2002年に売却し，その代金をウッマウルとアレマウルが4500万ウォンずつ折半してマウル基金として積み立てている[21]。

2 洞神と祭儀

洞神祭はウッマウルとアレマウルが別々に行う。以下は"本家格"にあたるアレマウルの洞神祭を中心に述べていく。

1）祭日

毎年，旧暦3月と10月に行われる。多くの地域では洞神祭を正月（旧暦の15日）に行う場合が多いが，この村では正月祭祀は見られない。その理由として"夢に洞神が現れ，別告祀を行いなさいとの啓示があった"といわれる。つまり，別告祀とは日を決めて行う祭祀ではなく，日取りして行う祭祀を意味する。日取りは洞神祭の前月の晦日に江口や盈徳の哲学館[22]に頼

写真10　金津1里の祭堂

み，朔日から3日の間に行う。『盈徳郡郷土史』によれば，重九（9月9日）にも祭祀が行われると記されている[23]。ただし，重九祭祀は洞祭堂ではなく「マウル会館」で祭壇を設けて行う。この重九祭祀は「村の地神」のために行う祭祀であるといわれる。

　2）祭神

　アレマウルの祭堂は海岸沿いにある「東海フェチップ」という刺身屋の裏側に奥にある小高い山の麓に位置する。祭堂の手前にある出入口の門には「恭愼門」という扁額があり，「1968年旧暦4月7日建設」と記されてある。また，祭堂の扉の上には「金津神堂」と書かれた扁額がかけられており，「檀紀4257年9月13日建設」と書いてある。檀紀4257年は西暦で1924年であり，およそ90年も前に立てられたことになる。現在の祭堂は2003年に補修したものである。

　祭堂は瓦の屋根に表と中の壁はセメントで仕上げられている。祭堂の中には白い壁の奥に高さ1mぐらいの祭壇が設けられており，その前に香炉やロウソク立てを載せた台が備えてあった。祭壇に向かって左側には①「洞社之神」と，右側には②「洞禝之神」と書かれた木製の位牌が安置してあった。「許氏基盤に朴氏コルモック」といわれているが，位牌の内容からはどちらの位牌が許氏で，また朴であるかははっきりしないのである。村では許氏を

ハルベ，朴氏をハルメといっている。一方ではアレマウル（下ソンジェ）の祭堂をハルメ堂，ウッマウル（上ソンジェ）の祭堂をハルベともいう。いずれも正確な資料がなく，人によってそれぞれ異なる解釈をされている。許氏と朴氏以外にもこの村で客死した1人の僧侶を洞神として一緒に祀っているというが，僧侶と思わせる位牌のようなものは見当たらない。

　ウッマウルの祭堂は「チョンス食堂」の裏側にあり，比較的平地に位置する。この祭堂は約50年前に建てられたといわれているが，1997年に改築したという。もともとは祭堂がなかったらしく，海岸沿いにあった大きい岩の前で祭祀を行っていたといわれる[24]。祭堂の中には3つの位牌が安置されていて，左から①「従亨西副神位」②「至霊至明社主神位」③「従亨東副神位」の順に並べてある。これらの神の性格について，②は「コルモックハルベ」であり，村の西が山で，東が海であることから①は「山の神」③は「海の神」と説明されている[25]。もし，この説明にしたがうとすれば，前記のアレマウルは「ハルメ」であり，ウッマウルの主神は②のように「ハルベ」であるという説は妥当性を持つ。

　今まで見てきた洞祭の多くは「〇氏基盤に〇氏コルモック」といった双分神的存在の姓が具体的に記載されているのに対して，金津一里の祭神は「山の神」「海の神」のように自然神的，なお「非人格神」的要素が色濃く反映されていると思われる。アレマウルの位牌①と②に見られる「社」と「禝」，つまり「社禝」も「土地神」「穀神」といった意味を持っており，やはり自然神を表している。要するに自然神的性格を有していた洞祭神があとから儒教の影響を受け，今日のように姓を冠した位牌祭祀としてできあがったのではないかと考えられるが，今のところそれを論証することは困難である。

3）祭官

　祭官の選びは2月の晦日と9月の晦日に大同会を開き，都家1名，祭官2名（1名は祝官）を選出する。妊婦のいる家や喪主の家は選ばない。また祭祀が終わったあとも葬式や血の不浄を伴う凶事には半年間は出入りが禁じられている。結婚式や祝い事には3カ月過ぎてから参加が許される。祭祀の日取りが決まると，3日前に洞祭堂と都家に注連縄を張り，また黄土を蒔いて雑神の侵犯を防ぐ。

　祭官になると厳しい禁忌を守らなければならないので，祭官を固辞するこ

とが多くなった。そのため，15年前から里長が祭官として参加してきたが，1995年からは男子（戸主）のいる家を選び順番で1名ずつ祭官（都家も兼任）の役を任せている。1人で都家と祭官をつとめるというのは家族の協力なしでは遂行できない。結局は祭官に任ぜられると夫婦が一緒に参加することになり，夫人は執事の役を果たすことになる。祭官には50万ウォンの手当が支給される。祭物費用として30万ウォンぐらい策定されるので，洞祭を行うための総費用は80万ウォンぐらいかかる。前述したように2002年にマウル基金を助成するまでには各家に1万ウォンずつ拠出して洞祭を行ってきたが，基督教の信徒や不幸がある家は祭祀経費を負担しないことからマウル基金を祭祀費用に当てている。基督教の信徒から祭費を集めないのは"精を込めなければならぬ洞祭祀に対して宗教上の理由で文句をいわれ，不浄な話が生じてはいけない"[26]からであるという。

　4）祭物
　洞神祭に使う祭物は市場に行って購入するが，10年前までは村で調達したという。祭物は次の，

　　　タコ，明太，鱈，イシモチ，鮃，カレイ，ニシン，牛肉散炙[27]，
　　　ナツメ，栗，干し柿，リンゴ，梨，白餅，白飴，御飯，クック（汁物）
　　　タン（湯）[28]，チョン（煎）[29]，清酒

である。海産物はすべて火を通して使う。その他にはロウソク，線香などを用意する。
　飴を祭物に使うのは近隣ではほとんど見られないが，肉を禁食とする僧侶が洞神であるため，肉の代用食として供えているという。

　5）祭儀
　祭祀は先にアレ祭堂から始まり，それが終わるとウッ祭堂がはじめる。
　かつては祭日の夜に，束ねたワラに火をつけて祭堂の周囲に煙をまいて不浄払いを行ったというが，今は行わない。もとはワラ束に火をつけてアレ祭堂とウッ祭堂の祭祀時間を合わせるためであったものだが，現在は時計で祭祀時を調節するという。
　アレ祭堂の祭祀は11時から供え物を陣設し，12時に行われる。かつては祭

堂に女性の出入りを禁じていたが，10年前から夫婦が祭官（都家）をつとめることもあって，女性たちも祭祀に参加している。

祭祀は沐浴斎戒を済ませた祭官が洞神に三献の杯を捧げる。一献目が終わったところで祝文を読み上げる。祭祀の最後にはソジを上げる。ソジ（焼紙）は先にマウルソジ，パダ（海）ソジ，農事ソジの順にあげ，続いて祭官ソジ，子弟ソジ，厄払いソジ，家畜ソジを捧げる。子弟ソジは客地に出た子女の安全と成功を祈ってあげるソジであるという。

ソジが全部終わると祭物の食べ物を少しずつ取り，「ハムジ」という四角い木の箱に入れ，祭堂前の道路沿いの海に行って食べ物を散らしながら歩く。これは雑鬼雑神のためであるという。

6）飲福

10年前までは都家の家に村人が集まり，飲福を行ったが，今は15日の朝，放送を通じて住民に知らせ，マウル会館で行う。

飲福のあとは大同会が催されていたが，10年前からはそれに代わって漁村契会議と開発委員会の会議で村の懸案を決める。

また，この日は「チシンパルキ（地神踏み）」も行われた。金津の「プンムルペ（風物輩）」は江口でも指折りの技量を見せていたが，この頃はメンバーの高齢化が目立つ。

プンムルペが家に来ると「告祀床（コササン）」という膳の上にお金と米，肉，水を載せ，またロウソクに火をつけておいて迎えた。「プンムルペ」は部屋，台所，庭など家人の願い通りに地神を踏んだのである。これで「チシンパルキ」が済むと「告祀床」のお金と米を収め，肉も竿に刺して村を練り歩いたという。「チジシンパルキ」をし，集めた金と穀物はマウル基金の助成に納めるという。肉は「プンムルペ」の肴に使用される。

以上は金津1里の事例であるが，1里と隣り合わせの金津2里にもほぼ同じような祭祀を年3回行っているが，人手不足で都家が祭官を兼任する。都家には50万ウォンの手当を支給しているが，1年間の忌みなどを嫌い，祭官になることを拒む傾向が強く，祭官選びに困っている。今後の村祭祀がいかに展開していくのか注目したい。

第4節　江口面の地域祭祀の特質と変化

　以上のように地域祭祀の観点から下渚里と金津1里の洞神祭がいかなる展開を見せながら地域と関わっていたかを見てきた。特に祭祀組織や都家の選定においては時代を感じさせる変化の様子が伺える。ここでは改めて洞祭の民俗的特質を考察したい。
　本調査にあたっては予想以上に，多くの村々で洞祭を行っていることがわかった。
　本章で取り上げた事例以外にも，聞き取り調査を通して江口面だけでも22の行政里の中で20里で毎年洞祭を実施している。**表14**はその実体を示したものである。
　表14から見ると，洞祭を年1回挙行する村は10里，年2回は9里，年3回は1里である。現在洞祭を行っていない村は2カ所である。小月里（65世帯，122人）は新しい村でもないが，もともと洞祭は行っていないという。
　もう1つ洞祭を行っていない村は上直3里である。同村は面事務所からもっとも奥に位置する村である。約50年前は60戸ぐらいの集落であったが，交通の不便さや劣悪な生活環境のせいで，人口の流出が多く現在18世帯，35人の江口面で一番小さい村となった。24，5年前までには神木を洞神に祀り，1月15日と9月9日に洞祭を行った。当時村の中にはすでに教会があり，教人(キョイン)と[30] 非教人の間で洞祭をめぐっての葛藤が生じた。村人の約半分にまで達した教人たちは一切洞祭に参加せず，かかわりもしなかった。結局，非教人たちの負担だけが多くなり，1982年ごろ廃止してしまったのがその間の経緯である。一見すると基督教と在来の村信仰が対立し，それによって村祭りがなくなったように見えるが，上直3里の場合はすでに過疎が激しく洞祭を続けられる余力がなくなりつつある時期に教会の勢力に追い打ちをかけられ，それが洞祭をやめる口実を与えた形となった。確かに村中に基督教徒が増えると，村祭りなどを支える基盤が弱くなり，前出の金津1里の例のように基督教徒には祭費を集めないなど村祭りが行われにくくなっていく傾向にある。江口面内には9カ所の教会があり，そのうち今回の例に挙げた下渚里にも2カ所に教会が進出している。信徒数（20〜30人前後）はそれほど多くなく，漁村という地域性もあって教会と地域信仰との不和の話は今の

第3章　盈徳郡江口面の洞祭の展開と変貌　163

表14　江口面の洞祭現況

里　名	祭　日（旧暦）	祭　場	生　業
江口1，2，3里	（合同）1月15日，9月9日	江口城隍堂（2里）	漁・商・農
江口4里	1月15日，9月9日	新基洞神堂	漁
烏浦1里	1月15日	堂祀堂	農
烏浦2里	1月15日，9月9日	괘방산神霊神位	農・商・工
烏浦3里	1月15日，（9月9日）＊	新江口洞神堂	漁・商・工
三思里	1月15日，9月9日	三侍郎祭堂	漁・農
花田1里	1月15日	祭堂	農
花田2里	1月15日，9月9日	長田堂	農
上直1・2里	（合同）1月15日	洞祭堂	農
上直3里	廃止	―	農
元直1里	1月15日	祭堂	農
元直2里	1月15日	祭堂	農
錦湖1里	1月15日	祭堂	農
錦湖2里	1月15日	洞防主創之神神位	農
錦湖3里	1月15日	洞祭堂	農
金津1里	3月択日，10月択日	金津神堂	漁
金津2里	1月15日，5月5日，9月9日	霊明堂	農
下渚里	1月15日，9月9日	神明堂（上・下祭堂）	漁
小月里	―	―	農

＊祭官不足の理由で重九は廃止

ところ聞かれない。ただし，教人は祭官選定の際には自動的にその対象にならないことは共通している。

　かつて村山智順は韓国における「部落祭」の盛衰の様子を次のように指摘していた。

　　朝鮮の部落祭は，従来殆んど顧みられて居なかった。二三十年前迄は相当に盛大に催された所もあり，従って部落祭の存在も可なり明に知られて居た。爾来革新の趨勢に圧されて衰微し，之に附帯する神楽や各種の行事も廃止されてその規模愈小となり，其の尊祭時刻が概して眞夜中なるが為め，世人の注目を惹く所とならず，且はキリスト教徒と一部蒙昧なる青年輩から古陋の迷信呼ばはりさるるが為め，祭祀を行ふ部落の人々にも次第

にその祭祀を隠蔽し，祭祀に就いての言説を憚るに至りしが為，遂には今日の如く，部落祭のありや無しやさへ問うものなきに至ったのである。
　然しながら，その規模縮小せしとは云へ，部落祭は全鮮の各地に渡って現在多數行はれて居る。今迄一顧を與へなかった者も，その分布の廣きとその數の多きとを知らば，却って一驚を禁じ得ないであろう[31]。

　今からちょうど70年も前に書かれたものであるとはとうてい思えないほど今日の様子と一脈相通じるところがある。
　江口面のように大多数地域で依然と洞祭がおこなわれている地域もあれば，実際に現代に入って洞祭がなくなった地域も数少なくはない。ある意味で今日の韓国社会における洞祭は確かに衰退気味ではある。洞祭は必ずしも農漁村ばかりで行われているわけではなく，都市部でも見られるものである。しかし伝統的には農漁村地域のマウル信仰として伝承されてきたため，これらの地域で過疎と高齢化が進み，また後継者不足などもあって地域信仰として持続していくことが困難になっていることは韓国農村の一般的現状である。すでに1969年に出された『生活文化実態調査報告書』によれば，都市に近い村ほど都市への人口移動が多く，従って人口移動が激しい村であればあるほど村祭りが中止，廃止された所が多い[32]。それに1970年代のセマウル（新しい村）運動が盛んであった時期は洞神祭などの村信仰は迷信打破の対象となり，城隍堂などの祭堂が破壊されるなど，洞祭が多く中止されたこともある。こうした現状からみると江口面を含む盈徳郡で多く見られる洞祭はその内容や規模の差はあるものの，時代の流れに適応しながら地域信仰として根強く守られ，伝承されてきたといえる。
　村信仰は村によっては洞祭だけのところと，洞祭と別神クッの２つを行うところもある。後者はかつて秋葉隆によって村祭りの二重構造といわれていたもので，洞祭を男性中心の儒教式村祭りとして，別神クッを女性中心の巫俗儀礼として把握した[33]。村祭りがその地域の社会構造を反映しているとすれば，別神クッも洞祭と同じレベルで考える必要があるのではないかと思われる。
　盈徳郡内の海に面した多くの地域では豊漁祭として別神クッを行っている。洞祭が毎年１回以上行われている反面，別神クッは**表15**のように短い時は４，５年ごとに１回，長い時は10年ごとに１回行っている。
　別神クッの周期が長いのは洞祭と比べて規模が大きく，外部から巫堂を呼

表15　盈徳邑及び江口面における別神クッの分布[34]

地域名		年数	祭日
盈徳郡	盈徳邑　石里	10年	3月中
	老勿里	10年	3月中
	烏保里	5年	3月中
	江口面　下渚里	10年	10月中
	金津1里	10年	3月中
	金津2里	10年	10月中
	江口里	4年	3月15日
	三思里	10年	3月中

び，場合によっては何日もかけて行うため，数百万ウォン以上の費用がかかる。小規模の漁村では毎年別神クッを行うことは財政的に無理なことである[35]。そのため，数年ごとに行われる豊漁祭には村総出の祭りとなり，物心両面から惜しみなく支援が行われる。洞祭は限られた祭官によって夜中に密かに行われ，一般の洞民が洞祭に加わることはない。豊漁祭はムーダンと呼ばれる職能司祭者によって昼に行われるため，一般の住民も積極的に参加している。以前より漁業だけに従事する人は減り[36]，漁船の装備も現代化されたとはいえ，陸に比べて危険性は大きい。別神クッは単に豊漁を願うだけの儀礼ではなく，海での安全を守り，不祥事がないことを祈ることによって村の平穏も保たれるわけである。それゆえに，別神クッが漁業を営む人だけの祭りではなく，村全体の祭りになるわけである。そのため，別神クッを行う前に，必ず先に洞神に告げてから始める。別神クッは洞神祭による村統合の機能を補強する役割があると考えられる。

　盈徳地域では，別神クッを行わない内陸の洞神祭に比べて，漁村の洞神祭は簡素化され，形式的にみられ，別神クッだけが大きく注目される現象もある。しかし，洞神を疎かにしたり，祭官の任務をきちんと全うしなかったりして，海難事故となったといわれるところもある。したがって時代の様々な変化と変容の中で祭官としての禁忌を守ることは現代の村落社会においても重要な意味をもっており，漁村における洞祭と別神クッは個別的な信仰ではなく有機的関係として繋がっているといえよう。

む　す　び

　江口面はヨンドク・デーゲ（竹蟹）の販売を中心とする江口里の賑やかさを除くと，ほとんどの村はひっそりとして静かである。全体的に過疎が進んでいて，村を練り歩いても20代の若い人に出会うことはなかった。生業においても，たとえ海に面した村でも漁業より農業に従事する人が多く，村の婦人たちは近隣の缶詰工場や水産物加工工場で働いている場合もある。しかし，どの村も年1～3回は洞神祭を行っている。洞神祭の方式は前章で見てきた徳谷里とよく似た祭祀である。ただし，徳谷里は内陸農村地帯であり，正月ボルムに行う祭祀が唯一の村祭祀である。祭官も盈徳地域の他村よりも平均的に多い4名を選び，粛々と祭祀を行っている。これに対して，江口面，特に本章でとりあげた下渚里と金津1里は年2回の洞神祭を行っている。神を祭っている祭堂も二カ所設けられているのが共通している。その形式はだいぶ簡略化されている。過疎に伴う人手不足で過去3人であった祭官を1人にした。また，祭官になるには50歳以上という年齢制限も実際には守られていないのが現状である。かつては洞神を祭る祭官に選ばれただけで，光栄に思い，一人前として扱われていたが，今は手当てという名目で金が払われ，その上，村の共有財産であるワカメや岩のりが採れる「チャム」の権利の一部まで提供されている。しかし，それでも祭官に課せられた忌みなどを嫌い，祭官に選ばれても辞退する傾向である。こうした現実を打開するために一部の村では輪番制を導入している。筆者が調査した丑山面上元里では80戸のうち，80歳以上の老人のいる家などを除いて，祭祀をつとめることが可能な家を15戸に絞り，順番で祭官（都家）を廻していた。それでも上元里の祭官は平均65歳以上で占めている。

　また，下渚里の祭祀の変化の中には，漢文の読み書きが可能な世帯の減少によって祭祀に祝文を省略した。それに洞民の豊作，豊漁のために行ったソジ（焼紙）も今の祭祀には見られなくなった。戦後直前までにはこの地域では洞神を祭った後，村の人が集まり，村の大同団結のために綱引きも行っていたといわれるが，中断されて久しい。

　村は静的でははく，動的である。伝統は変化しながら生き残ったり，消滅したりする。民俗の母体である村がいかに伝統を維持していくかは自ら決め

なければならない。農村より変化の度合いが一層激しい漁村社会の地域祭祀の動向を今後も注目する必要がある。

注

1) 1970年代のセマウル（新しい村）運動が生活環境改良事業と共に共同体に根ざした意識改革の時代であったとすれば，1988年ソウルオリンピック後は消費と個人主義が台頭し始めた時期といえよう。
2) 豊富な漁資源をねらい，日帝強占期には日本の漁民の漁業基地にするため，1919年に漁港を築造する工事を始めたといわれる。1995年には沿岸港から国家港と指定された。
3) 『盈徳統計年報』（2005）を基に再構成したものである。
4) 『盈徳統計年報』，50頁。
5) 『盈徳郡誌』，1981。
6) 一定の地域内に居住する住民が漁業経営上共同利益の増大を図り，共同漁業を行うための組織。一定の水面を専用して貝類，海藻類，または水産庁が指定する定着性水産物を捕獲する漁業を営む。
7) ワカメが育つ大きい岩石で，漁村契員の共同財産となっている。
8) 生後に関しては下渚里の全東学里長（68歳）の説明によるものである。
9) 盈徳地域では一般に9月9日の祭祀を9が重なるという意味で重九(チュング)祭祀と呼んでいる。
10) 한양명『龍과 여성, 달의 축제』盈徳郡，2006，377頁。
11) 近くの山で掘られた土で，赤土に近い色である。昔から赤は魔よけの意味も持っていた。
12) 前掲注10，377頁。
13) 十余年前に村に醸造場があったときは，洞神祭の際にそこから濁酒1斗を寄付され，祭酒に使われたといわれる。
14) 前掲注10，377〜378頁。
15) 神や祖先などに対して抑揚をつけて読み上げる漢文の祝詞。
16) ケンガリ（ドラ），チャング（杖鼓），チン（鉦），ブック（太鼓），ソゴ（小鼓）であり，個数は地域によってそれぞれ異なる。
17) 村で特別な経費が必要なとき村人が民族楽器を鳴らして歩き，金銭や穀物をもらうことを意味する。田舎だけではなく，都会でもたびたび見られる。
18) 下渚里の綱引きについては，ハンヤンミョンの前掲書を参照されたい。
19) 前掲注10，356〜357頁。
20) ソンジェ（송제）は山を管理する松契（송계）から由来する言葉であり，今もそのような伝統が残っているという。
21) 前掲注10，358頁。
22) 町中で店を構え，陰陽五行説や星座，風水地理説などについての知識を有した者が，作名，吉事の日取り，占いなどを行う家。

23) 『盈徳郡郷土史』盈徳文化院，1992。
24) 崔仁宅「韓国漁村社会の調査ノート」『宮崎公立大学人文学部紀要』第6巻第1号，1998，117頁。
25) 同論文，117頁。
26) 前掲注10，360頁。
27) 肉を串に刺して炙った料理で，朝鮮時代からの伝統調理法として祭祀に広く使われる。
28) 刻んだ牛肉や豆腐，大根を入れた汁物の一種で，祭祀に供する羹。
29) 魚類・肉類・野菜類などを薄く切って溶かした卵と麦粉をつけて油で煎りつけた料理。
30) 韓国では基督教とカトリック教の信徒を一般に教人（キョイン교인）という。
31) 村山智順『朝鮮の郷土神祭　第一部　部落祭』調査資料第44輯，朝鮮総督府，1937。
32) 『生活文化実態調査報告書』文化公報部，1969。
33) 秋葉隆「村祭の二重組織」『朝鮮民俗』2，朝鮮民俗学会，1934。
34) 『韓国の民俗体系』4巻（国書刊行会，1990）の「慶尚北道編」より再構成
35) 下渚里ではもとは5年ごとに別神クッを行ってきたが，経費の問題で10年ごとに変更した。
36) 江口面の漁業人口は専業と兼業を合わせて1473人である。これは江口面全体人口の17.3％である。

第4章　蔚珍郡平海邑の洞祭と「老班会」

はじめに

　村落共同体とは，集団を形成する村落が農地または漁場などの生産手段を共同に所有，管理する点で生産共同体であり，村落という地域集団を単位とする共同体であるため，地縁共同体とも称する[1]。このような性格をもつ村落共同体は現代社会の中で一体どのくらい残存しているのであろうか。私有財産制度や資本主義の発展と共に伝統的性格をもつ村落共同体は終局は解体してしまうのであろうか。あるいは村落は存在しても「共同体」としての性格は半減ないし消滅してしまうのだろうか。少なくとも第2章と第3章で触れてきた地域は時代的影響による変貌の様子を見せてはいるが，まだ依然として共同体として機能していることがわかった。特に信仰の面においては実に多くの村が地域の共同体祭祀としてコルメギ洞神を祭っていたし，現に伝承している。

　洞神祭が近づくと村では会合が開かれ，祭祀を管掌する祭官(チェクァン)を選ぶ作業をする。祭官のなかで，とくに「都家(トガ)（도가）」の選定基準は厳しく，祭官の中で一番大事な役割を担っている。

　そのため「都家」を含む祭官は「清らかな人」で「生気福徳」な人でなければならない。祭官は毎年，その年に入ってから新しく選ぶのが原則で，それも祭日が差し迫ってきた10日前か1週間前に選ぶ。2回洞神祭を行うときもその度に祭官を選ぶところもある。

　一般に祭官たちによる祭祀集団は内部的には住民の中から民主的かつ平等的な条件のもとに選出されるので，日本の祭祀集団に見られるような特定の家に祭祀権が与えられるとか，一定の年齢によって祭祀組織が構成される等の要素は非常に希薄であるといわれてきた。

　ところが，韓国の一部地域では伝統的な地域の自治組織として「老班会(ノバンフェ)（노반회）」というものが存在し，その構成メンバーにはどうやら年齢的要素が作用しているらしく，それがまた，地域共同体の自治組織として，また祭祀集団としての機能も持って伝承されていることがわかった。本章では村を

社会的側面からとらえ,「老班会」というのが具体的にどういう組織集団であって,いかに構成され,いかなる機能をもっているかを把握することにした。

　従来の東海岸地域を対象とする民俗研究は洞祭や別神クッあるいは巫歌や堂神話を中心に行われてきた。民俗を生成し,伝承してきた「民俗母体」ともいえる地域社会そのものについての研究は一部[2]を除くとまだ乏しいのが現実である。その中で日韓の共同研究の成果として出された『日韓合同学術調査報告　第2輯　韓国慶尚北道平海邑厚浦里』[3]は東沿岸地域の生業及び社会文化的な側面をとらえたものとして注目される。特に同報告書の中で崔在律の「漁村自治共同体の残存形態」,玄容駿の「厚浦・直山の村祭り」,松本誠一の「東海岸狗岩のコルメギ洞神祭と洞組織」を通して,この地域の洞組織である「老班会」の事例が初めて報告された。その後,松本誠一の情報提供により,同地域を調査した金宅圭は民俗祭儀の班礼化現象及び老班会の役割について報告し[4],のちには『東海岸漁村民俗誌』[5]にその研究成果を収めている。また,権三文も直古洞における老班会の現地調査を行った[6]。

　本章はこうした研究成果をもとに老班会の実態を再確認したうえで,従来の韓国の民俗社会でほとんど見えてこなかった年齢的要素がいかに村社会の中で機能しているかという点に関して考察を行う。

第1節　直古洞の老班会とその構成

1　老班会の仕組み

　慶尚北道蔚珍郡（경상북도울진군）の沿岸地域には「老班会」[7]という洞組織が存在する。平海邑直古洞（평해읍직고동）の「洞規」[8]第8条には「老班会は最高の議決機関である」と明示している。以下は直古洞の事例を中心に記述を行う[9]。

　蔚珍郡平海邑直古洞は138世帯,382人（2004年現在）の村である。平海邑の16里の中で5番目の規模である。村は東向きで後ろは低い丘陵に囲まれ,前には東海が拡がっている。西は平海邑に,南は厚浦里（후포리）に,北は岐城里（기성리）に接している。500年あまり前に池氏が入郷し住んだことから池コゲ（峠）と呼んだり,山の形状から雉古洞と呼んだりした。また,池氏の後に,尹氏が入って峠が直角になっていることから直古洞といったと

第 4 章　蔚珍郡平海邑の洞祭と「老班会」　171

いわれる。したがって洞神は「池氏基盤に尹氏コルメギ（지씨터전에 윤씨골메）」であると伝えられている。

　高麗時代には平海郡南下里面南山里であったが，行政区域改編にしたがい1914年に蔚珍郡平海面直山里となった。1944年に直山1と2里に分かれ，1980年12月に平海面が平海邑となった。行政里は直山2里であるが，地元では直古洞（직고개동チクコゲドン）と呼んでいる。本章では行政里の洞名ではなく，地元で一般に使われている直古洞を用いて表記することにする。

　まず，老班会の仕組みを把握するためには有司，洞首，尊位，（時）有司，（時）洞首，（時）尊位，（臥）洞首，（臥）尊位の地位について理解しておく必要がある。（時）がついた有司，洞首，尊位は現役の村三役（洞三任）を意味するが，（時）がついてないものは退役した役員を意味する。（臥）がついたものはいわゆる名誉役員を意味する。住民は現役と退役を区別しないようである。

　老班会は村三役の中で（時）尊位と（時）洞首，そして退役尊位集団と退役洞首集団に構成されている。このような老班会は村の最高組織として少なくとも数百年間にわたり村の秩序と自治を維持していく上で中枢的役割を果たしてきたものであると考えられる。

　老班会の会員になるためには老班会が規定した手順を踏まなければならない。一般的に老班会員になる条件としては，村のために一定の奉仕が求められる。そのためには，まず有司，洞首などの村の役職に就かなければならない。洞首と有司は1年間村のために奉仕するが，その適任者は老班会が選び，決める。

　有司は壮年の住民の中から，洞首は退役有司の中から，（時）尊位は退役洞首の中から1人ずつ選ばれる。（時）尊位として1年間無事に役を終えると老班会の決定を経て，はじめて老班名簿に登載される仕組みとなっている。年寄りの中にはこのような経歴を経ないで尊位になることもある。それを臥尊位という。臥尊位になろうとする人は「老班礼」を行う必要がある。洞規第10条には「臥尊位は65歳以上で資格を賦与し，礼を済まして老班会に出席せねばならない。臥尊位が老班会に参加するためには老班礼を済ませねばならない」と記してある。しかし，洞規には老班礼の具体的な方法についての言及はない。ただし，「臥洞首は60歳以上，臥尊位は65歳以上」と年齢基準を設けていることから一定の年齢も加入の条件となっていることがわかる。

表16 老班会の仕組み（…→は地位の移動）

	現　役（村三役）	退　役
老班会		座上（1名）
	（時）尊　位（1名）………	……→ 退役尊位集団・（臥尊位）
	（時）洞　首（1名）………	……→ 退役洞首集団・（臥洞首）
	（時）有　司（1名）………	……→ 退役有司集団

　表16に見られるように1年間の（時）有司の役を終えると退役有司集団に編入される。（時）洞首はこの退役有司の中から有司歴任順序と年長順，功労などを考慮して決められる。（時）洞首の任期を終えた人は退役洞首集団に編入される。また（時）尊位も同じく退役洞首の中から名簿登載順，年長順，功労を考慮して選ばれる。（時）尊位も1年の任期を終えると退役尊位集団に編入され，老班名簿の尊位欄に登載される。すなわち，（時）有司→退役有司集団→（時）洞首→退役洞首集団→（時）尊位→退役尊位集団→座上への過程を経ながら地位が移動することになる。1992年の調査当時の報告には有司グループは20人，洞首グループは23人，尊位グループは17人であった[10]。

　老班会の首長を「座上（チャサン）」という。座上は常に退役尊位集団の中から名簿記載順に従って継承される。このように老班会の中での序列はあくまでも名簿記載順であり，年齢は地位が上がる際に考慮されるものの，それを決定する条件ではない。

　（時）有司から座上へ移動していく過程の中で，各退役集団に留まる期間にも彼らは常に老班会のメンバーとして村の大小事に関与するようになる。このような過程を通して村の指南役としての資質を磨いていくことになる。こうして（時）洞首と退役洞首集団，（時）尊位と退役尊位集団がまとまって老班会を構成し，最高議決機関として，また諮問役として村を治める。

　尊位になるには相当の準備期間を必要とし，尊位になるための過程が長いほど尊位が保つ権威も大きくなる。洞会，別神クッをはじめ，様々な村行事で尊位たちは常に上座に座り，厚く待遇される。

2　老班会の役割と洞中行事

　老班会の役割について洞規には洞中大行事の審議決定，洞任（村役員）選

抜，洞中財産の管理監督と明記している。それに加えて，洞中重要行事としての祭祀行事と集会行事も老班会が管掌している。

それでは老班会の役割と行事について具体的にみていきたいと思う。

①毎年4月15日と10月15日（いずれも旧暦）の年2回定期集会が開かれる。これは年間の村の事業に住民の意思を反映し，実行するためのものであり，大同（대동）会議といわれる。である。この大同会議に参加するのは尊位，洞首，有司，そして里長，漁村契長，老班会メンバーと各世帯主である。この場では過去6カ月間の決算報告と，村の総保有資源の管理問題を中心に村の重要関心事が扱われる。特に10月15日の大同会では5日前に老班会議で選ばれた村三役（洞中三任）の辞令状が授与される。それから10月30日に新旧役員の受け渡しが行われる。

大同会は村の新しい案件を取り上げ，議論し決定する機構というよりも老班会で決めた事項の報告を受け，承認する役割である。そのため，4月と10月の大同会が開かれる5日前の老班会で上程された案件を調整し，処理するという。

②洞任（村役員）はいわゆる現役の尊位，洞首，有司である。尊位は洞首の諮問役となり，洞首は村を代表する。有司は洞首を補佐し，会計業務を担当する。老班会議は前述のように年2回の大同会に先立って開かれる。10月の老班会では村の役員の選出が行われる。**表16**のようにそれぞれの退役集団から（時）尊位，（時）洞首，（時）有司[11]が選ばれる。またその際に臥尊位（65歳以上），臥洞首（60歳以上）も選任する。洞規13条には「洞任選抜は前任順序と年長者，地方功労者を考慮し決定する」と規定している。実際に選定過程では各候補は有司，洞首の歴任の順序を考慮し先任者や年長者に譲歩し洞任歴任順に選抜される[12]。

こうして老班会議（10月10日）で選抜された村役員は10月15日の大同会議で公表される[13]。村役人の任期は1年であり，1年間村の大小事を担当することになる。

③老班会は洞中の諸財産を管理監督する（洞規第14条）。村所有の総資産の管理権は老班会にある。村の総資産として重要な意味を持つのは沿岸漁場である。天然ワカメが採れるチャム（짬：藿岩）[14]の管理，配分などその管理監督は老班会が担っている。かつてこの地域はワカメの生産が重要収入源であったという。したがってワカメ採取権は住民の重要関心事でもあった。このような住民の関心が反映したためか，洞規にはワカメ採取に関する詳細な

規定がある。村の共有財産に洞民は同等の権利を持つ（第4条）。村の住民であれば誰でもチャムからワカメを採取する権利を持つ。ただし転入者には所定の手続きを経て資格が与えられる。洞規第7条には「1948年以降の転入者は洞中入参をしなければならない」とし，洞中入参をしない者には洞所有財産を賦与することができないと明記している。また，洞中入参を行っていない者が洞器物を使用するときは指定された使用料を納めなければならない（4項）などの不利益も生じた。7条2項には「藿岩入参を済ませても洞入参をしていない者は洞規約を改定公布した日（1972年12月：筆者注）から2年以内に洞中入参をしなければならない」とした。したがって，チャムすなわち藿岩入参より洞中入参が優先される。同3項には洞中入参と藿岩入参の方法について明示されている。

　まず，入参希望者が洞有司にその旨を伝えると有司は村三役と座上に知らせ，合意を得た後に入参礼を行う。入参礼は4月と10月の定期総会において行われる。このときに入参希望者は昼食（白米8升），濁酒（20升），漁物（5貫分代金），煙草（中品30匣），また追加として白米20升又は現金を提供しなければならない。こうした入参礼を終えてこそ洞会での発言権が認められ，チャムの分配に参与できるのである[15]。それにしても入参礼を行うためには相当の経済的負担が伴うのが現状である。

　また，子孫が分家し家屋を収得したときは藿岩入参だけを済ませば，藿岩分配権を与えている。ただし，長男が分家した場合は藿岩権を与えないのが原則であるが，10年が経過すると藿岩権を与えている。

第2節　老班会と洞祭

1　祭官の選任と洞神祭の準備

　直山里では表17のように年4回の村祭祀を行うが，これらの祭祀は老班会が主管する。そのほかに別神クッに該当する霊神祭も10年に1回実施している。

　正朝祭祀は正月14日の晩12時，つまり15日の0時に行う。豊作を願い，1年間の村人の安全と安寧を祈る祭祀である。新米祭祀は旧暦の7月中に日取りを決めて行う[16]。成主祭祀は9月3日であるが，この日はマウル会館2[17]を竣工した日であって，それに合わせて行っている。ちなみに，成主神は建

表17　直古洞の村祭祀行事

祭祀名		祭　日	司祭者
4次祭祀	正朝祭	旧暦正月15日	老班会
	新米祭	新穀購入期	老班会
	成主祭	旧暦9月3日	老班会
	中秋祭	旧暦9月9日	老班会
	霊神祭	旧暦9月9日（10年毎に）	ムーダン

物に宿っている神と認識されている。9月9日の重九祭祀はもと漁民たちによって行われた祭祀であったが，今は経費負担と行事進行を漁村契[18]と老班会が共同で行う。

1）祭官の選任

韓国の多くの村々では洞祭における祭官の選定は住民の中で不浄を避け，「生気福徳」な人を選ぶのが一般的である。しかし，この地域では祭官になれる人は老班会のメンバーにだけ限られていて，その選出権も老班会が持っている。しかし，いわゆる名誉会員である臥洞首と臥尊位は祭官になる資格はない。したがって，出産，喪などの不浄がない限り（時）尊位，洞首，有司が祭官となる。祭官は祭日の旧暦9月3日に洞首以上が集まり選出する。資格は3年の間に不祥事がなかった家を選び，有司歴任順番に従い「清らかな人」を2人選ぶ。任期は1年である。また，2人の祭官の下に任意に選ばれた4人の里任（이임）が従う。里任たちは主に祭物の準備や手入れなどをする。祭官は自由な身であるが，不浄なものを見たり，聞いたりしないように努めなければならない。

選ばれた祭官は家と洞会館，祭堂に注連縄を張り，洞祭の3日前には洞会館に2人で合宿しながら篭もる。これは不浄なものに接するのを防ぐためであるという。祭祀を行う前には沐浴潔斎をせねばならず，かつてはそれを海や川で行ったが，今は近くの温井里（온정리）にある白岩（백암）温泉に出かけて行うという[19]。

2）祭物の準備

祭物（祭需ともいう）の購入は4人の里任たちが市場で仕入れる。車が多くなかった時代はチゲ（背負い子）で祭物を運んだという。そのときはみだ

りにチゲを地に下ろしてはいけなかった。今は車で買い物に行く。祭物は洞会館で整え，夜12時に祭堂に運ぶ。

祭物には果物として棗，干し柿，梨を使うが，栗とリンゴは使わない。そして，餅は白餅で，祭酒は新米と麹で直接作る。この時の水はウムル祭祀を行う所の水を使う。漁物は鯛，イカ，ヒラメ，明太，イシモチ，それに牛のしっぽを添える。ところが，魚は村で獲れたものは使わないという。これは「清らか」でない人が獲ったものであるかもしれないからであるという。その他には干し明太，皮を剥いたゆで卵，豆腐チヂミ，タン（湯）[20]，モヤシ汁，御飯を用意する。

供物を載せる祭器は真鍮の器で，ふだんは洞会館の押入に保管してある。

洞祭に必要な費用は洞組織からの基金，共同漁場のチャム，洞財産の田（約450坪）と山（50町歩），そして老班の田（約900坪）と山（約50町歩）から得られる収益金で賄う。

2　直古洞の洞神祭

1）正朝祭

村には2つの祭堂がある。1つは「尹氏コルメギ」を祀っている「ハルベ（할배）堂」であり，もう1つは「池氏コルメギ」を祀っている「オブ（漁夫）堂」である。2つの堂に関する文書はないので，由来は不明である。言い伝えによると，「ハルベ堂」のほうには「ソンビー（선비：士人）」が多く住んで，「オブ堂」のほうには漁師が住んで，それぞれ祭祀を行ったという。また，一説ではもとは「ハルベ堂」しかなかったが，後で「オブ堂」が作られたともいわれる[21]。

堂会館で用意した祭物を夜12時前に祭堂に運ぶ。このとき，祭官1人，里任2人の3人を1組にして，1組を「ハルベ堂」へ，もう1組は「オブ堂」へと分かれて出発する。出発前に洞会館の庭で向かい合って「いってきます」と挨拶をする。「オブ堂」へ行く組は祭物と共に藁1束，ナイフ，パガジ[22]を持っていく。不浄払いのため，祭官の家から井戸を経て祭堂までの道に黄土を蒔く。黄土は不浄と雑鬼を祓う呪術的意味がある。また，祭物を並べる前に予め用意した井戸水で祭堂の周辺を清める。準備が終わると時刻に合わせて2つの祭堂で同時に行う[23]。

一献目，二献目の酒を注ぐと御飯に匙をさし，箸を魚に載せたあと再拝する。そして洞神に村の無事と繁栄を祈る。

焼紙は洞神，洞民，漁師，農民焼紙の順におこなう。「ハルベ堂」の祭祀が終わると，井戸のところに移動し，「清く澄んだ井戸水が絶えず出るように…」とウムル告祀を行う。この際，「オブ堂」では海に向かって藁を燃やし，持って行った包丁と共に不浄払いをする。「オブ堂」の祭物をパガジに入れ，海辺にいって竜王国祭祀を行う。この祭祀は祭物を海水に捨てることで漁師と海で亡くなった者を慰めることで客鬼を解く意味を持つ。ウムル告祀と竜王国祭祀が終わると村会館に戻り成主祭を行う。このときも神に感謝の礼をあげ，洞民の安泰と無病，他所にいる子女たちの無事成長を祈る。

祭儀において（時）尊位は祭儀の全般を指揮する。祭物の準備などを行う都家の役割は主に洞首が担当する。有司は見習い役である。主祭官である尊位は洞民を代表し，司祭者としての地位を有するだけではなく，様々な村行事においても洞民から尊敬の対象になっている。洞祭の後から行われる「飲福」[24]行事は村における尊位の地位を伺わせるものがある。

すなわち，有司が退役尊位たちに飲福のことを知らせる。退役尊位たちが洞舎[25]に集まり名簿記載順によって座ると（時）尊位の指図にしたがって洞首が酒，杯，タン（湯）を載せた御膳を持って座上の前に跪く。両手で杯を座上に渡すと座上は酒を飲み，杯を返す。続いて座った順番通りに杯が回り，飲福の膳が各尊位の前に運ばれる。祭儀と祭物に準備に関する話，チャムと漁場管理問題などを話しながら食する。尊位たちの食事が終わると退役洞首たちと退役有司たちの順に飲福が始まる。そして，これが終わるとやがて一般住民たちに飲福の順番が回ってくる。すべての飲福が終わって朝になると，座上をはじめ上尊位（退役尊位）たちの前で尊位が会計を担当する有司に祭物準備にかかった精算書を渡すと，大きい声で読み上げながら文書整理を始める[26]。こうした飲福の場での決算報告は村三役（洞中三任）が座上，副座上，また上尊位に知らせ，祭祀全般に関する評価を受ける意味がある。

2）新米祭

稲が実って収穫する際に行う収穫祭である。稲の収穫期になると村人の水田の中で一番早く実った田を選び，その水田の稲を丁寧に収穫してくれるように頼んで，3升ないし5升を買う。その米で供物を料理して祭祀を行うのである。祭祀はまず，尹氏コルメギ堂・池氏コルメギ堂から始まり，井戸の祭祀，成主祭を行うが，儀式は正朝祭と同じである。他村より早く稲が実っ

て，祭祀を早く行う方がいいといわれている。

 3）成主祭

　成主は村会館（洞舎）建物の神の祭祀である[27]。村会館の棟上げをした日が旧暦9月3日なので，この日を成主の誕生日といって，村会館で供物を供えて行う。祭官は老班会の尊位または洞首・有司が担当する。祭祀が終わると，老班会の役員と村の長老たちを招いて飲福をする。

 4）重九祭

　洞規には「中秋祭」と記されているが，この地域では一般に9の数字が重なる意味で「重九祭」と呼んでいる。本来は漁民だけで行う大漁祭であったが，今は村全体で行っている。それで，祭費も今は村で負担している。祭官の選出，忌み，祭物の準備，2つの堂から井戸へ，そして成主祭などを行う方式は正朝祭と同様である。

 5）霊神祭

　10年おきに1回ずつ9月9日からはじまる巫俗の大漁祭である[28]。一般には「別神クッ（별신굿）」と呼ばれている。数年を周期にして行われることもあって洞祭より規模も大きく，莫大な費用を要する。また，この行事のためには相当の準備期間を要し，多くの人々が関わらなければならない。とりあえず，5－6月になると洞民によって別神クッ推進委員会が構成される。委員の選出や予算の策定は村会館で老班会の論議を通して決める。委員会は委員長を含め7名である（1992年基準）。その他20人くらいの人が手伝いをする。推進委員会は臨時の組織であり，クッが終わると，決算案を提出し，老班会の監査を受けた後，自動的に解散される。

　別神クッ推進委員会の主な仕事は費用の工面とムーダンとの交渉にある。費用はたいてい漁村契のチャムから得られた収益金と10年間集めた資金と前回の残金を合わせたものである。また洞祭ごとに洞民たちから集めた寄付金の残りと，洞山や洞田からも得られる。他には当日他所からの見物客や村に縁故がある人が出した扶助金も含まれる。

　まず，9月9日の零時に，例年のように祭官によって重九祭が行われる。夜が明けて朝になると，ムーダンによる別神クッがはじまる。祭神は尹氏コルメギと池氏コルメギの両洞神であるが，両コルメギ堂では，クッの場所と

しては狭小なので，砂浜に祭壇を設けて行う。村にはムーダンがいないので主に蔚珍のムーダンに依頼する。当日は首巫が10余名のムーダンを連れてきて，3日間クッをする。多様なクッの中には堂迎えクッ（당맞이굿），成主クッ（성주굿），竜王クッ（용왕굿）が特に重要視される。まず，堂迎えクッはコルメギハルベ堂と漁夫堂の洞神をクッ堂（굿당）に迎えないとクッを始めることができないので，そのためのクッであるので重要である。特に成主クッは村全体の平安と無事太平を祈るので住民の参与度が一番高いという。竜王クッは船主が中心になり，クッの内容も豊漁と関連したものが主である。

第3節　巨逸里の洞組織と老班

1　巨逸一里（狗岩）の事例

　蔚珍郡巨逸1里は平海邑からおよそ8km離れた海村である。この一帯でもっとも大きい厚浦港からは車で北へ20分くらいの位置にある。海岸線に沿って村の前を幅約5mくらいの舗装道路が走っているだけで海と直に接している。地元では行政名の巨逸1里よりも古くから使われていた「狗岩」という洞名をよく使っている。里長は邑事務所との連絡に当たっている。村は，5班に分けられていて[29]，各班の班長は班内で選出される。主に行政上の伝達などの仕事をする。

　漁村契は契長，幹事，監査を各1名，顧問を3名置いている。漁村契とは別に水産業協同組合の総代が1名置かれている。また，葬式に相互扶助をする葬式契がある。

　洞共同事業の推進のために置かれている開発委員会（委員長は里長兼任）と農業協同組合総代（協同長は里長兼任）などが公的な洞の組織である。

　以上のような組織は現代的な洞の組織といえる。ところが，狗岩には現代的な洞の組織の他に伝統的な洞役員組織がある[30]。それは尊位，洞首，有司という役員組織である。役員の数は各1名であり，旧暦の10月15日から1年間の任期をつとめる。地元に伝わる「狗厳洞□員座目記」[31]（1866）には尊位，洞首の称が見え[32]，また「洞案」（1909）には座上，尊位，洞首，有司の称が見え，今日の狗厳でもこうした職名が継承されていることが確認される。また，「洞安」巻末では，「尊位，洞首，有司，閑民」の順に4段の欄が

あり，それぞれの該当者の氏名が記されているという。

　尊位とは狭義には1人であるが，広義に扱う場合には現役の尊位とその役を経た役職経験者を指している。その下位の役職である洞首，有司も同様である。尊位，洞首，有司を選ぶのは退役尊位集団である。尊位集団の頂点にいる者を「座上」と呼んでいる。1984年時点での尊位集団は17人で構成されている。記名順にその年齢をみると，82・72・78・75・69・72・68・78・71・70・61・58・58・61・62・58・61歳となっており，必ずしも年長者順とは限らない。尊位集団は「オルン」と呼ばれる。狗岩ではオルンにならなければ一人前でないといわれ，オルンは60歳を越えた人といわれている。洞首の年齢幅は67—48歳，有司は50代・40代である。

　狗岩では洞の中で役職を持たない戸主を「閑民」といい，閑民→有司→洞首→尊位へと1人ないし2人ずつ上がっていく。役員の選定基準として①座目記記名順，②出産・葬式の不浄がない，③年少でもはきはきしていること，などである。①の記名順を重要な基準としているが，一部では生業や，祭官（役員が兼任）としての禁忌を守るのが面倒であることを理由に避ける傾向もあるという。結局，誰を選ぶかはオルンの会議で決める。すなわち，オルンの会議の決定が最高の権威を持つものであって，ある絶対的な基準に沿って行われているわけではない。

　洞には様々な会議があるが，そのすべてにオルンは関与している。役員の昇進，祭官の選出は尊位集団，つまりオルンの会議で決まる。洞のたいていの問題は尊位集団と洞首集団が集まって処理する。この会議を老班会と称している。さらに重要な事項については尊位，洞首，有司の3集団による臨時会議を開いて決める。定期洞会には尊位，洞首，有司，閑民（各戸主）と参加者が拡大される[33]。これらの会議では座上を頂点とし，尊位，洞首，有司，閑民の順に座順があり，各ランク内でも順序がある。役員はこういう会議の準備，後始末などをする。オルンはさらに，開発委員会の委員や漁村契顧問などにも名を連ねている。

　役員は任期中，旧正月と重九（9月9日）のコルメギ洞神祭の祭官をつとめる。この時，尊位が首祭官，洞首，有司が祭官となる。祭費は洞資金から，飲福は洞会館で行われ，役員の負担は労力だけである。

2　巨逸2里の事例

　巨逸2里は平海邑事務所から4km離れていて，約1km海岸線を持つ沿

岸漁村である。古くから「方氏基盤に金氏コルメギ（방씨터전에 김씨골메기）」と伝えられている。温陽方氏（온양방씨）がこの地に住み着いたのは10代前の先祖からであるといわれている。そこから推定するとこの村は少なくとも300年以上の歴史のある村であると思われる。調査当時（1983年）の村は214世帯数，1071名である。漁家91戸，半農半漁家45戸，農家21戸，その他57戸である。

村は巨逸洞中自治規約をもっている。その規約の適用範囲は蔚珍郡平海邑2里に居住する部落民に限定すると規定されている。この中には洞中運営委員会という組織があり，里長または開発委員会の業務を統制している。その運営委員会は洞中老班会の支配を受けている。以下，洞中運営委員と老班会について略述しながら考察を行う[34]。

巨逸2里は行政単位としての里洞とは別に，伝統的性格の洞中組織がある。洞中組織は洞中財産の所有管理や村落自治の主体でもある。

洞中組織は，洞中座上・尊位・洞首・有司から構成されている。洞中座上は洞中の最高位者であり，洞中の象徴的代表者である。尊位・洞首・有司を洞中三任（三役）と称し，洞中の財産を運営管理し，洞中行事を主宰・主管している。洞中座上は老班会の座上も兼ねている。洞中三役は，老班会の会員の中から選ばれている。

また，洞中組織には洞中座上と洞中三役以外に洞中運営委員会がある。洞中運営委員会は里長を含め，委員15名で構成されている。運営委員会には顧問会があり，老班会員10名内で構成されている。この顧問会は村の業務実行の最終決定権を持っており，運営委員会の重要案件は顧問会の議決を得て実行される。要するに運営委員会は顧問会を占めている老班会が実権を握っている。つまり，運営委員会は老班会の指示命令を受け村の実務的仕事を遂行するだけの組織であるといえる。

老班会[35]の主な役割は，洞中の重要行事を主管し，洞中財産を管理，監督すること，老班会員の中から洞中三役を選出，任命すること，顧問会を構成するなど，洞中の最高議決機関である。

こうした性格を持つ老班会の会員になるための資格は，まず，60歳以上の男性住民に限られ，所定の手続きを経て会員になる。すなわち，60歳になると加入を申し込み，老班礼（新参礼）を終えて，老班会の掛帖録案に登録して会員になる。しかし，有司の経歴有無によって老班になる早さや待遇の差が感じられる。つまり，60歳以下にも洞中有司を歴任した人は老班になるこ

とができる。崔在律の調査では，1983年当時の老班会の総人数は65名であった。巨逸2里の60歳以上の男性が44名であることを考慮すると，60歳未満で老班になった洞中有司歴任者が21名であることがわかる。その中で一番若い老班は37歳であり，船員の中にも老班がいるという。

洞中有司の経歴を持たないで老班になった人を「卦老班（괘노반）」又は「卦帖老班（괘첩노반）」というらしく，洞首，尊位になっても「卦」が付いてまわり，卦洞首，卦尊位と呼ばれる。また，卦帖出身老班は最高齢者であっても洞中座上になることができないという。さらに出入りする門も違うというほど，洞中歴任者とは確然たる差が見られる。それで，早く老班になりたいと希望し，卦帖老班の不名誉から除かれたいと，前もって有司の希望を申し込み，指名されるのを待っているという。それは洞首も尊位も同様である。希望しない人が指名されることはありえないといわれる。

洞中三役の任期は，以前は1年であったが，今は6カ月である。洞中有司を希望する人が多く，また洞中有司の期間が1年になると生業にも支障があるという意見もあって短縮したという。

老班は住民の尊敬の対象であり，優遇される。若い者たちが村を離れ，村外で成功し，老班会に喜捨するのを誇りとしており，彼らも老班会で称賛されるのを一生の名誉と思っている。

第4節　老班会の特質と地域社会

今まで平海面の直古洞，巨逸1，2里で見られる「老班会」の性格と役割，地域社会との関連性について触れてきた。ここでは改めて老班会の特質を整理してみようと思うが，その前にまず，「老班（会）」という言葉について若干触れておきたい。すでに前述したように松本誠一は「老班」を「老両班」あるいは「老人班（会）」の意味として理解しようとした。また，崔在律はもと「老班聚」又は「老班契」とも称したのを現代的名称を使って老班会と称しているといった。しかし，いずれも老班の意味を明確に説明するには不十分である。あえて「老年」・「壮年」・「若年」といった年齢と社会的ステイタスをも含めたものを「班」というランクに表して「老年班」つまり「老班」と称したのではないかと推測する。しかし，いずれにしても現在の韓国社会で一般に使われている言葉でもなければ，本章で取り上げた平海邑

の他に，厚浦面以外には見受けられる言葉でもない。また厚浦面と接している盈徳郡ではいっさい聞くことのない語である。これまでの調査報告でも「老班」は蔚珍郡内の一部地域社会において使われているようである。なぜ，この地域でしか見受けられないのかは今のところわかりかねるが，調査を広げていくと，例えば蔚珍郡と北に接している江原道などには残っている可能性がある。しかも前出したように「老班」というのが朝鮮時代の洞・里の長を指す言葉であるとしたら，韓国のもっといろいろな地域で出会える可能性はあるのではないかと思われるが，「老班」という言葉そのものが歴史用語であるという根拠は現在見当たらない。

次に，現在の地域社会における「老班会」の役割について見てみよう。事例から見る限りでは老班会は村組織の頂点にある「最高の議決機関」として理解できる。直古洞には有司から洞首，尊位といった洞中三役がいる。老班会はこの三役の中から洞首と尊位，そして複数の洞首歴任集団と尊位歴任集団から構成されている。老班会のトップを「座上」といい，尊位歴任集団から選ばれる。老班会の中での序列はあくまで名簿記載順であり，必ずしも年齢順とは限らない。

老班会のメンバーになるためには，まず有司の役職に就いて1年間奉仕をしなければならない。また，有司から上の段階に昇進する際には有司歴任順序と年長順，功労などが決め手となる。

巨逸1里では洞中三役を選ぶ尊位集団を「オルン（어른）」と呼んでいる。3つの集団の年齢は，尊位82〜58歳，洞首67〜48歳，有司50代・40代となっている。

巨逸2里では60歳以上の男性であれば所定の手順を経て，老班会のメンバーになる。また洞中有司を歴任した人は60歳以前にも老班になる。そのため，有司を経て早く老班になりたい人は，有司の指名を受けるため，指名運動や選挙運動をするのも珍しくないという。つまり，老班になるには一定の年齢を有するが，だからといって必ずしも年齢順であるとはいえず，壮年以上の年齢層の中から，村の役職経験者が優先的に加入する構造となっている。一定の年齢ごとに集団化して，年齢順に従い，下位集団から上位集団へと昇っていくいわゆる年齢階梯的要素はほとんど見られず，優先されるのは前段階の洞役職に就いた順序である。巨逸1里の洞役職の選定基準の1つに「年少でもはきはきしていること」を挙げているのは，年齢の順位が役職につく順位でなく，地域社会に実質的に貢献できる人物が求められていること

を示唆しているといえよう。

　老班会の主な役割は，洞中行事の審議決定，洞役員の選抜，洞中財産の管理監督である。それに加え祭祀行事と集会行事も老班会が管掌している。特に村所有の財産である漁場の管理・監督権を握っている。住民の重要収入源であるチャム（ワカメの採取地）の管理や分配などを通して地域社会を経済的にコントロールする側面を有している。

　経験的知識と村指導の経歴を持つオルン（어른：大人）によって構成されている村の元老会議ともいえる老班会は漁村契にその機能の一部を譲渡した場合もあるが，まだ東海岸沿岸地域の大部分の村では依然として影響力を行使している。村のオルンたちの集まりである老班会は地域住民の意思を集約させ決定するほか，村役員の選出とほとんどの事業や行事を管掌している。老班会で決めたことは絶大な権威を保つようになる。また老班会の役割として賞罰に関する審議も行っている。洞規第9章賞罰ではワカメの不法採取者は2年間藿岩権を剥奪するとしている。漁村契が共同漁場の管理権を法的に付与された後にもチャムだけは老班会（洞中）に献上し，老班会の管理下において規制を受けてきたのである。また，親孝行の者には賞を与え，親不孝の者に対して1次的には2年間洞会の参席を禁じ，2次的にはその家に対しては2年間藿岩権を没収したり，親不孝者は永久の洞会への出席を禁じたり，秩序破壊的行為には厳しく制裁も行うなど村自治組織としての機能も果たしているといえよう。

　もう1つ，老班会の機能の中で注目するべき点は洞祭における役割である。

　これまで見てきた多くの村祭祀である洞祭の場合，その祭官の選定は住民の中で不浄を避け，「生気福徳」である人を選ぶのが一般的であった。しかし，本章で考察の対象とした事例村では祭官になれる人は老班会のメンバーにだけ限られていて，その選出権も老班会にあるのが大きな特徴である。直古洞では，いわゆる老班会の名誉会員である臥洞首と臥尊位を除いて出産，喪などの不浄がない限り（時）尊位，洞首，有司が祭官となる。その際，尊位は祭儀の全般を指揮する。祭物の準備などをする都家の役割は主に洞首が担当する。有司は見習い役である。主祭官である尊位は司祭者としての地位を有するだけではなく，洞民を代表し，様々な村行事においてもオルンとして洞民から尊敬の対象になっている。たとえば，10年おきに行われる神霊祭（別神クッ）の時には，老班会が別神クッ推進委員を選出し，予算の策定も

行う。別神クッが行われる会場では上席にあたる前列には常に尊位の席が設けられてあり，その存在感が大きく示される。

以上のように老班会は村の自治組織として村社会をまとめ，村民の生活規範にまで深く関与している。さらにコルメギ洞祭においては直接司祭者をつとめ，別神祭にも主導的役割を見せている。老班は現代において，共同体社会の祭政一致を具現しているかに見える。それは社会的・宗教的装置として老班会が機能している1つの事例であるといえよう。

むすび

これまで平海邑一帯の村で見られる伝統的洞組織の一形態である老班会について，既存のいくつかの事例報告を通して考察を試みた。

「老班会」は今のところ，韓国の東海岸のごく一部の地域，主として蔚珍郡内の漁村地域でしか現れない村落自治組織であるといえよう。老班会といっても村によって名称や機能も若干異なっている。事例で見てきたように老班になる基準も一定でない。また，老班会という組織がある村では，洞を代表する里長をはじめ，漁村契や開発委員会などの現代的な洞組織をも有している。しかし，こうした現代的洞組織も，事実上，老班会の影響下に置かれており，「オルン」の集団でもある老班会が指南役としてほとんどの村の行事に関与している。たしかに，老班会はオルンとよばれる長老たちの権力機構として機能しているところがある。

韓国社会では，伝統的にオルンである老人の権威は非常に強く，特に村社会の中では強い発言力を持っていた。それゆえに，村のしきたりに従わなかったり，洞規を乱したり，村で不貞を働いた者の処罰を決定する裁判官的な権威を持っていた[36]。しかし，このようにオルンたちによる老班会という組織を形成している村もあれば，制度的にはそのような会を持たず，オルン組織を指す名称も存在しない村もある[37]。東海岸の村落の場合は老班によって祭祀権が独占されることもあるが，そのような制度が存在する村落のほうが韓国では普遍的でなく，むしろ特殊な事例であるといわざるを得ない。

では，なぜ蔚珍郡内でこのような「老班会」という制度が存在しているのかについては，今後も綿密な調査が必要である。すでに述べたように江原道などの海村地域にも残っている可能性も考えられるが，これまでの江原道地

域を対象にした民俗調査報告書などには「老班会」がまったく言及されていないのが現状である。

注
1) 崔在律「漁村自治共同体の残存形態」『日韓合同学術調査報告（第2輯）』（日韓漁業社会・経済共同研究会）1984, 107頁。
2) 権三文の『동해안 어촌의 민속학적 이해』民俗苑, 2001, 李俊遠「어촌계의 성격변화에 관한 연구」(慶北大學校碩士學位論文), 2001などを参照されたい。
3) 日韓漁村社会・経済共同研究会『日韓合同学術調査報告 第2輯 韓国慶尚北道平海邑厚浦里』1984。
4) 日本語訳としては「礼俗と民俗の変容に関わる一試論 東海岸一農漁村における民俗祭儀の班礼化現象」『日韓民俗文化比較論』(九州大学出版会, 2000)を参照されたい。
5) 金宅圭『東海岸漁村民俗誌』嶺南大学校出版部, 2000。
6) 権三文「동해안 연안촌락의 질서와 가치」『민속학연구』제2집, 安東大学校民俗学科, 1994。
7) 松本誠一によると「老班」という語は「老班会」の略語または「老人班（会）」の意味ではないか推測している（前掲注3, 241頁）。
8) 「前文」に1972年12月に改正する旨は書かれてあるが、いつ作られたのを改正したのかは定かではない。
9) 「洞規」及び当該事例に関しては前掲注5, 31頁。
10) 『民俗学研究』第2輯, 安東大学校民俗学科, 1994, 106頁。
11) はじめて役員の中に入るので一般の壮年層の中から選ぶ。
12) 金宅圭, 前掲書, 31頁。
13) 村役人の選抜は将来的に老班会の会員候補になる対象を選定する老班会の充員制度としての機能も持っている。
14) ワカメ, ウニ, ナマコをはじめ, 海藻の棲息地となる水中の岩で形成された地域である。
15) 藿岩の分配は2年ごとに陰暦の6月15日に村会館で行う。
16) 1992年度には旧暦8月30日に行われた。一番先に初収穫した家の米を購入し使うのだが、この年は隣の村から買ってきたという（前掲注6, 121頁）。
17) 1976年6月に当時の大統領からの下賜金に住民らの資金を合わせて建立したとされている。
18) 1961年に発足し, 契員数85世帯（1992年現在）である。契員は6ヵ月以上村に居住した人で, 漁業に従事している者に限られている。また, 水産業共同組合に一定の出資金を納めなければならない。漁村契の組織は契長, 幹事, 監査, 理事が各1名である。契長は契員たちによる投票で選ばれる。
19) 前掲注10, 123頁。禊を温泉にしたのは何十年前からであるらしく, 経済事情

20) 豆腐，大根，牛肉を刻んで煮た汁物で祭祀によく使われる。
21) 前掲注6，121頁。
22) ひさごで作った水汲み容器。いまはプラスチック製品が一般的である。
23) かつては「ハルベ堂」より「オブ堂」へ松明で信号を送ったという。
24) 祭祀に飾った供え物を洞民全員で食べ，親睦を深める直会。
25) 村人の共同会議の場になったり祭場になったりして村の重要なことを行う場である。「マウル会館」ともいう。
26) 前掲注5，29頁。
27) 玄容駿「厚浦・直山の村祭り」『日韓合同学術調査報告第2輯』，206頁。
28) 以前は3年，5年ごとに行われたが，10年に変更になってから3回目である（1992年基準）。前掲注10，154頁。
29) 110世帯，545人（男271，女247）である（1984年現在）。
30) 狗岩の事例は松本誠一「東海岸狗岩のコルメギ洞祭神と洞組織」（前掲注3に掲載）を参照にした。
31) 「座目」とは一般に「席次を記した目録」の意味のようである（前掲注3，239頁）。
32) 尊位，洞首は朝鮮時代に里・洞の長の称に該当する。（前掲注3，239頁）。
33) 会議に女性は参席しない。女戸主と不参席，欠席した戸には会議の結果を放送により伝達される。
34) 巨逸2里の事例については崔在律「漁村自治共同体の残存形態」（前掲注3に掲載）を参照した。
35) 巨逸2里では老班聚または老班契とも称されていた（前掲注6，112頁）。
36) 金光億「伝統的生活様式의 政治的側面」『伝統的生活様式의 研究（下）』韓国精神文化研究院，1984。金宅圭『韓国農村祭祀の研究 下巻』第一書房 1997。
37) 今日よく見かける「敬老堂」は1970年代以降，老人福祉の目的で各村落に多く建てられた。老人一般に開放され，ここに集まる老人たちの間には階層的意識は薄く，村の行政に関わることはない。「マウル会館」を敬老堂の代わりに使うところもある。

結　語

　以上，本書は地域研究の視座から，日本の当屋祭祀と韓国の洞祭について それぞれの事例を挙げ，民俗的構造の解明を試みた。民俗学は歴史的に累積 されてきた様々な民俗事象を今日の眼差しで研究していく学問である。そこ には民俗を伝承してきた場（民俗母体）としての地域社会が存在する。本書 の研究対象となる地域祭祀はこうした地域社会の構造との関連においてとら えるべきであろう。そのような観点から，本書は地域祭祀の事例分析を通し て，地域社会の民俗的構造を明らかにしようとしたものである。ここにもう 一度要点を整理してみたい。そのうえで両国の地域祭祀について，若干の比 較も試みたい。

[1] 日本の当屋祭祀

　本書は第1部と第2部に分けることができる。第1部は当屋祭祀の事例と して旧新見庄として知られている岡山県旧神郷町と新見市一帯の「名主座」 祭祀を，組織と儀礼の側面から地域社会との関連性の中から検討してきた。 具体的には，第2章と第3章では神郷町高瀬の氷室神社と亀尾神社の名主座 祭祀の事例を扱って分析を行った。氷室神社と亀尾神社の祭祀の一番大きな 特徴は祭祀組織を構成する単位が中世史的土地の概念を表す「名（みょう）」によって 形成されている点にある。この点は第4章と第5章の事例村においても同 様のことがいえる。

　氷室神社の祭祀組織は6つの「名（みょう）」をもって構成されている。名の代表 者を「名頭（みょうがしら）」といい，その資格は名頭の家につくものとされている。その ため，名の権利は個人としてではなく，家によって継承されるので，名を所 有する家が祭祀権を独占している。つまり，6名（みょう）のみが当屋を順番で担っ て，祭りを遂行している。また，もう1つの特徴として挙げられるのは， 「寄子」という集団が祭祀組織の下部組織として機能している点である。寄 子は当屋にあたった名頭の指揮に従って祭りの準備をする氏子であるが，歴 史的には名域内で小作をする者を指すらしく，土地を管理する名頭とは経済 的隷属関係にあったとされる。それのみではなく，亀尾神社の祭祀に関する

文書によると，寄子は祭りなどに労役のみならず，経済的負担も負わせられていたことがわかる。現在，氷室神社の氏子は仲村部落と長久部落であるが，寄子は部落単位に組織されている。このように，名頭（当屋）と寄子の結合関係が明白にあらわれる祭祀が高瀬地域の当屋祭祀である。こうしてみてみると，あたかも中世以来の祭祀慣行が現在にも生き続けているように見受けられる。しかし，現実はそうでもない。現段階において，氷室神社に関連する資料や情報が乏しいので祭祀組織の歴史的展開を考察するには限界があるが，調査の資料をもとにみてみると，終戦後の変化はかなり激しく，今日まで幾度か改編されてきた痕跡を確認することができた。特に，名の権利が株のように譲渡の対象にもなっていることから，名株を手に入れることによって名頭集団に加わり，それを譲った人は名頭集団から脱退する仕組みになっていた。しかし，近年も名の権利を放棄する家が出て，それを引き継ぐ者が現れない状況となっている。こうした状況の中で，ごく最近，祭祀組織の改革をめぐる地域社会での動きがあった。したがって，今後も注意深く凝視して行かねばならない。

　第3章は氷室神社とは隣り合わせの位置のある亀尾神社の当屋祭祀の事例である。全体的な祭祀構造は氷室神社と近似している。亀尾神社もやはり名を祭祀単位としているので，現在10名(みょう)によって組織されている。名の権利や性格も氷室神社と同様である。寄子集団は上梅田，下梅田，柳原の3部落の氏子をひとつにして，その中から家の並び順に10人の寄子を出している。同神社にも終戦後，祭祀組織の変化が見られるが，氷室神社のそれと比べると，まだ住民の信仰も厚く，関心も高い祭祀である。同神社の祭祀に関する1792年の文書があり，現在の祭祀の様相と比較が可能である。その文書には，名頭の座の位置及び式次第の説明が見られる。また，寄子に関しては祭りに臨む姿勢や礼儀作法まで記されており，封建的時代像を感じさせるものがあった。しかし，その当時にも祭祀仕来りの乱れがあったようで，それを改めるために文書を作成し，村民に確認させた経緯は興味深いものがある。現在の祭祀構造の歴史性を考える上で，貴重な資料である。

　このように，第2章と第3章での分析の結果，高瀬の祭祀組織の特徴として，①名を媒介にした地縁的要素が強いこと，②名頭と寄子の結合関係が存在すること，③名の権利が譲渡によって移動すること，④年齢的要素がまったく見られないことを，挙げることができる。しかし，現代的意味において高瀬の祭祀は「名」という歴史的産物を祭祀基盤としているため，名主座に

対する住民の評価が低くなると，瓦解するおそれも充分あると判断される。まさに，今の氷室神社の状況はそのような過程を辿っているといわざるを得ない。

次に，第4章と第5章は新見市の三躰妙見宮と倉嶋神社の当屋祭祀を分析した。

三躰妙見宮の当屋祭祀の中にも名の存在を確認することができた。同神社の祭祀組織は12番座で組織されている。しかし，高瀬に見られる寄子集団は存在しない。これは倉嶋神社も同様である。三躰妙見宮の氏子である吉川の場合，寄子を持たない理由としては村の生業環境を挙げることができよう。吉川は現在，上（6戸）と下（9戸）を合わせて15戸の過疎地域である。かつては下吉川だけで16戸もあったといわれる。山の谷間の上に形成された村であるため，平坦地が少なく，下吉川の場合は水田を持たない。12番座と称する名田は上吉川に点在する。それに，吉川の田圃は規模が小さく，名田といっても小作に出すほどではないということから考えると，人を呼び寄せるほどの経済力を有する村ではなかったといえよう。現在，12番座のうち，2戸が脱退し，10戸で当屋祭祀が行われるが，そのうち，1戸だけが上吉川の人である。つまり，現在残っている下吉川の9とは全部祭りに参加しているが，その9戸の家は，部分的に親戚関係で結ばれている場合が多い。吉川の祭祀が名田座を基盤にする地縁祭祀でありながら，過疎の影響もあって，今は血縁関係の要素が祭祀を支えている傾向が強い。当屋になると近所の親戚が手伝いに来るのも，そのことを示している。三躰妙見宮の当屋祭祀の特徴は宵祭りの晩に座の者が集まり，儀式を行うことである。これは近隣の当屋祭祀に見られない祭祀であるが，神社があるにもかかわらず，なぜ当屋で祭祀を行うようになったのかについては今後追究していきたい。ちなみに，高瀬の当屋の順番は決められた名の順番によって回るが，吉川ではもともと12番座が十二支の順番で当屋を廻している。

もう1つ，倉嶋神社の祭祀組織は5つの名によって構成され，その構成員をミヤカブという。5つの名は基本的に3人ずつのミヤカブで組織されている。しかし，稲倉名だけはミヤカブが4人となっていたが，これは後から作られた名であることがわかった。このような倉嶋神社の祭祀組織も終戦後の変化が激しく，次々と脱退者があらわれるようになった。そのため，ミヤカブ16戸が9戸まで減ってしまった1998年にミヤカブが廃止された。その廃止の経過には行政の責任もあると考えられる。第5章は廃止までの経過と祭祀

表18 旧新見庄の当屋祭祀

	氷室神社	亀尾神社	三躰妙見宮	倉嶋神社＊	備考
位置	旧神郷町 高瀬・仲村	旧神郷町 高瀬・上梅田	旧新見市 足立・吉川	旧新見市 千屋・代城	2005.3 新見市に合併
祭日	新10月19日	新10月24日	旧10月17日 ～18日	旧9月19日	
氏子	長久20戸 仲村19戸	上梅田21戸 下梅田16戸 柳原15戸	上吉川6戸 下吉川9戸	代城（上・下組） 16戸	2006年現在
名（みょう）	6名	10名	12名（12番座）	5名（4＋1）	
名主	名頭6人	名頭10人	名田座所有者 12人→10人	ミヤカブ 16人→9人	
資格	屋敷・土地	屋敷・土地	田（名田）	カブ	
当屋	名の順	名の順	干支	名→家の順	
寄子	長久―上・下組 仲村―全員	10人（三部落のうち，家の順）	なし	なし	
祭場	神社	神社	当屋	神社	
神主	参加（杉戸神社）	参加（杉戸神社）	参加（国主神社）	参加（国主神社）	
神田	廃止	一部あり	廃止	一部あり	
御輿	神事場(ヤシメ)	神事場（ヤシメ）	なし	なし	
神事	御礼（露払い，二献目，下膳，サヤ豆，芋の子，御飯）→御輿巡幸→のぼり盃→御クジ→角力→当屋渡し	御礼（露払い，二献目，ボウルイ，下膳，御飯）→御輿巡幸→当屋渡し	御礼（参会酒，二献目，三献目，四献目，五献目，吸物，大盃）→当屋渡し(18日)	御礼（露払い，カキアイ，サヤ豆，ボウルイ，御飯）→当屋し→一杯三杯→当渡し挨拶	
給仕	寄子	寄子	当屋の女性	子供→大人	
当屋渡し	名頭	名頭	名田座所有者	当屋の子供	

＊平成10年（1988）ミヤカブ廃止，9戸による当屋制存続

構造を，主に聞き取り調査をもとに再構成したものである。現在は見られない祭りであるが，この地域の村落構造をうかがう上で，また，伝統的地域祭祀がどのようにして解体していったのかを考察した。

以上，当屋祭祀を有する4カ所の事例を取り上げてみた。祭祀組織を構成するのは名であるが，神社によって名の数や，構成員の名称が異なるなど，

地域的な差は見られる。**表18**はそれをまとめたものである。戦前の歴史的変化の把握には至ってはいないが，それは今後の課題にしたい。

[2] 韓国の洞祭

　第2部は韓国の事例を取り上げた。第2章と第3章では，慶尚北道盈徳におけるコルメギ洞神祭を研究対象にした。コルメギ洞神は地域の守護神，土着神と見なされているが，多くは，特定の姓氏を冠して「○氏コルメギ」となっていて，昔，村を開拓した開祖として伝承されている。しかし，洞民にとっては特定の姓氏の祖先である認識はほとんどなく，豊作や豊漁をもたらし，村の安寧と安全を守る神として信仰されている。第2章は徳谷里の洞神祭である。その特徴は①コルメギ洞神を祭る4人の祭官が選ばれ，そのうち，一人は「都家(トガ)」をつとめる。その基準は「不浄」でない家の者が選ばれる。②祭官たちは祭祀の後も禁忌を守らねばならない。そのため，祭官に選任されることを拒む場合もある。③祭官には手当を支給し，禁忌の期間も1年から3カ月に短縮した。④洞祭祀は祭官だけが参加し，一般住民は「飲福」に参加している。④洞祭は年1回で，儒教の形式であり，「祝文」と「焼紙」が見られる。第3章は下渚里と金津1里の事例である。共通する特徴として①祭官は1人だけである。②年2回洞祭を実施する。③祭官（都家）に手当と村所有の漁業権を与える。④10年ごとに別神祭を行うことである。

　盈徳の洞祭は多くの村で行われているが，過疎や高齢化が進む中で，従来通りの祭祀を維持するのは非常に困難になっている。徳谷里のように4人で祭祀組織を構成する村はほとんどなくなっている。1人だけの祭官（都家）になるケースが多く，一部の村では，里長が洞祭を担っていた。また，祭官を確保するために手当を与え，共有財産を優先的に分配するなどの策も講じられているが，これは以前の村祭祀に見られないものであった。これは洞祭をめぐる地域の厳しい状況として理解できる。しかし，祭祀に関して諸々の時代的変化が見受けられる中で，祭官を選ぶ基準はそれほど大きく変わっていない。それは洞祭における厳格かつ神聖な性格が失われていないことを意味するものであるといえよう。

　第4章では蔚珍郡で見られる老班会を分析した。一定の年齢を基準に構成

された老班会は村落の自治組織でありながら，祭祀組織としても機能していた。また，老班会という組織をもつ地域が蔚珍の漁村であることから，蔚珍以外での広域的調査を含めて老班会を生業との側面からも考える必要が出てきた。

[3] 日韓の地域祭祀の比較

以上，日本と韓国の事例を改めて整理してみたのであるが，以下では冒頭で触れたとおり，若干の比較を試みたいと思う。

第一に，当屋祭祀と洞祭は，基本的には地縁的構造をもつ祭祀である。

日本の事例で見てきた岡山の当屋祭祀は歴史的に「名」という土地を基盤とする祭祀である。そのため，名の代表者（名頭）が祭りに参加している。また，その名内で耕作をしていた人は，所属の名が当屋に当たると「寄子」として当屋に協力する。名に関しては歴史的にはかなりの解明が進められているが，現実的には実体として残ってはいない。例えば，氷室や亀尾神社の祭祀に登場する「名」は高瀬中に散在していたらしく，終戦直後まで高瀬の全域から「名頭」が集まり，祭祀を行った。また，そのときも名頭の部落の者が寄子として参加したことは本文ですでに述べている。つまり，高瀬の祭祀構造は「名田」を有する地域の部落が連合して行う祭祀であった。今日の祭祀の構造も，参加する部落の数は減っているものの，地域連合の祭祀形態は受け継がれている。そのため，高瀬において，一般に「氏神」と呼ばれる神社の神は，ある特定氏族の神ではなく，地域神，土着神としての性格をもつ神であるといえる。つまり，「村の神」として存在する。

一方，韓国の東海岸地域，とくに慶尚北道および江原道の一部地域に多く見られるコルメギ洞神も地縁的性格を有している神であるといえよう。コルメギとは村の開拓神，守護神，あるいは非特定住民の祖先神といった広義の意味をもつ神である[1]。多くは，特定の姓氏を冠して「○氏 터전（基盤）에 ○氏 골메기（コルメギ）」という，村を開拓した開祖神として伝承されている。しかし，洞民にとって「○氏」という姓氏の神を，「○氏」の祖先であるとの認識はほとんどもっていない。豊作や豊漁をもたらし，地域の安寧と安全を守る神として信仰されているだけだ。その神をハルベ（爺さん）やハルメ（婆さん）の神と親しく信仰する村も多くある。日本の事例村の神に人

格的性格があるかどうかは不明であるが，韓国のコルメギ洞神はこうした人格を与えられて信仰されているのが1つの特徴であるといえよう。日韓の事例から見る限り，祭神をめぐる地域差や歴史的背景は異なるにしても，当屋祭と洞祭は地縁性を基盤にした，地域住民によって支えられている祭りであることに多くの共通性が感じられる。

　第二に，「当屋」と「都家」を有する祭祀構造である。

　岡山の祭祀組織は名が構成単位であるゆえに，当屋も名を単位として運営されている。即ち，名の権利をもつということは，当屋の資格ないし権利をもつことを意味し，名の代表者（家）が毎年ローテーションで当屋をつとめることになっている。すると，何年かに1回は必ず当屋が廻ってくる。不浄があって順番が入れ替わることがなければ，自分の当屋の順が何年先であるかを知ることができるのである。

　一方，日本の当屋も韓国の「都家」も，祭祀のため，御供えの準備をしたり，「祭堂」や神社を掃除し，注連縄を飾ったりする役割の面では日韓両国は共通している。しかし，韓国の祭官（都家）の選び方は日本と大いに異なっている。

　洞神祭が近づくと村では会合が開かれ，祭祀を管掌する祭官を選ぶ作業をする。祭官のなかで，とくに「都家」の選定基準は厳しい。「都家」とは祭祀に必要な「祭物（チェムル）」を揃え，調理をするなど準備に当たる家またはその人を指す言葉であり，祭官の中で一番大事な役割を担っている。

　そのため「都家（トガ）」は「清らかな人」で「生気福徳」な人でなければならない。祭官は毎年，その年に入ってから新しく選ぶのが原則で，それも祭日が差し迫ってきた10日前か1週間前に選ぶ。年2回洞神祭を行うときもその度に祭官を選ぶところが多い。日本の当屋は家の順，または干支の順，あるいは名主座においては名の順番等をもって運営されているケースが多くある。また，近畿地方に広く見られる当屋制の中には年齢階梯的に当屋を担っていくシステムもある。しかし，これらのほとんどは当屋の順番があらかじめ決められていている。そのため，日本では神社祭祀はもちろん，山の神のような相対的に規模が小さい部落の祠の祭りの際にも「当屋渡し」という儀式が行われる。この点は韓国と大きく異なるといえよう。韓国では今年度の間に来年度の都家を決めることはまずない。その年の祭祀を目前にして不浄に関わっていない適任者を選ぶ。したがって祭りの当日に当屋（都家）渡しのような儀式は見られないのが，韓国の地域祭祀における当屋制の

表19　日韓の祭祀構造の比較

	当屋祭祀（名主座）	洞神祭（都家）
祭　　場	神社 当屋の家	洞祭堂（神堂） 神木（ケヤキ・ヒノキ）
神	氏神―産土神	洞神―コルメギ（ハルベ・ハルメ） 特定姓氏→開拓神・守護神
祭　　日	秋	旧暦1月15日・旧暦9月9日（夜）
祭祀構成	部落（名）連合 名頭（名主）―寄子の結合 　└→固定化，閉鎖的，家に継承 氏子の存在感が薄い	村祭祀 祭官（祭官・都家・祝官・執事）・老班会 1年（又は半年）ごとに交代 祭官だけの祭祀―翌日，洞民の直会
当屋選定	順番固定化（名，家，干支） 　└→当屋渡し→任務交代 　└→家重視 　　年齢的要素希薄	年初又は祭祀の直前に選定 　└→順番なし→1年間（忌み期間3カ月） 　└→個人重視→家は敷衍的 　　生気福徳，清らかな人 年齢的要素希薄
禁　　忌	葬式 家及び親戚―当屋交代	葬式 都家及び親戚―当屋取り消し，再度選任 住民―祭祀延期 血の不浄 月経，出産の家―祭官選定から除外
変　　化	名の売買・譲渡・放棄 過疎・高齢化・後継者不足 当屋の負担――部支援か無し 座外からの批判（封建性） 当屋の改変	都家の譲渡は認められない 過疎，高齢化，後継者不足 都家の負担―経済的支援 　　手当支給 　　共同財産優先配分 禁忌期間の短縮（1年→3カ月） 祝文のハングル化

1つの特徴ともいえる。

　また，祭祀集団である祭官の構成は毎年住民の中から選別されるわけであって，名主座に見えるように特定の家に祭祀権が与えられることや，一定の年齢によって祭祀組織が構成される等の要素は非常に希薄である。司祭団はある特設の基準よりも祭官となる者がそれにふさわしいかどうかという観念の問題が優先である。もし，基準があるとしたら，それは生気福徳で，不浄でない祭官を，選び出すことに尽きることであろう。

　第三に，名主座祭祀も洞祭も年齢階梯的要素が希薄な構造をもつ祭祀である。

　江守五夫によると，年齢階梯制とは「社会の成員を年輩によって区分し，

同年輩の者を階層化もしくは集団化するとともに，それによって生ずる諸々の年齢階梯（Altersklass）もしくは年齢集団（Altersgruppe）の間に年輩の上下にもとづく指揮＝服従の関係を設定することによって社会全体の統合を期する制度」であると定義している[2]。1つの社会構造を表す年齢階梯は，日本においては村落類型論をめぐる論議の中で展開されてきた[3]。その中で，畿内を中心とする神社の祭祀組織として「宮座」を取り上げた高橋統一は，宮座組織の基本要素の1つに厳しい年齢階梯制原理があると主張した。つまり，どの宮座にも年齢階梯制が見られ，それに応じた一定の役割分担があると述べている[4]。しかし，このような年齢階梯的要素は日本の宮座においては1つの条件に過ぎない。むしろ全国のレベルから見ると，近江を中心とするごく一部の地域に偏って見られる現象であるといわざるを得ない。

　本書の第1部で取り上げた新見地域での当屋祭祀には年齢階梯的要素がまったく見られないことはすでに述べたとおりである。

　しかしながら，ここであえて年齢的要素を取り上げる理由は，韓国の「老班会」を有する地域が，ある年齢的要素を加味した村落であることがわかったからである。老班会が実際に年齢階梯的に運営されているかどうかを，以下検証したいと思う。

　従来韓国の地域祭祀において祭官あるいは都家を選任するときに年齢的要素が大きく作用することはあまりなかった。もし，あるとしても祭官の任務を遂行するにふさわしいと思われる年輩，即ち，漢文の祝文を読むことができる人，祭事の節次をある程度覚えている人，祭祀の前はもちろん，祭祀後も1年から短くとも3ヵ月の忌みの期間を守るのに支障がない人，夫婦健在の家庭であること等の基準に適する年齢の人が好まれ，選ばれる傾向がある。こうした条件にふさわしいと判断される年齢は50代，または60代であろうと思われるが，村落の過疎の具合や生活環境によって異なっている。しかし，いずれにしてもある年齢集団を基礎にして祭祀集団が組織されたり，それが地域社会の中で特別に機能したりすることはなかったと思われる。

　ところが，蔚珍郡平海面の老班会がある村では，一定の年齢が村の役職に就く基準になっていて，それがそのまま祭祀集団として機能している。

　まず，直古洞（チッコドン）の場合であるが，老班会のメンバーは必ず何歳でなければならないという年齢条件はないようである。ただし，洞規には，有司などの役職の経歴を経ないで尊位となる人を臥尊位（ワゾンイ）と称し，その年齢を65歳以上と規定している。また，有司になる人を村の壮年層から選任するという決まりか

らみると，少なくとも有司は40代であると考えられ，有司から上位の役職に上がるほど年齢層が高くなることが想定される。

　また，巨逸1里では，尊位を選ぶ権利をもつ退役尊位集団をオルンといい，60歳以上と決めている。それに洞首は67～48歳，有司は50代，40代となっていた。

　巨逸2里では，老班会のメンバーは一応60歳以上と設定しているが，60歳以下であっても一定の手続きを踏めば，老班になれる構造をなしていた。事例では一番若い老班は37歳であると報告されていた。また，同郡岐城面（キソンミョン）では，老班に入るのは70歳以上であり，その下位組織である「侍班（시반）」は60歳（現在は50歳）以上が選ばれるようである[5]。

　以上の事実から考えると，老班会に加入できる年齢は一応60歳以上に資格が与えられていることがわかる。しかし，洞首や有司の年齢層は年齢幅が広い。こうしてみると，老班会で見られる年齢的要素は必ずしも画一性を持つ年齢階梯ではないことがわかる。村の役職に就く年齢は一定の年齢を目安として設定してはいるが，40代～50代というように中層的年代層をなしており，非常に緩やかな年齢集団であるといえよう。しかも40代以下を対象とする年齢集団ともいえる組織はどこにも見当たらないのが，この地域の特徴であるといえる。ここで結論を急ぐと，日本の一部で見られるような年齢階梯制は韓国には存在しないと見ていい。まして日本の年齢階梯制もその実体は疑わしいものがある。要するに一定の年齢的要素は有するものの，「階梯制」と言い切ることはできない。老班をはじめ，洞組織に年齢的要素が加味されるのは今のところ蔚珍だけの特殊な事例に過ぎないが，韓国における村落共同体の構造の一端を覗く興味深い事例であり，その分布については今後の調査を期待したい。

　以上をもって，日韓両国の当屋祭祀と洞祭の比較を終えることにするが，両国の祭祀をめぐる民俗的構造には予想以上に類似性も多く，今後も緻密に研究調査を重ねていくことによって地域文化の普遍性をいっそう明らかにすることができるだろうと期待する。

[4] 比較民俗学への提言

　戦後，日本国内にその研究対象を限定して日本民俗学の確立を目指したの

が柳田民俗学であった。しかし，その後，日本の事例のみを対象として，本当に日本人の民族性が明らかにできるのかという疑問が出てきた。つまり，その客観性をいかに確立していくのかが重要な課題となった。その結果，海外の事例との比較検討を行う比較民俗学の必要性が生じてきた。即ち，比較民俗学は戦後の柳田国男の一国民俗学を克服する重要な手段となり得ると考えられている。

　近年の民俗学において，比較研究が盛んに行われ，海外の事例を対象とした研究成果が蓄積されつつある。日本と交流があった周辺諸国との比較研究は当然積極的に行われるべきである。

　ところで，今までの日韓の事例研究を見る限り，比較研究といいながらも，どちらかというと個別の事例研究が中心となっていた。研究の関心事もさまざまであるが，特に「祭祀研究」の比較は意外と少ない。日本は島国でありながら文化的には韓半島と一衣帯水の関係にある。日韓における「地域祭祀」の研究は両国の信仰観や精神世界をうかがえる民俗事象として重要であり，地域を重視する民俗学においてそのような研究は必要とされる。また，時代の変化とともに揺れ動く地域社会を国際化時代における民俗的ネットワークの枠から捉えることは，現代における民俗学の役割であると考えられる。そのような意味において本書は私なりの問題提議としたいところだが，両国にまたがる様々な制約の中で行われたフィールド・ワークであったため，当初に予想した日韓における地域祭祀の民俗的構造を明らかにしようとした課題は，現時点では達成されていない。今後のさらなる調査研究を通して残された問題点を解明していく必要があると考えている。

注
1) 金宅圭『日韓民俗文化比較論』九州大学出版会，2000，262頁。
2) 江守五夫『日本村落社会の構造』弘文堂，1974，148頁。
3) 八木透『婚姻と家族の民俗的構造』吉川弘文館，2001，94頁。
4) 高橋統一『宮座の構造と変化』未来社，1978。
5) 鈴木文子「韓国の祭祀組織」『島根半島の祭礼と祭祀組織』（島根県古代文化研究センター調査研究報告書2）島根県古代文化研究センター，1997。

あとがき

　私が日本の地をはじめて踏んだのは，1983年夏である。在学中の大学と姉妹校である日本の大学との学生交流の一環として，その訪問団に入ったからである。当時は軍事政権の統治時代であったため，海外旅行が自由にできなかった（自由化は1988年ソウルオリンピック以降である）。地域研究として日本学が専攻であった私にとって，自分の研究対象となっている日本を「生」で見るチャンスに恵まれるとは，当時としては画期的なことであった。約1カ月間日本を転々と旅しながら，自由かつ豊かな日本の空気を存分に味わうことができた。

　特に印象深かったことは，世界的経済力はさることながら，文化的にも豊かさを感じたことである。もちろん，多くの観光地が寺院や神社であったこともあるが，そこで見かけた日本人の様々な宗教行為は，ある意味であまりにも意外であった。つまり，経済大国の日本でこんなに多くの人々が迷信めいた行為を平然とやっていることに驚いたのである。経済発展が国是のように叫ばれた当時の韓国では，民間の信仰は迷信であり，経済成長を妨げる存在と見なされ，打破の対象となっていた。私もそのような教育を小学校から受けてきた。母が家にムーダンを連れ込んでクッをするときは子供心にも恥ずかしくてその場にいられなかったことは，今でも鮮明に覚えている。先端技術を駆使し，メイド・イン・ジャパンに象徴される経済国日本に，経済の妨げになるはずの迷信行為が堂々と生きている事実から，私はますます謎めいた日本に惹かれざるを得なくなった。それから1年半後（1985年2月），私は正規の留学生として再び日本に足を下すことになる。

　私を地域研究に導いてくださった3人の恩師がいる。大学時代，民俗学や文化人類学の視座をもたせてくださったのは，韓国のシャーマニズムの権威である崔吉城先生（現，下関・東亜大学）である。その後，留学時代に教わった日本の恩師は小松和彦先生（現，国際日本文化研究センター）である。本書の事例村である高瀬は1986年小松ゼミの民俗調査の一環としてはじめて訪ねた村である。その後，村に1人残されたが，今では高瀬こそが私の日本研究の原点となった。今から思うと，できのわるい留学生であった自分への，先生の深いご配慮であったことはいうまでもない。

日本のもう1人の恩師は，佛教大学の八木透先生である。怠惰な私を絶えず，励ましながら何から何までご指導してくださった八木先生に出会えたのは，幸せそのものである。本書は，これら三人の師匠の導きがあってこそ，世に出ることができたと思う。本書をもってほんの少しの恩返しとしたい。

　本書の校正を手伝っていただいた新稲法子さんにも感謝の気持ちを伝えたい。

　調査にあたってはいちいち列挙できないほど，多くの方々にお世話になった。すでに故人となられた方も多くいらっしゃる。特に高瀬の大原眞一氏ご家族の支援は一生忘れることはあるまい。調査当初から村のことは何でも教えていただいた。今では家族同然のようにおつきあいさせていただいている。心から感謝を表したい。

　一昨年，日本滞在のため，父の最期に間に合わなかった。父には，本書をもって許しとしていただきたいと思う。

2010年1月　著者

参考文献

〈日本語〉

秋葉　隆　『朝鮮民俗誌』三六書房　1954
伊藤唯真編　『宗教民俗論の展開と課題』法藏館　2002
岩竹美加子　『民俗学の政治性　アメリカ民俗学100年の省察から』未来社　1996
上野和男　『日本民俗社会の基礎本構造』ぎょうせい　1992
上野和男　「奈良県東北部村落における宮座の組織と儀礼　室生村多田・染田を中心に」『国立歴史民俗博物館報告』第112集　2004
江守五夫　『日本村落社会の構造』弘文堂　1976
江守五夫・崔龍基編　『韓国両班同族の研究』第一書房　1982
大塚民俗学会編　『日本民俗事典』弘文堂　1972
大林太良　「年齢階梯制の背景と機能」『村と村人＝共同体の生活と儀礼』（日本民俗文化大系　第八巻）小学館　1995（普及版）
岡田浩樹　『両班』風響社　2001
岡山県教育委員会編　『新郷・甘美の民俗』岡山県教育委員会　1973
岡山県・（財）岡山県市町村新興協会（編）『岡山県市町村ハンドブック』平成17年版　岡山県　2005
岡山県史編纂委員会　『岡山県史　民俗』岡山県　1983
角川書店　『角川日本地名大辞典　33　岡山』　1985
韓国文化公報部文化財管理局　『韓国の民俗体系　韓国民俗総合調査報告書　第4巻　慶尚北道篇』（竹田旦・任東権）国書刊行会　1990
金宅圭　『韓国農耕歳時の研究　下巻』第一書房　1997
　　　　『日韓民俗文化比較論』九州大学出版会　2000
小松和彦・関一敏編　『新しい民俗学へ　野の学問のためのレッスン26』せりか書房　2002
玄容駿　「厚浦・直山の村祭り」『日韓合同学術調査報告』第2輯（日韓漁村社会・経済共同研究会），1984
崔吉城　『韓国の祭りと巫俗』第一書房　1980
　　　　『韓国の祖先崇拝』御茶の水書房　1993

　　　　　　『韓国民俗への招待』風響社　1996
崔仁宅　「韓国漁村社会の調査ノート」『宮崎公立大学文学部紀要』第6巻第
　　　　1号　1998
崔杉昌　「宮座と共同体の一考察　岡山県神郷町高瀬の事例を中心に」『待兼
　　　　山論叢』22号日本学編　大阪大学文学会　1988
　　　　「備中高瀬における民俗宗教の変容について　宮座の事例を中心
　　　　に」『日本学報』第11号　大阪大学文学部日本学研究室　1992
　　　　「旧新見庄の神社祭祀」『佛教大学大学院紀要』第33号　2005
桜井純子　「宮座論ノート」『宮座の構造と村落　社会伝承研究Ⅲ』社会伝承
　　　　研究会　1974
桜田勝徳　「村とは何か」『日本民俗学大系』3巻　平凡社　1958
嶋陸奥彦・朝倉敏夫編　『変貌する韓国社会』第一書房，1998
島村恭則　「多文化主義民俗学とは何か」『京都民俗』第17号　京都民俗学談
　　　　話会　1999
神郷町　『神郷町史』神郷町役場　1971
神郷町教育委員会　『神郷の文化財』　2000
末成道男　「東浦の祖先祭祀　韓国漁船調査報告」『聖心女子大学論叢』第65
　　　　集　聖心女子大学　1985
鈴木一郎　『地域研究入門』東京大学出版会　1990
鈴木文子　「韓国における井漁村の儀礼生活」『甲南大学紀要文学編』83
　　　　1992
　　　　「韓国漁村の近代化と世界観」『青丘学術論叢』第8集　韓国文化研
　　　　究財団　1996
　　　　「韓国の祭祀組織」『島根半島の祭礼と祭祀組織』（島根県古代文化
　　　　研究センター調査研究報告書2）島根県古代文化研究センター
　　　　1997
瀬野精一郎編　『日本荘園史大辞典』吉川弘文館　2003
薗部寿樹　「中近世村落における宮座の変質と再編」『国立歴史民俗博物館報
　　　　告』第112集　2004
　　　　「名主座における村落内身分の研究」『国立歴史民俗博物館報告』第
　　　　121集　2005
　　　　『村落内身分と村落神話』校倉書房　2005
高瀬小学校記念誌編集委員編　『神郷町立高瀬小学校記念誌』岡山県阿哲郡

　　　　　神郷町立　高瀬小学校　2005
高橋統一　『宮座の構造と変化』未来社　1978
高牧実　「大和小南の宮座と女房座」『まつり文化』第14号　1985
竹田旦　『祖先崇拝の比較民俗学』吉川弘文館　1995
　　　　『日韓祖先祭祀の比較研究』第一書房　2000
竹田聰洲・高取正男　『日本人の信仰』創元社　1957
張籌根　『韓国の郷土信仰』（松本誠一訳）第一書房　1982
　　　　「部落及び家庭信仰」『韓国の民俗大系』4　慶尚北道編　国書刊行会　1990
坪井洋文　『イモと日本人』未来社　1979
　　　　『民俗再考　多元的世界への視点』日本エディタースクール出版部　1986
　　　　『神道的神と民俗的神』未来社　1989
中根千枝　『韓国農村における家族と祭儀』東京大学出版会　1974
新見市史編纂委員会　『新見市史　通史編』（上・下）新見市　1991
日韓漁村社会・経済共同研究会　『日韓合同学術調査報告』第2輯　日韓漁村社会・経済共同研究会事務局　1984
萩原龍夫　『神々と村落』弘文堂　1978
長谷川明　「新見庄の宮座」『新見庄　生きている中世』備北民報社　1983
原田敏明　『村座と座』中央公論社　1976
朴圭弘　「韓国における堂祭の民俗的構造について」『日本民俗学』119号　1978
　　　　『韓国の村祭り』国書刊行会，1982
肥後和男　『近江に於ける宮座の研究』東京文理科大学　1938
　　　　『宮座の研究』弘文堂　1941
　　　　「美作の宮座」『美作の民俗』（和歌森太郎編）吉川弘文館　1963
平山和彦　「年齢と性の秩序」『村と村人＝共同体の生活と儀礼』（日本民俗文化大系　第8巻）小学館　1995（普及版）
福田アジオ　「民俗学における比較の役割」『日本民俗学』91号　1974
　　　　『日本村落の民俗的構造』弘文堂　1982
　　　　『日本民俗学方法序説』弘文堂　1984
　　　　「民俗の母体としてのムラ」『村と村人＝共同体の生活と儀礼』（日本民俗文化大系　第8巻）小学館　1995（普及版）

『近世村落と現代民俗』吉川弘文館　2002
福田アジオ・新谷尚紀他　『精選　日本民俗辞典』　吉川弘文堂　2006
藤井昭　『宮座と名の研究』雄山閣出版　1987
佛教大学総合研究所編　『東アジアの村落と家族』佛教大学総合研究所　1996
ふるさと新見庄委員会編　『ふるさと新見庄』新見市役所　1995
政岡信洋　「村落祭祀の日韓比較民俗試論」『佛教大学総合研究所紀要　アジアのなかの日本』（第2号別冊）佛教大学総合研究所　1995
松本誠一　「日韓両国の民俗文化　宮座と堂祭組織の比較序説」『文化人類学の視角　伝統と現代』犀書房　1980
　　　　「東海岸狗岩のコルメギ洞神祭と洞組織」『日韓合同学術調査報告』第2輯（日韓漁村社会・経済共同研究会）1984
　　　　「宮座とトウヤ制」『月刊歴史手帖』第17巻11号　名著出版　1989
三浦秀宥　「井戸鐘乳穴神社の当屋祭」『岡山民俗』13号　1955
　　　　「岡山地方の宮座とその特徴」『日本民俗学』142号　日本民俗学会　1982
宮田登　「地域民俗学への道」（和歌森太郎編）『文化史学への提言』弘文堂　1975
宮本常一　『村のなりたち（日本民衆史4）』未来社　1996
村山智順　『部落祭』朝鮮総督府　1937（1992年　韓国の民俗苑より復刊）
森本一彦編　『宮座文献目録2003年度版』国立歴史民俗博物館　2004
　　　　『先祖祭祀と家の確立』ミネルヴァ書房　2006
八木透　「家と祖先祭祀をめぐる日韓比較民俗試論」『佛教大学総合研究所紀要』（創刊号）佛教大学総合研究所　1994
　　　　「丹波の村落と神社祭祀」『鷹陵史学』25号　佛教大学鷹陵史学会　1999
　　　　（編）『フィールドから学ぶ民俗学』昭和堂　2000
　　　　『婚姻と家族の民俗的構造』吉川弘文館　2001
　　　　「西播磨の当屋祭祀　宍粟郡山崎町川戸を事例として」（伊藤唯真編）『宗教民俗論の展望と課題』法蔵館，2002
　　　　「東三河の同族祭祀　御津町上佐脇の事例より」『愛知県史民俗調査報告書6　渥美・東三河』2003
柳田国男　「郷土研究と郷土教育」（『定本柳田国男集』12巻）筑摩書房

　　　　　1963
　　　　「民間伝承論」(『柳田国男全集』8巻) 筑摩書房　1998
　　　　「郷土生活の研究法」(『柳田国男全集』8巻) 筑摩書房，1998
依田千百子　『朝鮮民俗文化の研究』瑠璃書房　1985
李春子　「ニソの社祀りの伝承の現在　大島半島の事例を中心に」『日本民俗
　　　　学』230号　2002

〈韓国語〉
国立文化財研究所編　『山間信仰Ⅱ』(慶北・慶南篇) 国立文化財研究所
　　　　1999
權三文　「동해안 연안촌락의 질서와 자치」『민속학연구』제2집 안동대학교
　　　　1994
　　　　『동해안 어촌의 민속학적 이해』민속원　2001
金光億　「伝統的生活様式의　政治的側面」『伝統的生活様式의　研究 (下)』
　　　　韓国精神文化研究院　1984
김종대　『한반도 중부지방의 민간신앙』민속원　2004
金基卓　「慶北　尚州地域의　部落祭　研究」『文化人類学』7輯　1975
金宅圭　『東海岸漁村民俗誌』영남대학교출판부　2000
慶熙大学校民俗学研究所　『韓国의　民俗』3　시인사　1986
朴桂弘　『比較民俗学』蛍雪出版社　1984
朴鎭泰　兪達善　『영남지방의　洞祭와　탈놀이』태학사　1996
盈徳郡　『盈徳郡誌』盈徳郡　1981
　　　　『盈徳郡統計年報』盈徳郡　2005
盈徳文化院　『盈徳郡郷土史』1992
이기태　『동제의 상징과 의미전달 체계』민속원　2004
이승철　『동해안 어촌 당신화 연구』민속원　2004
임재해　『한국민속과 전통의 세계』지식산업사　1991
　　　　『민속마을 하회여행』밀알　1994
崔吉城　『한국 민간신앙의 연구』계명대학교출판부　1989
　　　　『韓国의　祖上崇拜』예전　1991
崔杉昌　「日本　농촌사회의　生活組織에 대해서」『日本学年報』第4輯　啓
　　　　明大学校　日本文化研究所　1992

「마츠리의 상징적 세계」『比較民俗学』12輯　1995
「民間信仰」『日本民俗의　理解』시사일본어사　1997
「오카야마 미야자의 변용과 결집원리」『仁荷語文研究』仁荷大学校文科大学仁荷語文研究会　1999
「마츠리를 통해 본 일본인의 종교성과 유희성」『세계의 축제와 공연문화』대구대학교출판부　2004

崔雲埴外　『한국 민속학 개론』민속원　1998
한국정신문화연구원　「영덕군 盈德郡」『한국민족문화대백과사전　15』1991
한양명　『龍과 여성, 달의 축제―영덕의 동제와 대동놀이』영덕군　2006
황경숙　『부산의 민속문화』형설출판사　2003

〈学位論文〉
正岡伸洋　「民俗の歴史性と領域に関する研究」佛教大学博士学位論文　1999
崔杉昌　「民俗社会における宮座の研究　阿哲郡神郷町高瀬の事例から」大阪大学修士学位論文　1987
金敏男　「한국　農村社会의　伝統的　커뮤니케이션 마당에 관한　研究―"두레"와 "洞祭"를 중심으로―」成均館大学博士学位論文
金昌民　「社会変動과　洞祭의　社会的　意味―생산체계가 변화된　明旨里의 사례―」慶北大学校碩士論文　1987
李貞美　「忠北清原地方의　洞祭에　関한　考察」成均館大学碩士論文　1989
이관호　「충남　서해안의　마을공동체　신앙연구―홍성지역을　중심으로―」漢陽大学碩士学位論文　1992
이기태　「洞祭　象徴体系　研究―聞慶郡　東魯面　水坪里의 "山祭"를 中心으로―」嶺南大学校碩士論文　1986
「읍치 성황제 주제집단의 변화와 제의 전통의 창출―경북 영주시 순흥면 읍내리의 사례를 중심으로―」嶺南大学校博士学位論文　1996
李俊遠　「어촌계의 성격변화에 관한 연구」慶北大学校碩士学位論文　2001

図表一覧

【図】
図1　古式の「ザハリ」　27
図2　亀尾神社の名主座の配置　58
図3　座員の系図　77
図4　名田座の配置　79
図5　ミヤカブの座の位置　107
図6　祭物の陳設　134

【表】
表1　昭和30年代前半の名の分布　26
表2　昭和37年の名の分布　26
表3　当屋と寄子の順番　28
表4　餅の目録　34
表5　亀尾神社の名座一覧　50
表6　新見市の人口推移　72
表7　名田座の変遷と構成員　75
表8　名と構成員　95
表9　戦後の名と構成員の推移　96
表10　当屋及び役員　99
表11　盈徳郡及び徳谷里の人口構成　128
表12　2006年度の祭官の構成　131
表13　盈徳郡内の人口推移　147
表14　江口面の洞祭現況　163
表15　盈徳邑及江口面における別神クッの分布　165
表16　老班会の仕組み　172
表17　直古洞の村祭祀行事　175
表18　旧新見庄の当屋祭祀　191
表19　日韓の祭祀構造の比較　195

【資料】
「高瀬村氏神十二社権現御祭儀式定帳」　66
「三躰妙見宮名田座之事」　89

◎著者紹介◎

崔　杉　昌（チェ・サムチャン）

1961年　韓国浦項市生まれ
啓明大学校外国学大学日本学科卒業
大阪大学大学院文学研究科博士前期課程修了
・同後期課程単位取得満期退学
佛教大学大学院文学研究科博士後期課程修了［博士（文学）］
現在　佛教大学・京都府立大学・桃山学院大学非常勤講師
［著書］
『日本民俗の理解』（共著、時事日本語社、1997）
『世界の祝祭と公演文化』（共著、大邱大学校出版部、2004）ほか

佛教大学研究叢書10

地域祭祀の日韓比較民俗論
（ちいきさいし　にっかん　ひかくみんぞくろん）

2010（平成22）年3月31日発行　　　　　定価：本体7,800円（税別）

著　者	崔　杉昌
発行者	佛教大学長　山極伸之
発行所	佛教大学 〒603-8301　京都市北区紫野北花ノ坊町96 電話　075-491-2141（代表）
制　作 発　売	株式会社　人文書院 〒612-8447　京都市伏見区竹田西内畑町9 電話　075-603-1344
印　刷	創栄図書印刷
製　本	坂井製本所

Ⓒ Bukkyo University, 2010　ISBN978-4-409-54077-0　C3039

『佛教大学研究叢書』の刊行にあたって

二十一世紀をむかえ、高等教育をめぐる課題は様々な様相を呈してきています。科学技術の急速な発展は、社会のグローバル化、情報化を著しく促進し、日本全体が知的基盤の確立に大きく動き出しています。高等教育機関である大学も、その使命を明確に社会に発信していくことが重要な課題となってきています。

本学では、こうした状況や課題に対処すべく、先に「佛教大学学術振興資金」を制度化し、教育研究の内容・成果を公表する体制を整備してきました。その一部はすでに大学院、学部の研究紀要の発行などに実を結び、また、通信教育課程においては鷹陵文化叢書、教育学叢書、社会福祉学叢書等を逐次刊行し、研究業績のみならず教育内容の公開にまで踏み出しています。今回の『佛教大学研究叢書』の刊行はこの制度化によるもう一つの成果であり、今後の本学の研究を支える根幹として位置づけられるものと確信しております。

研究者の多年にわたる研究の成果は、研究者個人の功績であることは勿論ですが、同時に、本学の貴重な知的財産としてこれを蓄積し、活用していく必要があります。したがって、それはまた特定の研究領域にのみ還元されるものでもありません。社会への発信が「知」の連鎖反応を呼び起こし、延いては冒頭にも述べた二十一世紀の知的基盤社会を豊かに発展させることに、大きく貢献するはずです。本学の『佛教大学研究叢書』がその貢献の柱になることを、切に願ってやみません。

二〇〇七年三月

佛教大学長　福原隆善